Die Letzten Dinge im Leben des Menschen.
Theologische Überlegungen zur Eschatologie

hrsg. von
Johannes Stöhr

**Internationales Theologisches Symposium
an der Universität Bamberg
12./13. 11. 1992**

Die Deutsche Bibliothek — CIP-Einheitsaufnahme

Die letzten Dinge im Leben des Menschen: theologische Überlegungen zur Eschatologie / Internationales Theologisches Symposium an der Universität Bamberg, 12. / 13. 11. 1992. Hrsg. von Johannes Stöhr. — St. Ottilien: EOS-Verl., 1994

ISBN 3-88096-728-8

NE: Stöhr, Johannes [Hrsg.]; Internationales Theologisches Symposium ‹1992, Bamberg›

Inhalt

Einführung   5

Alfred Sonnenfeld, *Auf Leben und Tod. Grenzsituationen in der ärztlichen Praxis*   7

Joseph Schuhmacher, *Was die natürliche Vernunft zum Phänomen des Todes zu sagen hat*   20

Ferdinand Holböck, *Die letzten Dinge im Leben der Heiligen*   35

Leo J. Elders, *Die Eschatologie des hl. Thomas von Aquin*   45

Johannes Stöhr, *Die leidende Kirche im Jenseits und unsere Beziehungen zu den Armen Seelen*   59

Leo Scheffczyk, *Der Irrweg der Allversöhnungslehre*   96

Lucas Mateo-Seco, *Der übernatürliche Heilswille Gottes und die Vollendung des Menschen*   107

Johannes Stöhr, *Jenseits des Todes: Die Auferstehung des Leibes und die Eigenschaften des Auferstehungsleibes*   123

Richard Niedermeier, *Die Auslegung der Geheimen Offenbarung des Johannes bei Kardinal Journet*   157

Literaturhinweise   181
Zu den Autoren

Einführung

Was bedeutet heutzutage das Jenseits? Wie kann man die Tabuisierung oder gar "Heiden-Angst" beim modernen Menschen gegenüber dem Tod überwinden? Theologisch-wissenschaftliche Antworten auf diese und andere Fragen versuchte das am 12. und 13. 11. 1992 vom Lehrstuhl für kath. Dogmatik an der Universität zu Bamberg veranstaltete Internationale Theologische Symposium zum Thema: *"Die Letzten Dinge im Leben des Menschen. Theologische Überlegungen zur Eschatologie"* zu geben.

Der Mediziner und Theologe **F. Sonnenfeld** (Bonn) ging in seinem Referat (*"Grenzsituationen am Lebensende"*) mit jenen ins Gericht, die - im Kontext von Euthanasie- und Abtreibungsproblematik - nur denjenigen Menschen das (absolut schützenswerte) Personsein zusprechen wollen, die auch ein "Personverhalten" zeigen. Der kalten Rationalität einer unerbittlichen, nur den Nutzen eines Menschen für andere betrachtenden (utilitaristischen) Ethik stellte er das Ideal des "tugendhaften Arztes" entgegen, der sich in die Achtung der Menschenwürde auch bei medizinisch unentscheidbaren Situationen am Lebensende eingeübt hat.

Der Freiburger Fundamentaltheologe **J. Schumacher** (*"Philosophisch-theologische Grenzfragen zum Problem des Todes"*), stellte Beispiele für den Unsterblichkeitsglauben aus der Religionsgeschichte und Philosophie vor und belegte durch Verweis auf die Geistigkeit, Freiheit und Wahrheitsfähigkeit des Menschen die innere Entsprechung von natürlicher Vernunft und Offenbarungsglauben.

Der Augsburger Ordinarius für Dogmatik **A. Ziegenaus** (*"Die Vernachlässigung eschatologischer Fragen: Konsequenzen einer Schwerpunktverlagerung"*) brachte das Eindringen moderner Selbsterlösungstheorien mit dem vorherrschenden allgemeinen Heilsoptimismus und dem damit einhergehenden Verlust der eschatologischen Perspektive, bes. des Gerichtsgedankens in Verbindung. Er beleuchtete die Konsequenzen für Theologie und Verkündigung und erklärte die geringe österliche Hoffnung vieler Menschen von heute mit dem Rückgang des Sündenbewußtseins und des Bußsakramentes. Der Beitrag ist bereits von F. Breit, dem Sprecher des Linzer Priesterkreises, veröffentlicht worden.

Einer der profundesten Kenner des hl. Thomas von Aquin, der in Rolduc und Houston lehrende **L. Elders** (*"Die Eschatologie des hl. Thomas von Aquin"*), stellte dar, wie wenig dieser mittelalterliche Theologe in seiner Eschatologie abhängig war von folkloristischen und mythischen Vorstellungen und wie fruchtbar er philosophisches und theologisches Denken über die entscheidenden Grundfragen verband.

Welche Spuren im Wesen des Menschen hinterläßt die übernatürliche Berufung zur Gottesschau? **L. Mateo-Seco,** Professor in Rom und Pamplona, verwies in seiner Antwort (*"Der übernatürliche Heilswille Gottes und die Vollendung des Menschen"*) auf die Seele und auf die Sehnsucht nach dem Unendlichen. Die in der Gottesschau geschenkte Vollendung könne der Mensch aber nur durch die Vermittlung Jesu Christi erhalten, der, wie schon Augustinus wußte, der Weg ist, gerade weil er auch das Ziel ist.

Mit einem der heute wie in der Vergangenheit umstrittensten Themen der Eschatologie - der Lehre vom Zwischenzustand und dem Fegefeuer - befaßte sich das Referat: *"Die leidende Kirche im Jenseits und unsere Beziehungen zu den Armen Seelen"*, das eine Leugnung des Purgatoriums mit der Leugnung der Gerechtigkeit und Heiligkeit Gottes in Zusammenhang brachte. Dabei wurden auch die viel diskutierten Fragen wie nach der Raum- und Zeithaftigkeit des Zwischenzustandes nicht ausgeklammert sowie eine Rückbesinnung auf die Glaubensanalogie wie auch auf die gesunde Volksfrömmigkeit angemahnt.

F. Holböck, Dogmatiker aus Salzburg, zeigte in seinem Vortrag (*"Die Letzten Dinge im Leben der Heiligen"*), daß die Heiligen das Sterben und alles, was danach geschieht, nicht passiv auf sich zukommen ließen, sondern aufgrund einer von Christus her gewandelten Sicht des Todes ("Christus ist für mich Leben, und Sterben Gewinn") in Gelassenheit, ja sogar in Freude und in Bereitschaft zur Selbsthingabe erwarteten.

Der Münchener Dogmatiker **L. Scheffczyk** (*"Allversöhnung oder endgültige Scheidung? Zum Glauben an den doppelten Ausgang der Menschheitsgeschichte"*) beleuchtete kritisch Motive und Hintergründe der Allversöhnungstheorie und machte dabei deutlich, daß diese Lehre sich nicht auf den Glauben der Kirche berufen könne, sondern eine weder biblisch noch denkerisch begründbare Behauptung sei. Gottes Gerechtigkeit und seine Barmherzigkeit seien vom Menschen nie auszuschöpfende Mysterien, denen man sich nur voll Vertrauen öffnen könne.

Der bekannte Bamberger Diözesanarchivar Dr. **B. Neundorfer** (*"Die Letzten Dinge in Bamberger Kunstwerken"*) gewährte in einem Lichtbildervortrag einen tiefen Einblick in die eschatologische Aussagekraft ausgewählter Kunstwerke Bambergs.

Die vorliegende Publikation möchte wichtige und oft vergessene Erkenntnisse der Theologie zusammenfassen und so dazu helfen, angesichts vieler derzeitiger Krisenerscheinungen mit mehr Freude und Klarheit vom Glauben Rechenschaft geben zu können (vgl. 1 Petr 3, 15). Ein angefügtes Verzeichnis einschlägiger Literatur kann dazu beitragen, weiterführende Studien zu erleichtern.

Den Referenten sei herzlich für ihr großes Entgegenkommen gedankt. Für mancherlei Korrekturarbeiten bin ich Herrn lic. theol. *R. Niedermeier* und für viele Schreibarbeiten Frau *E. Fischer* und Frau *M. Müller* verpflichtet.

Auf Leben und Tod. Grenzsituationen in der ärztlichen Praxis

Dr. Alfred Sonnenfeld, Köln

Vor etwa zwanzig Jahren wurde ein bekannter Hamburger Geburtshelfer wegen "unterlassener Hilfeleistung" verurteilt. Er war der Meinung, eine unreife Frühgeburt habe keine Chance zu überleben, und unterließ jeden Therapieversuch. Der pädiatrische Notdienst übernahm das Kind schließlich in kritischem Zustand; es überlebte, wenn auch mit neurologischen Schädigungen. Ohne die abwartende, den nahen Tod prognostizierende Haltung des Geburtshelfers wäre das Schicksal des Kindes glücklicher verlaufen. Sein Verhalten entsprach aber durchaus einer damals gängigen Praxis, die auch deshalb geübt wurde, weil es keine sicheren Therapiemöglichkeiten gab[1].

Inzwischen hat sich die Intensivmedizin dramatisch entwickelt und die Probleme der Euthanasie verschärft. Die Mehrzahl der Patienten stellt den Arzt nicht so sehr vor die Frage: Intensivstation - ja oder nein?, sondern vor die Entscheidung einer aktuellen Therapiebegrenzung, wenn im weiteren Verlauf der Krankheit kein Behandlungserfolg eintritt. In den häufigen Grenzsituationen muß der Arzt also entscheiden zwischen der Anwendung von maximaler Intensivtherapie und sinnvoller Begrenzung oder Unterlassung im Hinblick auf das Wohl des Patienten. Es geht um die Frage, ob es noch sinnvoll erscheint, das Leben des Patienten unter den gegebenen Bedingungen zu verlängern, oder ob darin nur eine Verlängerung qualvollen Sterbens liegt.

Die Unterlassung der technischen Maßnahmen der Intensivmedizin unter gleichzeitiger Anwendung aller möglichen medikamentösen und pflegerischen Hilfen wird meist als passive Euthanasie bezeichnet. Fürsprecher der aktiven Tötung weisen darauf hin, daß passive Euthanasie dasselbe sei wie aktive Tötung. Also habe man diese zu gestatten, weil die passive Euthanasie ja allgemein akzeptierte Praxis sei. So argumentiert auch der australische Philosoph *Peter Singer,* der aufgrund seiner radikalen Thesen die Euthanasiedebatte öffentlichkeitswirksam belebt hat.

---

[1] Vgl. G. RUHRMANN, *Ethische Probleme in der Neonatologie,* Hamburger Ärzteblatt 44 (1990) 376

Aktive und passive Euthanasie

Für *Singer* gibt es keine Differenz zwischen Vollzug und Unterlassung. Jedes Nicht-Tun sei ein Tun und bezüglich der Wirkung vom aktiven Eingriff nicht zu trennen. Er argumentiert damit utilitaristisch, d.h. für ihn zählen nicht die Motive oder Absichten einer Handlung, sondern allein deren Resultate. Demzufolge behauptet Singer in seiner "Praktischen Ethik", daß "es zwischen Töten und Sterbenlassen keinen moralischen Unterschied an sich gibt"[2].

Doch in Bezug auf den Tod besteht sehr wohl ein Unterschied zwischen Tun und Lassen. Der Tod markiert eine absolute Grenze, die nicht allein im Hinblick auf die Folgen abgewogen werden kann. Die bewußte und absichtsvolle Tötung ist etwas anderes als einen Todgeweihten sterben zu lassen. Im ersten Fall wird der Tod aktiv herbeigeführt, im zweiten Fall wird der Patient aufgrund einer medizinischen Indikation seinem natürlichen Lauf, nämlich dem bevorstehenden Tod, überlassen, indem das Sterben nicht verlängert wird.

In diesem Fall wird der Tod nicht durch Unterlassung lebenserhaltender Maßnahmen herbeigeführt. Die Ursache für den heranrückenden Tod liegt vielmehr im Grundleiden selbst. In einer solchen Situation ist die Aussage des Arztes: "Da ist nichts mehr zu tun", irreführend. Denn dies will lediglich sagen, daß da nichts mehr getan werden kann im Hinblick auf die weitere Lebenserhaltung des Moribunden. Beistand und Pflege werden freilich fortgesetzt. Daß nichts mehr unternommen werden kann, um bei einem Sterbenden das Grundleiden aufzuhalten, bedeutet nicht, daß man ihm überhaupt nicht mehr helfen könnte.

Dennoch bleibt die passive Euthanasie nicht selten eine gefährliche Gratwanderung an der Grenze zur Überforderung. Man darf sich nicht einbilden, daß man die Lösung der harten konkreten Probleme nur abzurufen hätte. Die Frage, ob die Lebensverlängerung für den jeweiligen Patienten gut ist oder nicht, ist oft unentscheidbar. Prinzipielles Nicht-Wissen über die bestmögliche Patienten-Behandlung begründet aber eher eine Unterlassung als einen Vollzug.

In jedem Falle sind zu unterscheiden:

a) Handlungen, die den Tod herbeiführen und Unterlassung von Handlungen, die das Leben verlängern sollen.

---

2 P. SINGER, *Praktische Ethik*, Stuttgart 1984, S. 207

b) Unterlassung von Handlungen, die eine Hilfe darstellen, und Unterlassung von Handlungen, die keine Hilfe sind.
c) Entscheidungsgründe für eine Unterlassung und die Notwendigkeit, die Entscheidung zu treffen.

Falldarstellungen

Die medizinischen Unsicherheiten der diagnostischen Entscheidungskriterien sowie die Konsequenzen von Entscheidungen bei Therapieverzicht, -reduktion oder gar -abbruch machen klar, daß die Intensivmedizin keine Patentlösungen kennt und nicht eine Ein-Mann-Entscheidung sein kann. Es gilt, die neuen Situationen einer vertieften Reflexion zu unterziehen. Wir wollen zunächst drei gewöhnliche Problemfälle der Intensivmedizin darstellen:

1. Eine Frühgeburt von 900 Gramm, 27. bis 28. Schwangerschaftswoche, gedeiht zunächst unter der anfänglichen Beatmung, erleidet durch eine nekrotisierende Enterokolitis (akuter Darmbrand mit Abgang abgestorbener Schleimhautfetzen) eine Bauchfellentzündung, muß operiert werden, erhält einen Kunstafter und wird wieder beatmet. Als die Mutter das Kind erneut in gefährlicher Lage sieht, verlangt sie die Einstellung der Behandlung mit der Begründung, das Kind könnte einen dauernden Schaden davontragen. Dreimal habe sie bisher aus Notlage abgetrieben. Dieses Kind habe sie nur deshalb gewollt, weil ihre zehnjährige Tochter sich sehnlichst ein Geschwisterchen gewünscht habe. Das Ziel eines gesunden Spielgefährten sah sie nun durch die Notlage einer drohenden Dauerschädigung gefährdet. Also hätten die Ärzte entsprechend ihres früheren Abtreibungswunsches in neuer Notlage zu handeln.
Die gestiegenen Behandlungsmöglichkeiten lösen vielfach einen Anspruch auf gesundes Überleben aus. Das Neugeborene wird zum Objekt elterlicher Erwartungen. Erfüllt sich dieser Anspruch nicht, dann wird aktive Euthanasie erwogen. Wie soll der Verantwortliche sich verhalten[3]?

2. Ein neugeborenes Zwillingskind, das unmittelbar nach der Entbindung wegen Atemschwierigkeiten abgesaugt, intubiert und beatmet wird. Einige Tage später stellt man die Ursache für die Ateminsuffizienz fest, es handelt sich um einen Tumor im Hirnstamm. Die meisten Hirntumore bei Kindern finden sich in der hinteren Schädelgrube. Sie wachsen oft schnell in den Hirnstamm mit den dort liegenden lebenswichtigen Schalt-

---

[3] Vgl. G. RUHRMANN, ebd., 376

zentralen hinein. In dieser Region befinden sich der Übergang vom Gehirn zum Rückenmark sowie das Atem- und Kreislaufzentrum. Der Tumor war in dem vorliegenden Fall, nach den Kriterien eines Kernspinbefundes, bösartig mit langsamer Wachstumstendenz. Eine operative Entfernung ist nach Angaben der Neurochirurgen nicht möglich, eine Chemotherapie verspricht nach dem Wissen der Hämatologen/Onkologen keinen Erfolg. Das Kind entwickelt einen Hydrozephalus (Wasserkopf).

Vordergründig stehen zwei Fragen an:

a) Soll der Hirndruck, wegen der Hydrozephalusbildung, vorübergehend durch Liquorableitung vermindert werden?

b) Soll die Beatmung bei der infausten Prognose nicht abgebrochen werden?

In diesem Fall wurde der Liquor abgeleitet und einige Wochen später die Beatmung abgebrochen. Entgegen der anfänglichen Prognose lebte das Kind fast drei Monate in einem aussichtslosen Zustand, liebevoll gepflegt, mit schmerzbefreiender hochdosierter Morphinmedikation und einer künstlichen Basisernährung.

3. Ein 70jähriger Mann wird mit einem ausgedehnten Herzinfarkt eingeliefert. Nach der üblichen Therapie des frischen Herzinfarktes tritt nach zwei Tagen eine Herzinsuffizienz auf. Ergebnis: Schocklunge, Nierenversagen, begleitet von schwersten Herzrhythmusstörungen. Der Patient wird oft reanimiert. Er wird intubiert und einige Wochen lang beatmet. Nach 60 Tagen intensiv-medizinischer Behandlung ist der Zustand etwas stabilisiert. Trotzdem kann ein Aufkommen des Patienten kaum noch erwartet werden. Die Schwestern der mit Pflegefällen mehr als ausgelasteten Stationen lehnen die Übernahme des äußerst schwergewichtigen, pflegebedürftigen Mannes wegen Unterbesetzung und mangels Körperkräften zunächst ab. Schließlich erklärt sich eine Stationsbesetzung zur Übernahme bereit. Der Patient wird am 61. Tag verlegt. Am 62. Tag verstirbt er durch eine - nicht erwartete - Komplikation.

Retrospektiv wäre der Therapieabbruch irgendwann sinnvoll gewesen. Wie so oft, war eine Therapie die Konsequenz der anderen. Ebenso war die eine ethische Entscheidung die Folge der früheren, so daß hier der Ausdruck der "ethischen Kaskade" durchaus stimmig wäre. Dieser Konflikt zwischen Handlungszwang, ethischer Verpflichtung und wahrscheinlicher Aussichtslosigkeit war für alle Mitarbeiter schwer zu ertragen.

Diese Beispiele zeigen die schwierigen Fragen der Entscheidung auf, in die der Arzt gestellt ist, wenn an sich mögliche Behandlungen problematisch werden. Soll er in einem kritischen Zustand einer Frühgeburt die

Hilfen verweigern, weil die Mutter es so will? Darf er aus Mitleid töten, weil die aussichtslose Lage eines kranken Säuglings den langdauernden Sterbeprozeß schwer erträglich macht? Ist die aktive Euthanasie eines komatösen Patienten erlaubt, bei dem immer neue Komplikationen auftreten. Könnte man damit nicht schneller und effektiver viel Leid ersparen?

In diesem Spannungsfeld schwieriger Entscheidungen plädieren Autoren wie *Warren*, *Tooley*, *Hare* und *Singer* für die Legalisierung einer sehr weit gefaßten Euthanasie. Insbesondere halten sie unter bestimmten Voraussetzungen die aktive Euthanasie für moralisch gerechtfertigt.

Ist die Menschenwürde an bestimmte Qualitäten gebunden?

Das Hauptargument für die aktive Früheuthanasie lautet: Föten und Kleinkinder seien keine Personen, sondern lediglich potentielle Personen; die Vernichtung einer potentiellen Person könne erlaubt sein, wenn das damit zu erreichende Gut das Schlechte aufwiegt.

Das Tötungsverbot gelte absolut nur für Personen, nicht aber für Nichtpersonen. Nichtpersonen sind für die oben genannten Autoren u.a. neugeborene und behinderte Kinder, komatöse Patienten, Hirngeschädigte, debile Geisteskranke. Ihre Tötung wiege nicht so schwer wie die Tötung einer Person, denn das Leben z. B. eines Neugeborenen hat, so *Singer* wörtlich, "weniger Wert als das Leben eines Schweins, eines Hundes oder eines Schimpansen". *Singer* setzt fort: "Ich betrachte den Konflikt zwischen meiner Position und den weitverbreiteten Ansichten über die Heiligkeit des Kleinkindes nicht als Grund, meine Position aufzugeben... In diesem Zusammenhang sollten wir Gefühle beiseite lassen, deren Grundlage die kleine, hilflose und zuweilen niedliche Erscheinung menschlicher Säuglinge ist."[4]

Ähnlich lauten die erschreckenden Konsequenzen von *Tooley*, der in seinem Aufsatz zur Verteidigung von Abtreibung und Kindesmord vehement die starken Emotionen, die die Kindstötung hervorruft, ablehnt. *Tooley* wörtlich: "Wenn sogar Philosophen auf diese Weise reagieren, indem sie keine Argumente anbieten und Kindstötung in Bausch und Bogen verwerfen, liegt der Verdacht nahe, daß man es mit einem Tabu zu tun hat, nicht mit einem rationalen Verbot"[5].

---

[4] P. SINGER, ebd., S. 169
[5] M. TOOLEY, *Abtreibung und Kindstötung*, in: A. Leist (Hrsg.), Um Leben und Tod, Frankfurt/M. 1990, S. 159

In einem weiteren Schritt müssen wir nach der Voraussetzung fragen, die allein solche Behauptungen sinnvoll machen könnte, d. h. nach dem, was eine Person ausmacht - denn nur eine Person könnte ernstlich das Recht auf Leben beanspruchen. Anders formuliert: Welche Qualitäten oder Indikatoren müssen gegeben sein, damit wir vom Vorhandensein einer Person sprechen können? Die Antwort der erwähnten Autoren fällt keineswegs einheitlich aus.

Mary Ann Warren gibt fünf Kennzeichen der Person an: Bewußtsein, Überlegen, selbstbestimmte Aktivität, die Fähigkeit sich mitzuteilen, und das Vorhandensein von Selbstbildern[6].

Michel Tooley und *Peter Singer* halten für ein unerläßliches Merkmal der Person die Fähigkeit, Wünsche zu haben. *Tooley* wörtlich: "Ein Wesen, dem die Fähigkeit des Wunsches abgeht, hat kein Lebensrecht"[7]. Dazu kommentiert *Singer*: "Es erscheint plausibel, daß die Fähigkeit, die eigene Zukunft ins Auge zu fassen, die notwendige Bedingung für den Besitz eines ernstzunehmenden Rechts auf Leben ist"." Auf jeden Fall", so fährt *Singer* fort, " kenne ich kein besseres Argument zur Verteidigung dieses angeblichen Rechts als Tooleys Argument"[8].

Die Inkonsistenz und Inkongruenz solcher Argumentationen wird deutlich, wenn wir mit *Schwarz* zwischen Personsein und Personverhalten unterscheiden[9]. Nach der Theorie von Autoren wie *Warren, Tooley* und *Singer* wäre es zulässig, ein Baby zu töten, weil es noch nicht Person ist; es ist aber Person ohne Personverhalten, weil sich die innewohnende Fähigkeit des Personverhaltens noch nicht entwickelt hat. Nach der "aktualistischen Theorie der Person" oder auch "Theorie der agierenden Person" wird behauptet, daß nur Menschen mit Personverhalten Personen im vollem Sinne sind. Damit wird die Menschheit in zwei Klassen geteilt, "Personen" und "bloße Menschen", die dann Nichtpersonen sind.

Schwarz weist dieser Einstellung zwei folgenschwere Fehler nach[10]. Der erste besteht darin, daß der Begriff Person, verstanden als "agierende" Person, auf Säuglinge nicht anwendbar ist, denn ihre Fähigkeit zum Personverhalten ist zwar nicht unmittelbar abrufbar, dies bedeutet aber nicht, daß sie es niemals erwerben könnten. Ferner ist einzuwenden, daß der Begriff "Mensch" als sittlich irrelevant abgetan wird, d.h. der Mensch wird als bloß biologische Kategorie angesehen. Doch kann dieses Zweiklassendenken schwerwiegende Folgen haben, z. B.

---

[6] A.- M. WARREN, *On the Moral and Legal Status of Abortion*, The Monist 57 (1973); zitiert nach St. Schwarz (1992) S. 112
[7] M. TOOLEY, ebd., 1990, S.169
[8] P. SINGER, ebd., S. 115
[9] ST.SCHWARZ, *Die verratene Menschenwürde*, Köln 1992, S. 112-121
[10] ST. SCHWARZ, ebd., S. 123

könnten Machthaber jeweils entscheiden, wer als Person zählt und wer nicht, je nachdem ob der betreffende Mensch die in ihren Augen geforderte Leistung erbracht hat.

Es ist in sich widersprüchlich und daher falsch, jemanden abzuqualifizieren, der noch nicht den Status einer Person mit Personverhalten erreicht hat. Es ist ebenso falsch, jemanden abzuqualifizieren, der aufgrund fortgeschrittener Senilität zum Personverhalten nicht mehr fähig ist. Und es ist falsch, jemanden zu diskriminieren, der sich momentan im tiefen Schlaf, in Vollnarkose oder im Koma befindet, weil er sich nicht unmittelbar als Person verhalten kann.

Utilitarismus und Tötungsverbot

Ein weiteres kommt hinzu: Die oben erwähnten Autoren unternehmen den Versuch, den Wert eines menschlichen Lebens zu bemessen. Grundlage dafür bildet der sogenannte *Utilitarismus* - eine Nützlichkeitsphilosophie, die auf den englischen Philosophen des 17. Jahrhunderts *John Locke* zurückgeht. Er befand in der Ethik nur das als gut, was Lust erweckt oder fördert, und das als Übel, was Unlust oder Schmerz erzeugt. Letzter Zweck sei das Wohl aller. *Jeremy Bentham* zu Beginn des 18. Jahrhunderts verallgemeinerte das zu der berühmten Maxime des "größtmöglichen Glücks für die größtmögliche Zahl von Menschen". Der einzelne aber, der natürlich nach seinem eigenen Glück strebt, muß einsehen lernen, daß diesem am besten gedient ist, wenn er sein eigenes Streben dem Nutzen der Allgemeinheit anpaßt.

Singer vertritt eine moderne Variante des Utilitarismus, den sog. Präferenz-Utilitarismus, dem es um die Interessen (Präferenzen) der Betroffenen und ihre Abwägung geht. Zwei Merkmale werden besonders hervorgehoben: Die moralische Qualität einer Handlung bemißt sich daran, ob ihre Folgen - nicht ihre Absichten - die Interessen aller Betroffenen in der bestmöglichen Weise wahren. Zum anderen legitimiert sich eine Handlung moralisch nicht alleine aus ihrer Übereinstimmung mit überlieferten oder aus der menschlichen Natur abgeleiteten Normen. Vielmehr müssen sich diese selbst - wie die jeweils fragliche Handlung - vor dem allgemeinen Interesse rechtfertigen.

Ein auf dem Totenbett gegebenes Versprechen unerfüllt zu lassen, hieße einer Präferenz des Verstorbenen zuwiderhandeln. Sowohl freiwillige als auch nicht freiwillige Euthanasie sei also unter bestimmten Voraussetzungen, wenn sie etwa Gegenstand eines solchen Versprechens war, nicht nur moralisch erlaubt, sondern geboten, denn das Persönlichkeitsrecht wiege hier schwerer als alle Bedenken.

Bei Säuglingen liege der Fall anders. Hier müßten andere für sie entscheiden. Hier gelte es, Lebensqualitäten zu objektivieren. Nun bedient sich Singer des Glücks-Utilitarismus, der die zu erwartenden Glücks- und Leidensgesamtsummen bilanziert. Der Wert des Lebens wäre somit eine Funktion seiner Glücksmöglichkeit. Überwiege das Unglück oder gebe es nur Leid und Schmerz, dann könne nicht mehr von einem lebenswerten Dasein gesprochen werden, und so sei es besser, ihm ein Ende zu setzen, als unnötig weitere Qualen aufzubürden.

Der Utilitarist verkennt den Eigenwert des sittlich Guten[11]. In der Konsequenz seines Denkens liegt die Möglichkeit, den Tod eines unschuldigen Menschen zu rechtfertigen, wenn dadurch zehn andere Menschen gerettet werden könnten (sog. "Kaiphas-Prinzip"). Dies ist aber unmoralisch, weil damit die Würde der Person negiert wird.

Für *Richard Hare,* einer der bekanntesten lebenden angelsächsischen Moralphilosophen, sind nur Interessen moralisch relevant, nicht aber das menschliche Leben selbst. Welches ist aber für *Hare* das Hauptinteresse, das bei der Behandlung mißgebildeter Kinder berücksichtigt werden müßte? Die Antwort lautet: "das des nächsten Kindes"[12]. Wenn wir nach *Hare* das tun, was im besten Interesse aller Betroffenen ist, dann gilt das ausschlaggebende Interesse dem sogenannten nächsten "möglichen Kind".

"Angenommen", so sagt *Hare*, "das Kind mit Fehlbildungen würde nicht operiert. Es hätte, würde es operiert, eine beträchtliche Überlebenschance, wäre aber...behindert. Deshalb wurde nicht operiert, und wen wir jetzt vor uns haben, ist nicht dieses Kind, sondern der junge Andreas, der zwei Jahre später geboren wurde, vollkommen normal, und der im nächsten Sommer die Schule verlassen wird. Obwohl nicht überragend an Begabung, wird er wahrscheinlich ein annehmbar glückliches Leben haben und einen durchschnittlich brauchbaren Beitrag zum Glück anderer beisteuern"[13]. *Hare* fügt hinzu: "Ich glaube also nicht, daß das dem Fötus oder dem erfolglos operierten Neugeborenen durch Töten zugefügte Übel größer ist als das Andreas zugefügte, wenn man ihn daran hindert, gezeugt und geboren zu werden. Tatsächlich ist meiner Meinung nach das Übel viel geringer, denn, im Unterschied zu ihnen, hat Andreas eine gute Aussicht auf ein normales und glückliches Leben"[14].

Auch für *Singer* sind nur Interessen moralisch relevant, nicht aber das menschliche Leben selbst. Bei Erwachsenen geht er von der Selbstwahr-

---

11   A. SONNENFELD, *Über die sittliche Qualität ärztlilchen Tuns*, in: J. Bonelli (Hrsg.), Der Mensch als Mitte und Maßstab der Medizin, Wien-New York 1992, S. 175-195
12   R. HARE, *Das mißgebildete Kind. Moralische Dilemmata für Ärzte und Eltern*, in: A. Leist (Hrsg.), Um Leben und Tod, Frankfurt/M. 1990, S. 378
13   R. HARE, ebd.
14   R. HARE, ebd., S. 382

nehmung der Betroffenen aus, die ihr Leben selber als wünschenswert bzw. nicht wünschenswert beurteilen. Die Bewertung von Leben wird also subjektiv verankert, nicht objektiv. Die Aufmerksamkeit wird auf die Binnenperspektive der Leidenden verlagert. Einem Dasein, das sich wollen kann, wird ein Zustand entgegengehalten, der so hoffnungslos und elend erscheint, daß seine Aufrechterhaltung nicht mehr gewollt werden kann. Auch dieser Standpunkt wird freilich schnell wieder verlassen, wenn über ein Leben befunden wird, daß sich nicht selbst artikulieren, also nicht entscheiden kann, ob es sich will oder nicht.

Singers Argumentation für diese Fälle lautet: "Sofern der Tod eines geschädigten Säuglings zur Geburt eines anderen Kindes mit besseren Aussichten auf ein glückliches Leben führt, dann ist die Gesamtsumme des Glücks größer, wenn der behinderte Säugling getötet wird. Der Verlust eines glücklichen Lebens für den ersten Säugling wird durch den Gewinn eines glücklicheren Lebens für den zweiten aufgewogen. Wenn daher das Töten des hämophilen Säuglings (Bluter) keine nachteilige Wirkung auf andere hat, dann wäre es nach der Totalansicht richtig, ihn zu töten"[15]. Singer plädiert offensichtlich für das Ersetzbarkeitsargument, denn die "Totalansicht behandelt Säuglinge als ersetzbar"[16]. Somit ist die Tötung eines neugeborenen Säuglings gerechtfertigt, wenn die Beseitigung dieses Kindes einer Anzahl von Personen Leid erspart. So etwa wenn das Kind behindert ist, was den Eltern und der ganzen Gesellschaft Mühen und Kosten bereitet. *Singer* wörtlich: "Der Unterschied zwischen dem Töten eines mißgebildeten und eines normalen Säuglings liegt nicht in irgendeinem vorausgesetzten Recht auf Leben, das der letztere hätte und der erstere nicht, sondern in anderen Erwägungen über das Töten. Besonders offenkundig ist hier zunächst der Unterschied in den Einstellungen der Eltern"[17]. Für *Singer* steht fest: "Säuglinge zu töten, sei an sich nicht verwerflich", denn "die am meisten Betroffenen sind dabei die potentiellen Eltern oder zumindest die potentielle Mutter"[18].

Diese ökonomische Aufrechnung von Glück und Leiden und vor allem Singers Unterscheidung zwischen lebenswertem und nicht lebenswertem Leben haben böse Empfindlichkeiten geweckt. Man erinnerte sich beispielsweise an die Schrift des Juristen *Karl Binding* und des Psychiaters *Alfred Hoche* "Die Freigabe der Vernichtung lebensunwerten Lebens", die unter anderem die Grundlage für die sogenannte "Aktion Gnadentod" der Nationalsozialisten bildete. Freilich verwendet *Singer*, im Gegensatz

---

[15] P. SINGER, ebd. S. 183
[16] P. SINGER, ebd. S. 184
[17] P. SINGER, ebd. S. 180
[18] P. SINGER, ebd. S. 173

übrigens zu seiner deutschen Mitarbeiterin *Helga Kuhse*[19], nirgends den stigmatisierten Begriff "lebensunwertes" Leben. Auf diese semantische Differenzierung beruft sich *Singer* denn auch, wenn er auf die Parallelisierung seiner Thesen mit nationalsozialistischer Vernichtungspraxis "lebensunwerten" Lebens empört reagiert. Doch die Debatte ist mehr als ein Streit um Begriffe.

Menschenwürde: Wanderdüne ohne Halt?

Das Plädoyer für radikale Leiderlösung durch die Legalisierung einer sehr weitgefaßten Euthanasie kann kaum eine Lösung darstellen, weder für das Töten auf Verlangen noch für das mitleidige Töten behinderter Säuglinge.

Es trifft zu, daß Sterbende manchmal nach dem Tod verlangen. Jeder, der Erfahrung mit Sterbenden hat, weiß aber, daß dieses Verlangen noch nicht bedeutet, daß der Patient ein tödlich wirkendes Mittel haben möchte. Es ist nicht ungewöhnlich, daß man wiederholt den Seufzer hört: "Herr Doktor, geben Sie mir etwas, damit ein Ende kommt, denn ich kann es nicht mehr aushalten!" Es ist aber ein großer Irrtum zu glauben, diese Bitte sei als Verlangen nach einer aktiven Herbeiführung des Todes zu verstehen. In vielen Fällen bringt sie vielmehr den Wunsch nach besserem, gegebenenfalls materiellem Beistand beim Sterben zum Ausdruck, nach Schmerzlinderung, nach größerer persönlicher Zuwendung.

Überdies ist die Einschätzung "hoffnungslos" äußerst relativ. Daß meine Krankheit nach dem Stand der Medizin unheilbar ist, heißt nicht ohne weiteres, daß ich als Mensch hoffnungslos bin; vielleicht liegt die Hoffnung darin, daß ich, wenn die Medizin mir noch einen Monat Zeit verschafft und in diesem Monat vielleicht zwei hellichte Stunden, mit mir und mit Gott ins reine komme. *Leo Tolstoi* würde uns sicherlich mit der ganzen Wucht seines Eifers verfluchen, wenn wir in seiner Erzählung vom Tod des Ivan Iljitsch die letzten zwei Seiten streichen wollten. Erst ganz am Ende wird offenbar, daß es sich für den eitlen Ivan gelohnt hat, geboren zu sein. Das ist eine zutiefst christliche Erkenntnis. Durch die Betroffenheit angesichts des Todes werden somit nicht selten Glaube und Hoffnung geweckt. Der Glaube kann sich gerade dort entfalten, wo irdische Stützen und Fundamente brechen, und das geschieht gerade in der Endphase.

Leiderlösung bedeutet im Falle der Euthanasie nur den sicheren Tod. So wird hinter der Maske der Barmherzigkeit Gewalt geübt. Die ver-

---

[19] H. KUHSE, *Warum Fragen der aktiven und passiven Euthanasie auch in Deutschland unvermeidlich sind*, Deutsches Ärzteblatt 16(1990), B-913

meintliche Humanität der Mitleidstötung schlägt damit in Terror um. Und vor allem auf diese Dialektik haben Behinderte aufmerksam machen wollen, als sie sich zum Widerstand entschlossen. So warnten etwa das "Forum der Krüppel- und Behinderteninitiativen" und die Initiative "Eltern gegen Aussonderung behinderter Kinder" mit der Überschrift: "Die Mörder fordern den Gnadentod für uns und reden von Hilfe". Auch *Heese* stellt in der Zeitschrift "Sonderpädagogik" die Forderung: "Es gilt zu verhindern, daß heute die Säuglinge mit Spina bifida, morgen die Bluter und schon bald darauf diejenigen Säuglinge umgebracht werden, die Wölfen im Schafspelz des Ethikers wie P. Singer aus irgendwelchen Gründen im Wege sind"[20]. Damit wollen sie vor allem auf die Dammbruchgefahr durch Mitleidstötung aufmerksam machen.

In dieser Lage gibt es nur eine einzige Norm der Entscheidung, nämlich die bedingungslose Achtung der Menschenwürde vom Anfang bis zum Lebensende. Unter Würde verstand *Kant* das, was einen inneren Wert hat, das, was schlechterdings keinen Preis haben kann, weil es Subjekt jeder Wertung ist und ebendeshalb nicht Gegenstand einer Wertung werden kann[21]. Wenn aber dem menschlichen Leben kein intrinsischer, sondern allein ein extrinsischer oder instrumentaler Wert zuerkannt wird, d.h. wenn es lediglich als Träger bestimmter Eigenschaften oder Indikatoren angesehen wird, dann droht die Menschenwürde zu einer Wanderdüne ohne Halt zu werden. Man ist aber nicht Mensch, weil man gewisse Eigenschaften und Fähigkeiten hat, sondern umgekehrt: weil man Mensch ist, hat man gewisse Eigenschaften oder Fähigkeiten oder kann solche haben. Wenn beispielsweise nur diejenigen als Personen gelten, die tatsächlich aktuell über Ich-Bewußtsein und Rationalität verfügen, dann dürfte folgerichtig jeder Schlafende dadurch am Aufwachen gehindert werden, daß man ihn tötet. Denn solange er schläft, ist er offensichtlich keine Person. Die Pflicht, sein Leben in diesem Fall nicht zu töten, kann von Singer allenfalls so begründet werden, daß eine solche Handlung Ängste bei Dritten auslösen könnte.

Das Personsein ist keine Eigenschaft, die man hat. Vielmehr "ist" man Person. In der Repräsentation des Unbedingten, wie *Robert Spaemann* treffend sagt[22], liegt die Würde des Menschen. Sie läßt sich nicht ökonomisch aufrechnen. Der Mensch kann sich nicht nach einem Bild des Menschen formen. Keine Anthropologie vermag uns darüber zu

---

[20] G. HEESE, *Der neue Terminus: "Infantizid", "Präferenz-Utilitarismus"*, Sonderpädagogik 19 (1989), S. 124-127
[21] I. KANT, *Grundlegung zur Metaphysik der Sitten*, Stuttgart 1980, S. 87
[22] R. SPAEMANN, *Das Natürliche und das Vernünftige*, München-Zürich 1987, S. 36

belehren, wie wir sein sollen. "Seid vollkommen wie Euer Vater im Himmel", heißt es im Neuen Testament.

Wenn die Würde des Menschen nicht mehr auf ein Absolutes bezogen ist, werden Menschenleben bewertbar und verrechenbar. Wenn man die Inkommensurabilität jedes Menschen als Person außer acht läßt, dann erhebt sich die Vernunft zum alleinigen Maßstab jeglichen Handelns. Moral läßt sich jedoch nicht aus einigen abstrakten Anfangsplausibilitäten logisch herleiten.

Leiden soll nicht sein, so lautet die utilitaristische Maxime. Wenn also dem Leidenden nicht geholfen werden kann, dann kann das Leiden immer noch dadurch beseitigt werden, daß der Leidende beseitigt wird. Das Projekt einer rationalen Ethik hat darum etwas zutiefst Hilfloses und zugleich Unerbittliches, wenn die Logik des Notwendigen und Allgemeinen unterschiedslos über das Einzelne, Kontingente und Unwägbare walzt. Vor allem diese kalten Ableitungen einer bloß deduzierenden Vernunft, denen es an Mitgefühl gegenüber den eigenen Folgerungen fehlt, hat die Öffentlichkeit irritiert und zu heftigen Reaktionen gegen Singer geführt.

Ausblick

Das Neue der behandelten Diskussion liegt in der Frage nach den Grenzen der medizinischen Technik und der Chance auf eine gute Begleitung beim Sterben. Denn die therapeutischen Möglichkeiten der Intensivmedizin können nicht nur lebensrettend wirken, sondern auch schädigend. Die künstliche Lebensverlängerung, die das Leben des menschlichen Organismus am Ende nur noch zu einer Funktion von Apparaten werden läßt, betrügt den Menchen um sein menschenwürdiges Ende ebenso wie die gewaltsame Beendigung dieses Lebens, die im Grunde dem gleichen Geist entspringt wie die gewaltsame Verlängerung.

Die Vertreter der utilitaristischen Position machen es sich zu leicht, wenn sie im Spannungsfeld schwieriger Entscheidungsfälle für die aktive Tötung plädieren. Die Lösung unlösbarer Fragen durch aktives Töten wäre ein grundsätzlicher Einbruch in das Vertrauen zu Ärzten und Krankenschwestern und würde die Bereitschaft untergraben, in ungewöhnlichen Situationen Außergewöhnliches zu tun. Die drei Eingangsfälle haben gezeigt, daß die beste Handlungsmöglichkeit, öfter als vermutet, unentscheidbar ist. In Bezug auf die Euthanasie versagt jede abschließende Stellungnahme.

Dieser Schluß scheint unbefriedigend. Indessen bedeutet das Eingeständnis dieser wesentlichen Unentscheidbarkeit keine Resignation, sondern zunächst nur den Verzicht auf unzulässige Verallgemeinerungen. Bei ärztlichen Entscheidungen geht es nicht um die Applikation stereotyper Normen, bei der die Handlungen bloß in ein vorgegebenes Handlungsschema hineingepreßt zu werden bräuchten[23].

Um den persönlichen Anforderungen eines ärztlichen Entscheidungskonflikts gerecht zu werden, brauchen wir bestimmte Dispositionen zum Gut-Handeln, die wir auch Tugenden nennen. Im klassischen Verständnis der Tugend geht es nicht vorwiegend um Tun oder Lassen, um Dürfen oder Nichtdürfen, sondern um die Vervollkommnung des eigenen Menschseins. Der tugendhafte Arzt ist jemand, wie *Pellegrino* treffend sagt, der "gewohnheitsmäßig zum Wohl des Patienten zu handeln disponiert ist und dies Wohl im Normalfall über sein eigenes stellt, so daß man von ihm zuverlässig erwarten kann, daß er danach handelt"[24].

---

[23] A. SONNENFELD, *Selbstverwirklichung oder Selbstvernichtung. Gewissen und ethisches Handeln im ärztlichen Beruf,* Deutsches Ärzteblatt 19 (1990) 1515

[24] E. D. PELLEGRINO, *Der tugendhafte Arzt und die Ethik der Medizin,* in: H. M. Sass (Hrsg.), Medizin und Ethik, Stuttgart 1989, S. 52

Was die natürliche Vernunft zum Phänomen des Todes zu sagen hat.

Prof. Dr. Joseph Schumacher, Freiburg

Das irdische menschliche Leben ist zutiefst vom Phänomen des Todes geprägt. Der Tod steht nicht nur am Ende des Lebens, er ist dem Leben in all seinen Phasen präsent. In gewisser Weise beginnt das Sterben mit der Geburt, insofern das Leben wesenhaft sterblich ist und grundsätzlich zu jedem Zeitpunkt vom Tod verschlungen werden kann. Leben bedeutet Sterben. Daher kann man keine umfassenden wesentlichen Aussagen machen über das menschliche Leben, ohne das Sterben zu bedenken[1].

Faktisch beschäftigt die Menschen die Frage nach dem Tod mehr als alle anderen Fragen. Sie ist stets aktuell. Man kann sie eine Zeitlang unterdrücken, aber sie bricht sich immer wieder Bahn.

Das Sterben ist der Ernstfall schlechthin. Es gibt nichts Ernsteres als den Tod. Eine Situation, deren Ernsthaftigkeit nicht übertroffen werden kann, bezeichnen wir als "todernst". Demgemäß ist das Leid, das der Tod in der Regel auslöst bei dem Betroffenen wie auch bei denen, die diesem nahestehen oder nahegestanden sind, schmerzlicher als alles andere Leid, das der Mensch zu tragen hat. Durch die Erfahrung des Todes wird alles relativiert. Die Todesnot ist die Kulmination menschlicher Not.

Der Tod ist voller Schrecken. In der harten Stunde des Sterbens versagt alle Romantik. Es gibt nur wenige Menschen, die gern sterben. Und wenn man genau hinschaut, so erkennt man, daß nicht selten auch sie den Tod fürchten, wenn er konkret an sie herantritt.

Der Mensch erschrickt vor dem Nichts, in das hinein der Tod ihn zu stürzen scheint. Gleichzeitig ist in ihm die Überzeugung wirksam, daß er seinen Tod überlebt. Er sehnt sich nach einem Leben über den Tod hinaus, er erwartet und erhofft die Ewigkeit[2].

Der Mensch ist vielfach hilflos im Angesicht des Todes. Das wird manifest in den zahlreichen Täuschungen und den fragwürdigen Tröstungen, mit denen er seinen eigenen Tod und den Tod der ihm Nahestehenden umgibt. Er verharmlost ihn, verschleiert ihn, verdrängt ihn oder flieht vor ihm. Er flieht vor dem Tod in das Vergessen, in den Alkohol, in die Droge oder -

---

[1] J. RATZINGER, *Dogma und Verkündigung*, München 1973, 281 f.
[2] Ebd., 296.

paradoxerweise - in den Suizid. Er kann die Augen vor dem Tod verschließen, wie er die Augen vor der Wirklichkeit Gottes verschließen kann, und er tut es nicht selten.

Dennoch weiß er um seine Zeitlichkeit, er weiß um den Tod, dem er unaufhaltsam entgegengeht, ob er ihn wahr haben will oder nicht. Er kann ihn verdrängen, aber nur in den äußeren Schichten seiner Existenz und nur eine Zeitlang und vor allem um den Preis seiner Identität. Der Tod holt den vor ihm Flüchtenden ein. Er ist unerbittlich[3].

An der Frage des Todes kommt niemand vorbei, denn nur eine Zeitlang kann man ihn aus seinem Denken ausklammern. Der altgriechische Philosoph *Epikur von Samos* (+ 271 v. Chr.) täuscht sich, wenn er meint, der Tod sei nur ein Scheinproblem. Seine Argumentation "Wenn wir da sind, ist der Tod nicht da, aber wenn der Tod da ist, sind wir nicht mehr"[4] würde nicht einmal dann gelten, wenn er mit seiner Meinung, daß der Tod das definitive Ende des Lebens ist, recht hätte; denn der Mensch weiß um seinen Tod.

In den Medien wird der Tod nicht selten zum Spektakel, zur Unterhaltung, wenn er etwa auf dem Fernsehschirm in seiner letzten Nacktheit gezeigt wird. Auch das ist im Grunde eine Form der Flucht vor seiner grausamen Wirklichkeit: Man banalisiert ihn. Es werden verstümmelte Leichen, Opfer von Schlachtfeldern und von Naturkatastrophen präsentiert, es wird das Sterben von Kranken und Verwundeten vorgeführt, vielleicht noch mit bekümmerter Miene und betonter Betroffenheit, es werden die Opfer der Straße dargeboten. Darüber hinaus wird der Tod in tausend Variationen gespielt zum Ergötzen der Zuschauer. Er wird zur Sensation, zu einem Ereignis, das die allgemeine Langeweile des Daseins auflockert. Ob man den Tod nun tabuisiert oder in solcher Form zur Schau stellt, man kapituliert vor einer grundlegenden Wirklichkeit des Lebens, der man sich nicht gewachsen fühlt, und überspielt ein Phänomen, das das menschliche Leben vor einen unendlichen Abgrund führt und letzte Fragen in ihm wachruft[5].

Wie sehr trotz allem viele dem rätselhaften Phänomen des Todes auf der Spur sind und eine Antwort auf die existentielle Frage des Todes suchen, geht aus der Tatsache hervor, daß der Spiritismus sich ausbreitet, in dem man sich bemüht, Kontakte mit den Verstorbenen herzustellen. Man hofft auf Signale aus dem Jenseits. Man möchte Erfahrungsbeweise für das Leben nach dem Tod. Das Buch

---

[3] G. SCHERER, *Das Problem des Todes in der Philosophie* (Grundzüge, 35), Darmstadt 1979, 6.

[4] EPIKUR, *Brief an Menoikeus* X, 125 (bei Diogenes Laertios).

[5] J. RATZINGER, *Eschatologie - Tod und ewiges Leben* (Kleine Katholische Dogmatik IX), Regensburg 1977, 66 f.

"Bericht vom Leben nach dem Tod" von Arthur Ford[6] wirbt auf dem Umschlag mit der Feststellung: "Millionen von Fernsehzuschauern haben sich überzeugen können, daß Ford mit Toten redete und ihren Angehörigen Nachrichten übermittelte", und nennt den Autor den "Mann, der mit Menschen im Jenseits redete", den "Kronzeugen der Wissenschaft für das psychische Weiterleben des Menschen nach seinem Tod." Bücher, die angeblich Erfahrungsberichte solcher enthalten, die klinisch tot gewesen sind und reanimiert wurden, haben ein außergewöhnliches Echo. Die Schriften von *Raymund Moody*[7] und *Elisabeth Kübler-Ross*[8] wurden zu Bestsellern.

So fragwürdig diese Art der Todesforschung ist, sie unterstreicht das Interesse des modernen Menschen am Tod und seine latente Überzeugung, daß der Tod mehr ist als das Ende des physischen Lebens.

Der Tod kommt mit Gewißheit, aber wir können nicht sagen, wann und wie er kommt. Gewiß ist das Faktum des Todes, ungewiß aber sind der Zeitpunkt und die Modalität, es sei denn, der Mensch führt den Tod selber herbei, womit er eine fragwürdige Fähigkeit aktiviert, die ihm im Unterschied zum Tier zukommt. Geistvoll stellt *Sören Kierkegaard* fest: Der Tod ist "das einzige Gewisse und das einzige, worüber nichts gewiß ist"[9]. Im Phänomen des Todes reichen Gewißheit und Ungewißheit einander die Hand[10]. Es ist sicher, daß der Tod das Leben eines jeden beenden wird. Ebenso sicher ist es, daß dieses Ende in jedem Augenblick über ihn hereinbrechen kann[11].

Für alles, was die Zukunft des Menschen betrifft, gilt das "Vielleicht". Nicht aber für den Tod. Dabei ist er immer präsent, weshalb die Einstellung zum Tod für die Wertung des Lebens und dessen Vollzug von größter Tragweite ist[12].

Nicht nur der Mensch muß sterben. Alles Lebendige, das ins Dasein tritt, unterliegt dem Gesetz der Vergänglichkeit. Der Tod gehört zur innersten

---

[6] A. FORD, *Bericht vom Leben nach dem Tod*, Bern 1971. Der Titel des amerikanischen Originals lautet: "*Unknown but Known: My Adventure into the Meditative Dimension*", New York 1968.

[7] R. MOODY, *Leben nach dem Tod*, Reinbek 1977; *Nachgedanken über das Leben nach dem Tod*, Reinbek 1978; *Das Licht von drüben. Neue Antworten auf die ewige Menschheitsfrage: Was ist jenseits des Todes*, Reinbek 1989.

[8] E. KÜBLER-ROSS, *Über den Tod und das Leben danach*, ³Melsbach 1985; *Interviews mit Sterbenden*, ¹⁵Stuttgart 1983; *Verstehen, was Sterbende sagen wollen. Einführung in ihre symbolische Sprache*, ⁴Stuttgart 183; *Was können wir noch tun? Antworten auf Fragen nach Sterben und Tod*, ⁶Stuttgart 1983.

[9] S. KIERKEGAARD, *Erbauliche Reden 1844/45* (Gesammelte Werke, Bd. VIII, hrsg. und aus dem Dänischen übertragen von E. HIRSCH, H. GERDES u. a., 13/14), Düsseldorf ²1964, 194.

[10] M. THEUNISSEN, *Der Begriff Ernst bei Sören Kierkegaard*, Freiburg 1959, 144.

[11] S. KIERKEGAARD, *Erbauliche Reden*, ebd., 182; vgl. G. SCHERER, *Das Problem des Todes in der Philosophie*, ebd., 50 f.

[12] G. SCHERER, *Der Tod ist nicht das Ende. Philosophische Argumente* (Antwort des Glaubens, 69), Freiburg 1983, 2.

Struktur des Lebendigen. Er ist ein biologisch-physiologisches Geschehen, wovon alle körperlichen Lebewesen betroffen sind. Auch der Mensch ist ein körperliches Lebewesen. Die Zelle entsteht, wächst und reift, um wieder abzusterben. Jeder Organismus ist vom Beginn seines Daseins auf das Sterben hin angelegt.

Aber damit ist noch nicht alles gesagt. Der Tod des Menschen ist mehr als ein biologisches Geschehen, weil die Biologie den Menschen nur partiell beschreiben kann. Das verneinen zwar viele, es kommen ihnen dabei jedoch immer wieder Zweifel. Sie können sich zwar auf die äußere Erfahrung berufen, aber auch sie ahnen, daß der Mensch mehr ist als seine Physis; auch in ihnen verstummt nicht der Gedanke der Unsterblichhkeit, der Gedanke, daß der Mensch in seinem wahren Wesen unzerstörbar ist[13].

Was immer der Mensch im Leben erreicht hat, durch den Tod wird es radikal in Frage gestellt, so sehr, daß die Vergänglichkeit alles Sinnvollen als schier ungeheuerlich erscheinen will und der Mensch sich instinktiv dagegen wehrt.

Im Hinblick auf den materialistischen Marxismus, der den Tod rein biologisch versteht, schreibt der polnische marxistische Philosoph *Adam Schaff*: "...mit dem Übergang von der Epoche des revolutionären Heldentums und des Kriegskommunismus zum Sozialismus für den Alltag begannen die Fragen des Einzelmenschen, zusammen mit der verfeinerten philosophischen Problematik: Leben und Tod, Sinn des Lebens, Glück und so weiter, und so fort, immer deutlicher und immer aggressiver an den Tag zu treten. Es zeigte sich, ...daß auch im Sozialismus Menschen sterben und daß dies das größte Problem ist, das auch die Philosophie nicht zu lösen vermag"[14]. An anderer Stelle bemerkt er: "Es bleibt das »Wozu?«, das sich dem von Widerwärtigkeiten und Mißerfolgen des Lebens müden Menschen auf die Lippe zwingt. Es bleibt erst recht die Frage, die sich im Zusammenhang mit Reflexionen über den Tod erhebt: »Wozu das alles, wenn man sowieso sterben muß?«"[15]. Er bleibt bei dem rein biologischen Verständnis des Todes, aber er spürt, das das nicht hinreicht, daß der Tod des Menschen sich wesentlich vom Verenden eines Tieres unterscheidet, wenn er es für unwahrscheinlich hält, "daß jemanden die Perspektive befriedigt, daß er, Würmer und Pflanzen nährend, zum Leben der Natur beiträgt"[16].

Nicht anders empfindet es der Marxist *Milan Machovec*, wenn er bemerkt: "Wie erhaben erscheint doch der Mensch, der eine Neunte Symphonie zu schaf-

---

[13] A. SCHOPENHAUER, *Die Welt als Wille und Vorstellung* II, (Sämtliche Werke. Nach der ersten, von J. Frauenstädt besorgten Gesamtausgabe neu bearbeitet und herausgegeben von A. HÜBSCHER, Bd. III) Wiesbaden ²1949, 529; G. SCHERER, *Das Problem des Todes in der Philosophie*, ebd., 156.

[14] A. SCHAFF, *Marxismus und das menschliche Individuum*, Wien 1965, 48; vgl. F. REISINGER, *Der Tod im marxistischen Denken heute*, München 1977, 121.

[15] A. SCHAFF, *Marx oder Sartre? Versuch einer Philosophie des Menschen*, Frankfurt 1966, 32; vgl. F. REISINGER, ebd., 123.

[16] A. SCHAFF, *Marx oder Sartre?*, ebd., 32; vgl. F. REISINGER, ebd., 123.

fen vermochte - und wie armselig scheint er bei dem Gedanken, daß dies alles vergänglich ist, zum Untergang verdammt"[17]. Aber auch er hält fest an der Meinung, daß man im Tod des Menschen nicht mehr sehen darf als das Ende der Lebensfunktionen, obwohl er den Widerspruch zwischen der Begrenztheit der individuellen menschlichen Existenz und dem grenzenlosen Entwicklungsverlangen des Menschen wahrnimmt und darüber hinaus gar auch die Bedeutung der Überwindung des Todes durch den Gekreuzigten von Golgotha würdigt[18].

Der Tod ist naturhaft. Aber damit ist er noch nicht gänzlich beschrieben. Naturhaft ist der Tod innerhalb der untermenschlichen Schöpfung, naturhaft ist er für den Menschen, sofern er diesem Bereich der Schöpfung angehört, materialiter, organisch. Aber gleichzeitig widerspricht er der tiefsten Überzeugung des Menschen. Anders kann man nicht die Beunruhigung erklären, die schon der Gedanke an den Tod, erst recht der Tod selber auslöst, das Widerstreben, die Angst, die Not und die Ratlosigkeit. Der Mensch empfindet im tiefsten, daß der Tod so nicht sein dürfte und daß er mehr ist, als er zu sein scheint.

Über den Tod kommt der Mensch nicht zur Ruhe. Würde er nur sterben in dem Sinne, daß der Tod das definitive Ende seiner Existenz wäre, so könnte er sich noch schließlich damit abfinden; aber er weiß im Grunde oder ahnt es zumindest, daß er aufhört zu existieren und doch wiederum nicht aufhört. Im tiefsten ist er sich dessen bewußt, daß er dem Dasein nicht entfliehen kann, auch nicht im Tod. So betrachtet, kann man die Unsterblichkeit auch als einen Fluch betrachten. Ist der Mensch einmal ins Dasein getreten, so gibt es keine Macht der Welt, auch nicht die eigene Freiheit, die ihn von dieser Existenz befreien könnte. Das bedingt die einmalige Bedeutung des menschlichen Lebens zwischen den beiden Begrenzungspunkten der Empfängnis und des Todes.

Der Mensch ist sterblich und zugleich unsterblich. Darum weiß er von Anfang an. Davon zeugt schon die Tatsache, daß er stets seine Artgenossen bestattet und diese Bestattung mit mannigfachen Zermonien ausgestaltet hat. Geschichtlich gesehen hat der Mensch im großen und ganzen immer damit gerechnet, daß mit dem Tod für ihn nicht schlechthin alles zu Ende ist, daß es über sein biologisches Ende hinaus für ihn noch etwas gibt. Die Dialektik von Sterblichkeit und Unsterblichkeit des Menschen beherrscht nicht nur die Religionen, auch die Philosophie der Völker.

Der Mensch ist davon überzeugt, daß er den Tod überlebt. Selbst *Sigmund Freud* (+ 1939) räumt ein: "Im Unbewußten ist jeder von seiner Unsterblichkeit überzeugt", "im Grunde glaubt niemand an seinen eigenen Tod"[19], wenngleich

---

[17]   M. MACHOVEC, *Vom Sinn des menschlichen Lebens*, Freiburg 1971, 18; vgl. F. REISINGER, ebd., 176.
[18]   F. REISINGER, ebd., 177-193.
[19]   S. FREUD, *Zeitgemäßes über Krieg und Tod*, Gesammelte Werke X, London 1946 ff, 341. Ähnlich K. JASPERS, *Psychologie der Weltanschauungen*, Berlin 1919, 231: "Wir können den

er dieser Überzeugung jeglichen Wirklichkeitswert aberkennt und sie als reines Wunschdenken ansieht. Als Wunschdenken will auch *Ludwig Feuerbach* (+ 1872) den Gedanken der Unsterblichkeit verstehen, während *Karl Marx* (+ 1883) ihn als Produkt der gesellschaftlichen Entfremdung und des sozialen Elends erklärt.

John Henry Newman (+ 1890) stellt demgegenüber fest: "Unser irdisches Leben verspricht etwas, was es nicht hält; es verheißt Unsterblichkeit und ist doch sterblich; es birgt Leben im Tode und Ewigkeit in der Zeit; es zieht uns an durch Anfänge, die der Glaube allein zu Ende führt...unabhängig von unserem Offenbarungsglauben an diese große Wahrheit drängt sich uns im wirklichen Leben eine Überzeugung auf, die geradezu eine Art spürbarer innerer Gewißheit wird, daß wir ein künftiges Leben haben"[20].

Arthur Schopenhauer (+ 1860) sieht in der Gegebenheit des Todes den eigentlichen inspirierenden Genius der Philosophie. Gleichzeitig versteht er die Philosophie, aber auch die Religion, als ein Gegengift gegen die Gewißheit des Todes[21]. Ähnlich äußert sich in neuerer Zeit *Franz Rosenzweig* (+ 1929), wenn er feststellt, beim Phänomen des Todes, speziell bei der Furcht vor dem Tod, nehme alles Erkennen seinen Ausgang[22]. Ein wenig weiter noch geht *Cicero* (+ 43 v. Chr.), wenn er meint, Philosophie sei nichts anderes als Bedenkung des Todes, "commentatio mortis"[23].

Man wird nicht leugnen können, daß der Tod und die Hoffnung auf das Leben danach ein entscheidender Motor für das menschliche Leben sind. Das hängt damit zusammen, daß der Tod den Menschen am härtesten und unmittelbarsten mit der Sinnfrage konfrontiert, der Tod als solcher, in existentieller Weise der eigene Tod und der Tod eines nahestehenden Menschen. Im Sinn des Todes enthüllt sich der Sinn des Lebens. Erkennt man keinen Sinn im Tod, so wird auch das Leben sinnlos. Wenn die Seele sterblich ist und mit dem Leib stirbt, so bleibt nur noch die Resignation oder das "carpe diem", wobei sich vor

---

Tod gleichzeitig im allgemeinen wissen, und doch ist etwas in uns, das ihn instinktmäßig nicht für notwendig und nicht für möglich hält." DOLF STERNBERGER greift diesen Gedanken auf: "Wenn ich genau darauf achte - im geheimsten glaube ich nicht daran. Wahrscheinlich ist es mir gar nicht möglich, im Ernst daran zu glauben, daß wir sterben müssen. »Herr, lehre uns bedenken, daß wir sterben müssen!« Wir bitten darum wie der Psalmist, aber wir können es gar nicht wirklich lernen" (D. STERNBERGER, *Über den Tod* (Schriften I), Frankfurt 1977, 30.

20   J. H. NEWMAN, *Parochial and Plain Sermons* IV, London 1839, 14; vgl., ders., *Die Kirche* II, Übers. v. O. KARRER, Einsiedeln 1945, 410 f.
21   A. SCHOPENHAUER, ebd., 528 f; vgl. G. SCHERER, *Das Problem des Todes in der Philosophie*, ebd., 151.
22   F. ROSENZWEIG, *Der Stern der Erlösung*, Frankfurt/M. 1988, 3.
23   CICERO, *Tuscullanae Disputationes* I, 75.

allem die sinnliche Lust anbietet, um dem Leben wenigstens vordergründig einen Sinn zu geben[24].

Nur der weiß recht zu leben, der zu sterben weiß. *Seneca* (+ 65 n. Chr.) schreibt: "Wer sterben gelernt hat, hört auf, Knecht zu sein"[25]. Das Verständnis des Todes bestimmt das Verständnis des Lebens und umgekehrt.

Schopenhauer meint, eine Religion oder auch eine Philosophie habe einen um so höheren Wert, je mehr sie den Menschen instandsetze, dem Tod gelassen ins Auge zu sehen[26]. Er denkt dabei an die Vermittlung der Überzeugung von der Unzerstörbarkeit unseres wahren Wesens über den Tod hinaus. Eine wirkliche Hilfe ist für ihn allein die Erkenntnis, "daß es in uns etwas gibt, das nicht aus dem Nichts stammt und darum auch der absoluten Vernichtung entzogen ist"[27].

Wenn man Jahrtausende hindurch das Sterben-Lernen als die entscheidende Aufgabe der Philosophie verstanden hat, so gilt das in einem höheren Maße für die Theologie, die freilich heute, was besonders seltsam erscheint, dazu neigt, den Tod auszuklammern, und damit einen wichtigen Bereich brach liegen läßt, was sich inzwischen spürbar in der christlichen Verkündigung auswirkt. Das Sterben muß eingeübt werden, und zwar ein ganzes Leben lang. Nicht in der Weise der Todesverachtung, wie sie die Stoa lehrt. Die Todesverachtung hat ihre Wurzeln im Stolz und in der Resignation und verfehlt daher die Wirklichkeit. Die Einübung des Sterbens muß durch die innere Loslösung von dem Vergänglichen und durch die Bindung an das Unvergängliche erfolgen. So sagt es die Vernunft. Gemäß der christlichen Überlieferung muß sie geschehen durch die Überwindung der Selbstsucht, durch die liebende Hingabe an Gott und an die Menschen, weil der Mensch nur das in Wahrheit besitzt, was er zu verlieren bereit ist[28].

Es gibt zwei Seinsschichten im Menschen, die voneinander verschieden sind, wenngleich sie den einen Menschen bilden. Die innere Seinsschicht ist die Trägerin der äußeren und bedingt die Kontinuität in der Diskontinuität der äußeren Wandlungen. In dieser Weise ist der Mensch da vom ersten Augenblick seines Entstehens an. Der bleibende Wesensgrund, der sich ein ganzes Leben lang durchhält, ist immateriell. Immateriell, das bedeutet von ganz anderer Art als

---

[24] H. Pfeil, *Seele, Unsterblichkeit, Auferstehung* II: Philosophische Erwägungen, in: H. Pfeil (Hrsg.), *Unwandelbares im Wandel der Zeit. 20 Abhandlungen gegen die Verunsicherung im Glauben*, Bd. II, Aschaffenburg 1977, 70.

[25] Seneca, *Mächtiger als das Schicksal. Ein Brevier*. Übertragen und herausgegeben von W. Schumacher (Sammlung Dietrich, Bd. 53), Leipzig 1942, 55 (aus: Moralische Briefe an Lucilius).

[26] G. Scherer, *Das Problem des Todes in der Philosophie*, ebd., 155

[27] Ebd., 156

[28] Mk 8, 35/ Mt 16, 25/ Lk 9, 24; Mt 10, 39; Lk 17, 33; Jo 12, 25; J. Pieper, *Tod und Unsterblichkeit*, München 1979, 146-149; M. Schmaus, *Von den letzten Dingen*, Münster 1948, 353 f.

das Materielle, totaliter aliter. Diesen Wesensgrund des Menschen pflegt man als Geist oder besser als Geistseele zu bezeichnen[29].

Der Mensch überdauert seinen Tod, weil er aus Materie und Geist besteht. Er ist ein Grenzwesen, endlich und zugleich unendlich, er gehört zwar dieser sichtbaren und erfahrbaren Welt an, gleichzeitig aber jener anderen, die wir das Jenseits nennen, weshalb er alle übrigen Geschöpfe um ein Unendliches überragt. Dieses Faktum bringt in angemessener Weise der Terminus "Person" zum Ausdruck.

Wenn der Leib stirbt, setzt die Geistseele ihr Dasein fort, wenn auch unter anderen Verhältnissen. Das ist zwar keine Gegebenheit der äußeren Erfahrung, aber ein Faktum, das mit guten Gründen zu belegen ist[30].

Die Fortexistenz der Seele nach dem Tod gehört zur Überlieferung der Menschheit. Nicht nur in den meisten Religionen ist davon die Rede, auch in der Mythologie und in der Dichtung. Darüber hinaus wird sie von nicht wenigen Philosophen gelehrt. Die größten Denker der Antike, des Mittelalters und der Neuzeit sind in diesem Sinne Verfechter der Unsterblichkeit[31].

Die Unsterblichkeit der Seele ist ein selbstverständliches Faktum in der griechischen Mythologie. In der homerischen wie in der hesiodischen Dichtung, in der orphischen Religion des 6. vorchristlichen Jahrhunderts und in der tragischen Dichtung des 5. vorchristlichen Jahrhunderts gibt es keinen Zweifel daran, daß der Wesenskern des Menschen den Tod überlebt[32].

In immer neuen Akzentierungen wird die Unsterblichkeit der menschlichen Seele im Altertum des näheren bei *Pythagoras von Samos* (+ ca. 500 v. Chr.), bei *Heraklit* (+ 475 v. Chr.), bei *Empedokles* (+ 424 v. Chr.), bei *Sokrates* (+ 399 v. Chr.), bei *Platon* (+ 347 v. Chr.) und *Aristoteles* (+ 322) erörtert[33]. *Cicero* (+ 43 v. Chr.) rechtfertigt seine Überzeugung von der Unsterblichkeit der Seele mit der Übereinstimmung aller Völker in diesem Punkt, mit dem Erinnerungsvermögen der Seele, ihrer Erfindungsgabe, ihrem Trieb zum Schönen und Wahren und ihrem einfachen und ungeteilten Wesen. Er hebt den Adel der Seele hervor und bringt sie in die besondere Nähe des Schöpfers[34]. *Seneca* (+ 65 n.Chr.) erwartet in seiner Schrift "Vom glückseligen Leben" ("De beata vita") voll Sehnsucht den Todestag als den Geburtstag der Ewigkeit. Die Seele

---

[29] G. SIEGMUND, *Pawlow oder Unsterblichkeit?* (Pamphlete), Würzburg 1983, 56-59
[30] P. SCHINDLER, *Die letzten Dinge*, Regensburg o. J. (1960), 16 f.
[31] Q. HUONDER, *Das Unsterblichkeitsproblem in der abendländischen Philosophie* (Urban-Taschenbücher, 127), Stuttgart 1970, 8
[32] Ebd., 9-14; H. SONNEMANS, *Seele, Unsterblichkeit - Auferstehung. Zur griechischen und christlichen Anthropologie und Eschatologie* (Freiburger theologische Studien, 120) Freiburg 1983, 89-161
[33] Q. HUONDER, ebd., 14-34; H. SONNEMANS, ebd., 216-291
[34] CICERO. *Tusculanae Disputationes I, 36; I, 66 f; I, 71;* vgl. Q. HUONDER, ebd. 40 f.

ist für ihn unsterblich, weil sie einfach ist in ihrer Geistigkeit und die Fähigkeit hat, Göttliches zu erkennen und sich daran zu erfreuen[35].

In nicht wenigen Schriften verteidigen die *Kirchenväter* die Unsterblichkeit der Seele und bereichern die Diskussion um diese Frage mit immer neuen Argumenten[36].

Ein bedeutendes Thema ist sie auch bei den *Philosophen und Theologen der Scholastik*. Mit einer Fülle von Beweisgründen suchen sie Unsterblichkeit der Geistseele rational abzusichern. Erst im *Nominalismus* wird deren Überzeugungskraft in Frage gestellt[37].

Während die individuelle Fortexistenz der Seele nach dem Tode in der Geschichte der Philosophie nur von einzelnen verneint wird, ändert sich diese Situation seit dem Empirismus der Neuzeit. *David Hume* (+ 1776), der Begründer des modernen Skeptizismus, leugnet nachdrücklich die Unsterblichkeit der Geistseele. Indessen findet sie gleichzeitig eifrige Verfechter in den sogenannten Rationalisten des 17. und 18. Jahrhunderts, in *Descartes* (+ 1650), *Leibniz* (+ 1716), *Christian Wolff* (+ 1954) u. a.[38]. *Descartes* schreibt: "Ich bin immer der Ansicht gewesen, daß die beiden Fragen nach Gott und nach der Seele die wichtigsten von denen sind, die eher mit Hilfe der Philosophie als der Theologie zu erörtern sind"[39]. Mit Recht hebt er hervor, daß diese beiden Fragen die Voraussetzung einer jeden Religion und eines jeden Ethos darstellen[40].

In der Aufklärung ist die unsterbliche Seele ein Wesensmoment einer natürlichen Religion, der man die Aufgabe zuerkennt, das Christentum zu überrunden. *Immanuel Kant* (+ 1804) hat noch als praktisches Postulat der Vernunft recht verschiedene Wege beschritten, um die Unsterblichkeit der Seele aufrechtzuerhalten[41].

Im Laufe des 19. Jahrhunderts tritt der Gedanke des persönlichen Fortlebens nach dem Tod jedoch im Bannkreis der wachsenden Skepsis gegenüber der Metaphysik und des aufkommenden Materialismus immer mehr zurück. In zunehmendem Maße wird nun die Frage der Unsterblichkeit der Seele entweder ausgeklammert oder ausdrücklich verneint[42]. Dieses Denken wirkt teilweise

---

[35] JOHANNES HIRSCHBERGER, *Geschichte der Philosophie I*, Freiburg 1976, 260 f; Q. HUONDER, ebd., 41.

[36] Ebd., 31-125; Q. HUONDER, ebd., 42-47; W. GÖTZMANN, *Die Unsterblichkeitsbeweise in der Väterzeit und Scholastik bis zum Ende des 13. Jahrhunderts*, Karlsruhe 1927, 31-125; vgl. G. GRESHAKE, *"Seele" in der Geschichte der christlichen Eschatologie*, in: W. BREUNING (Hrsg.), *Seele, Problembegriff christlicher Eschatologie* (QD 106), Freiburg 1986, 108-126.

[37] Q. HUONDER, ebd., 47-60; W. GÖTZMANN, ebd., 129-247; vgl. G. GRESHAKE, ebd., 127-140.

[38] Vgl. Q. HUONDER, ebd., 62-69.

[39] R. DESCARTES, *Meditationen über die Grundlagen der Philosophie*, Widmung, XI

[40] Ebd; vgl. Q. HUONDER, ebd., 63-65; J. HIRSCHBERGER, ebd., II; 109-116.

[41] Q. HUONDER, ebd., 73-78.

[42] Ebd., 80-84.

noch in der Gegenwart weiter, speziell im *Marxismus* und im *Agnostizismus* oder im *Positivismus*.

Dennoch gibt es auch im 20. Jahrhundert nicht wenige positive Abhandlungen über die Seele, ihr persönliches Fortleben nach dem Tode und ihre Unsterblichkeit. Immer wieder wird die Unsterblichkeit der Seele von den Philosophen und Psychologen aufgegriffen. Dabei werden bemerkenswerte Aspekte dieser Frage hervorgehoben. In der *Existenzphilosophie* tritt das Phänomen des Todes geradezu in den Mittelpunkt der philosophischen Reflexion, weshalb hier eine Stellungnahme zur Frage des Fortlebens unumgänglich ist. Diese fällt negativ oder positiv aus, je nach den Voraussetzungen, von denen man ausgeht. Immerhin gesteht *Karl Jaspers* (+ 1969), der die Unsterblichkeit der Seele grundsätzlich in Abrede stellt: "Wenn wir mit der zwingenden Gewißheit des Wissens, das wir von den Dingen in der Welt haben können, sagen wollen, ob es Unsterblichkeit gebe oder nicht, bleibt die Antwort aus"[43].

Wenn in der Gegenwart seit *Karl Barth* (+ 1968) mehr und mehr besonders evangelische Theologen behaupten, daß der ganze Mensch stirbt, so ist das Anliegen, das sich darin kundtut, zu würdigen - man will die grausame Realität des Todes, die Einheit des Menschen und den Glauben an die Auferstehung der Toten hervorheben[44] -, allein die grausame Realität des Todes wie auch die Auferstehung setzen die Unsterblichkeit der Seele voraus. Der Tod wäre nicht grausam, wenn der ganze Mensch sterben würde, und die Auferstehung würde zur Neuschöpfung, wenn sie nicht an die unsterbliche Seele anknüpfen könnte. Damit verlöre sie ihren Sinn, zumindest für den Menschen, der existent war und nach seinem Tod als dieselbe Person nicht wieder erstehen könnte, weil Identität Kontinuität voraussetzt. Wenn das Ich des Menschen einmal gestorben ist, kann auch Gott diese Tatsache nicht mehr ungeschehen machen und dieselbe Person wieder erstehen lassen[45].

Während sich das Sterben in der untermenschlichen Schöpfung, bei den Pflanzen und bei den Tieren, rein naturhaft vollzieht, von außen her, ist das anders beim Menschen. Der Mensch weiß um sein Sterben, er erlebt seinen Tod, wenn auch nicht immer konkret. Kraft seines Geistes weiß er um sein Dasein, damit auch um sein Sterben[46].

---

[43] K. JASPERS, In: *Unsterblichkeit* (Sendereihe des Radio-Studio Basel), Basel 1966, 31-41; Q. HUONDER, ebd., 141 bzw. 139-142; vgl. auch G. HAEFFNER, *Vom Unzerstörbaren im Menschen*, in: W. BREUNING (Hrsg.), *Seele, Problembegriff christlicher Eschatologie (QD 106)*, Freiburg 1986, 159-177. ff.

[44] J. PIEPER, ebd., 153.

[45] Q. HUONDER, ebd., 145-147

[46] B. PASCAL sagt einmal: "Der Mensch ist nur ein Schilfrohr, das schwächste, was es in der Natur gibt: aber dieses Schilfrohr denkt. Es ist gar nicht nötig, daß das ganze Weltall sich bewaffne, ihn zu erdrücken. Ein Dampf, ein Tropfen Wasser genügen, um ihn zu töten. Aber wenn das Weltall ihn erdrückte, wäre der Mensch doch edler als das, was ihn tötet, denn er weiß, daß er stirbt, und kennt die Übermacht, die das Weltall ihm gegenüber hat. Das Weltall

Der Mensch weiß nicht nur um seine Existenz, er kann auch denken und erkennen, und er ist mit der Freiheit des Willens begabt. Und wie er um seine Existenz weiß, so weiß er auch um sein Denken und Erkennen und um seine Freiheit.

Der Mensch kann geistige Inhalte erfassen, Inhalte in sich aufnehmen, die außerhalb der Kontingenz liegen und notwendig sind. Er kann Sachverhalte und Ideen denken, die nicht der Vergänglichkeit unterliegen. Er hat die Fähigkeit, die Wahrheit zu erkennen, wie *Platon* (+ 347 v. Chr.) und nach ihm *Augustinus* (+ 430) und *Thomas von Aquin* (+ 1274) mit Nachdruck erklärt haben. Der Mensch ist "capax veritatis". Bei allem, was er sagt, erhebt er den Anspruch, Wahrheit erkennen zu können oder wirklich erkannt zu haben. Reden heißt ja, Realität kenntlich machen und mitteilen. Der Mensch kann begrifflich-abstrahierend, urteilend und schlußfolgernd denken. Ja, er kann schließlich bis zu einem gewissen Grad Gott selbst erkennen, die "prima causa", den "actus purus", das "ens a se", das "ens verissimum", die "prima veritas".

Beim Denken und Erkennen des Menschen handelt es sich um geistige Vorgänge, um Fähigkeiten, die nicht das Produkt materieller Gegebenheiten sein können, weil sie in den organischen Strukturen des menschlichen Gehirns keinen hinreichenden Grund finden. Man kann zwar darauf verweisen, daß alle geistige Tätigkeit auf materielle Prozesse angewiesen ist, aber damit hat man sie noch nicht erklärt. Wir müssen unterscheiden zwischen der Bedingung und der Ursache, zwischen der "condicio" und der "causa".

Auch die Willensfreiheit verweist auf den immateriellen Wesensgrund des Menschen, auf den Geist. Sie ist ein unbestreitbares Faktum und kann physiologisch nicht erklärt werden. Bei überlegten Entscheidungen geht der Mensch von der Überzeugung aus, daß er frei ist, sonst würde er nicht überlegen. Wäre er nicht frei, so wären Gewissensbisse, Schuldgefühle, moralische Entrüstung und Verantwortungsbewußtsein gegenstandslos. Die Unbedingtheit der sittlichen Verpflichtung ist nicht begründbar ohne die unsterbliche Geistseele. Ebensowenig die Hingabe des Lebens um höherer Werte willen. Nicht zuletzt wäre das tief im Menschen verankerte Glücksstreben gegenstandslos und damit sinnlos, wenn der ganze Mensch im Tode sterben würde, denn im Diesseits wird es nicht erfüllt[47].

Das Denken und die Freiheit, aber auch das Ichbewußtsein verlangen als Ursache ein geistiges Prinzip, das vom Stoff wesentlich verschieden ist. Es reicht nicht hin als Erklärung, wenn man darin nur eine Wirkung oder eine Funktion unseres materiellen Seins, des Gehirns, sieht oder wenn man das Prinzip dieser Funktionen, das Seelische, als eine Sonderart des Stoffes diesem gleichordnet. Weil die Seele fähig ist, das Absolute zu denken und eine "actio absoluta", eine

---

hingegen weiß nichts davon" (R. GUARDINI, *Christliches Bewußtsein. Versuche über Pascal*, Mainz 1991, 67; vgl. M. SCHMAUS, ebd., 356).
[47] Vgl. H. PFEIL, ebd., 54-58.

"operatio absoluta" zu setzen, muß sie auch ein "esse absolutum" haben, ein vom Leibe unabhängiges Sein besitzen. Sie muß über den Zerfall des Leibes und über den Tod hinaus Bestand haben. So verlangt es die Konsequenz unseres Denkens[48].

Schon die Identität des lebendigen Menschen über Jahrzehnte hin, auch wenn er etwa seine Gesinnung, seine Sprache, seine Verhaltensweisen grundlegend geändert hat und darüber hinaus, wie uns die Biologie sagt, in einem langjährigen Stoffwechsel wiederholt die Materie seines Leibes ausgewechselt hat, diese bleibende Identität trotz der äußeren Diskontinuität beweist uns bereits, daß im Menschen etwas ist, das nicht gegenständlich ist und von diesen Änderungen nicht berührt wird, daß es im Menschen ein bleibendes Wesen gibt, trotz des dauernden Wechsels, eben die Seele, die von völlig anderer Art ist[49].

Im Ichbewußtsein sowie in den geistigen und freien Akten erfährt der Mensch sich als Geist, als Geist in einem materiellen Leib. Das bedeutet, wie *Thomas von Aquin* (+ 1274) feststellt, nicht, daß der Mensch aus Leib und Seele besteht, sondern daß er eine Einheit von Leib und Seele ist. Aber die Seele, das geistige Prinzip, überlebt den Tod, so schmerzhaft die Auflösung dieser Einheit auch ist, weil sie ja das Wesen des Menschen ausmacht[50].

Leib und Seele bilden in der Vereinigung den ganzen Menschen. Die Zerstörung dieser Einheit bedeutet den Tod. Das heißt: der Mensch ist tot, obwohl seine Seele weiterlebt. In der *aristotelisch-scholastischen Philosophie* wird sie als die substantiale Form des Leibes bezeichnet. Der Leichnam ist nicht mehr der Mensch, der existiert hat, er ist nur ein Teil von ihm, der entseelte Teil. Das macht ihn unheimlich. Es stirbt der ganze Mensch. Das gilt trotz der Unsterblichkeit der Geistseele, denn der Mensch ist nicht die Seele, sondern die Einheit von Leib und Seele. Im Tod wird auseinandergerissen, was von Natur aus zusammengehört. Daher ist der Tod in Wahrheit eine Zerstörung, ein Unglück[51].

Wenn man in der modernen Psychologie in der Lehre von der Existenz einer unsterblichen Geistseele so etwas sieht wie antiquierte Metaphysik[52], so geht das auf das Konto einer materialistischen, zumeist marxistisch geprägten oder einer positivistischen Weltsicht, die weithin das Feld beherrschen.

Man hat gesagt, der Gedanke der Unsterblichkeit entstehe aus dem Überlebenswunsch des Menschen. Das mag sein, aber damit bleibt die Frage nach dem

---

[48] G. SIEGMUND, ebd., 48 f; J. PIEPER, ebd., 182-185.
[49] Vgl. G. SIEGMUND, ebd., 56-59.
[50] G. SCHERER, *Der Tod ist nicht das Ende*, ebd., 13.
[51] J. PIEPER, ebd., 61-64; H. VOLK, *Art. Tod*, in: H. FRIES (Hrsg.), *Handbuch theologischer Grundbegriffe* IV, München ²1973, 238 f. Wenn Gott den Menschen als Leib-Seele-Einheit geschaffen hat, dann liegt es nahe, daß er den ganzen Menschen, nicht nur die Seele zur Ewigkeit beruft, was die jüdisch-christliche Offenbarung in der Lehre von der Auferstehung der Toten verkündet. Diese Glaubenswahrheit wird auch gestützt durch das Faktum, daß der Leib im Erdenleben Anteil hat am Guten wie am Bösen, das der Mensch wirkt.
[52] G. SIEGMUND, ebd., 12.

Überlebenswunsch des Menschen. Woher kommt er? Und wie wird dieser Wunsch zu einer Überzeugung?

- Man hat die Idee von der unsterblichen Geistseele auch als das Produkt des Widerstreits zwischen dem Streben des Menschen nach Gerechtigkeit und der Erfahrung der abgründigen Ungerechtigkeit in dieser Welt bezeichnet. Aber damit ist nicht bewiesen, daß dieser Idee keine Wirklichkeit entspricht. Wie will man das Streben des Menschen nach Gerechtigkeit erklären, wenn es keine Erfüllung finden kann? Wenn die Welt und das menschliche Leben sinnvoll sind, so muß es angesichts der Ungleichheit des Schicksals der Menschen und um ihrer Versöhnung mit der Idee der Gerechtigkeit willen die nachtodliche Existenz geben. Wird das Gute nicht belohnt und das Böse nicht bestraft, so täuscht sich der Mensch in einer fundamentalen Überzeugung, so wird sein elementares Empfinden für Gerechtigkeit gegenstandslos, und der innerste Spruch seines Gewissens wird zu einer verhängnisvollen Täuschung. Wenn es keine unsterbliche Geistseele gäbe, bliebe die Sehnsucht des Menschen nach Gerechtigkeit nur ein unerfüllbarer Wunsch.

Der Gedanke der Unsterblichkeit der Seele erhält seine entscheidende argumentative Kraft durch das Vertrauen auf die Sinnhaftigkeit der Welt und des menschlichen Daseins. Wie die Organe des Menschen ihre je eigene Funktion haben, so sind auch die unausrottbaren Überzeugungen ein Reflex der Wirklichkeit.

Es geht hier um die Philosophie des gesunden Menschenverstandes. Das *II. Vaticanum* stellt fest, der Mensch urteile instinktiv richtig, wenn er den totalen Untergang und das definitive Ende seiner Person verabscheue und zurückweise. Es fährt dann fort:

"Der Same der Ewigkeit, der in ihm (im Menschen) ist, der jedoch nicht allein auf sein materielles Wesen zurückführbar ist, rebelliert gegen den Tod", denn unzerstörbar ruht in seinem Herzen zwar nicht "eine erwünschte biologische ewige Fortdauer des Lebens", wohl aber "die Sehnsucht nach einem anderen Leben"[53].

Wenn das Leben des Menschen mit dem Tod erlischt, wenn also letztlich alles, das Große wie das Kleine, das Erhabene wie das Schändliche dem Nichts überantwortet wird, so hat alles Planen, Mühen und Leiden im Grunde keinen Sinn, und es stellt sich mit Recht der Nihilismus ein, jene sinnlose Traurigkeit, die *Nietzsches* Zarathustra fragen und klagen läßt: "Was! Du lebst noch, Zarathustra? Warum? Wofür? Wodurch? Wohin? Wo? Wie? Ist es nicht Torheit, noch zu leben?"[54]. Mit Recht sagt *Goethe* in seinen Gesprächen mit Eckermann, daß nach seiner Meinung alle diejenigen, die kein anderes Leben erwarten, auch

---

53 *Gaudium et Spes*, 18.
54 F. NIETZSCHE, *Also sprach Zarathustra*, II. Teil: Das Tanzlied.

für dieses Leben tot sind⁵⁵. Ohne die Unsterblichkeit hat die Sinnlosigkeit das letzte Wort.

Nicht nur die Unsterblichkeit der Seele, auch das Gericht über sie gehört zur Überlieferung der Völker, unabhängig von der jüdisch-christlichen Offenbarung. Mit dem Gerichtsgedanken verbindet sich in den meisten Religionen der Gedanke der Verschiedenheit des jenseitigen Schicksals. Durchweg wissen die Religionen von einem schmerzlosen und freudvollen Dasein bei dem höchsten Wesen oder bei den Göttern und von einem leiderfüllten und ruhelosen Leben fern von den Göttern oder von der Gottheit. Der Gedanke der Jenseitsvergeltung entsprechend der sittlichen Lebensführung drängte sich dem Menschen gewissermaßen auf. Dabei scheint das Motiv der Belohnung der Guten älter zu sein als das Motiv der Bestrafung der Bösen⁵⁶.

Bemerkenswert ist in diesem Zusammenhang das Phänomen der Todesangst. Beim Menschen als einem vernunftbegabten Wesen ist sie etwas anderes als ein Reflex des biologischen Lebenswillens. Sie wäre unvernünftig, wenn der Tod nur das Ende des Lebens wäre. Tatsächlich läßt sie sich auch überwinden durch die Überzeugung, daß der Mensch gänzlich stirbt, daß der Tod das endgültige Ende der menschlichen Existenz ist, sofern diese Überzeugung wirklich Raum gewinnt. Mit der Ausblendung des Jenseits *kann* man einen angstfreien Tod sterben. Nicht wenige Atheisten sind gelassen und ruhig gestorben. Das schreckliche und verzweifelte Sterben Ungläubiger ist nicht die Regel. Die andere Möglichkeit der Überwindung der Todesangst ist das Leben in der Gemeinschaft mit Gott, die Erfüllung des göttlichen Willens, die treue Nachfolge Christi, die Versöhnung mit Gott im Sterben, das Vertrauen auf einen gnädigen Gott.

Was die Todesangst begründet, das ist zutiefst das Wissen um die Begegnung mit dem richtenden Gott. Gibt es kein jenseitiges Gericht oder weiß man sich gerechtfertigt, so kann man ohne Angst oder mit Todesverachtung oder gar in freudiger Todesbereitschaft sterben. Allein die Überzeugung vom Überleben des Todes und von der jenseitigen Rechenschaft ist nur schwerlich völlig zu eliminieren. Bereits *Platon* (+ 347 v.Chr.) bemerkt, niemand fürchte das Sterben selber, es sei denn, er habe den Verstand verloren, in Wirklichkeit fürchte man etwas anderes, nämlich: mit Unrecht beladen in den Hades zu gehen⁵⁷.

Wenn der Mensch nicht um den richtenden Gott weiß, wovor soll er sich fürchten? Für ihn kann es nur das unreflexe Widerstreben der Natur gegenüber dem Tod geben, das jedoch durch die Vernunft leicht überwunden werden kann.

Die Aussagen der alt- und der neutestamentlichen Offenbarung über den Tod gehen weit hinaus über das, was die Vernunft darüber sagen kann, wenn sie

---

⁵⁵ H. Pfeil, ebd., 72.
⁵⁶ L. Walk, *Tod* II (religionsgeschichtlich), in: LThK X, Freiburg 1938, 189-191.
⁵⁷ Platon, *Gorgias* 522 e 1.

etwa von dem persönlichen und dem allgemeinen Gericht, von Himmel, Hölle und Fegfeuer, von der Auferstehung der Toten und von der Anschauung Gottes spricht. Aber sie bestätigen die natürliche Erkenntnis des Menschen, die ihrerseits auf die Aussagen der Offenbarung hin offen ist. Die innere Kohärenz, die hier hervortritt, ist eine Stütze für die natürliche Vernunft, aber auch für den Glauben.

Die Letzten Dinge im Leben der Heiligen

Prof. Dr. Ferdinand Holböck, Salzburg

Zum rechten Verstehen des mir gestellten Themas "Die Letzten Dinge im Leben der Heiligen" beginne ich mit dem Bekenntnis, daß die Heiligen für mich **authentische**, d. h. echte, zuverlässige und von Gott durch Wunder beglaubigte Glaubenszeugen, u. a. auch für die Wahrheit von den Letzten Dingen, sind: Sie glaubten in ihrem Leben und Sterben an die Letzten Dinge und lebten daraus und starben mit der Gewißheit, daß der Tod für sie das Tor zum eigentlichen Leben in der Herrlichkeit des Himmels ist.

Bei den Heiligen war es nicht so wie heute bei einem großen Prozentsatz von Menschen, auch Christen, auch Katholiken, die einem Fortleben nach dem Tod entweder äußerst skeptisch oder sogar total ungläubig gegenüberstehen. Die Heiligen glaubten im Leben und Sterben allen Anfechtungen zum Trotz im Glaubensbekenntnis auch an die letzten Artikel, also an die Auferstehung des Fleisches und an ein ewiges Leben; sie waren in diesem ihrem Glauben persönlich überzeugt von dem, was sie im *Symbolum Nicaeno-Constantinopolitanum* kräftig formuliert so aussprachen: "... et **exspecto** resurrectionem mortuorum et vitam venturi saeculi".

Wenn nun konkret über die Letzten Dinge oder Ereignisse im Leben der Heiligen gesprochen werden soll, so möchte ich mich auf die Feststellung konzentrieren, daß den Heiligen gegenüber dem Heidentum eine radikal gewandelte Sicht des Todes eigen war, und zwar die Sicht des Todes, wie sie unser Herr Jesus Christus in seinem Tod und seiner Auferstehung grundgelegt und der Völkerapostel *Paulus* wohl am klarsten zum Ausdruck gebracht hat, etwa im prägnanten Bekenntnis: "Christus ist für mich das Leben und Sterben Gewinn" (Phil 1, 21). Dieser Satz umreißt eigentlich in äußerster Kürze das Anliegen, das fast in jedem der Briefe des hl. Paulus ausgesprochen wird: Teilnahme an Tod und Auferstehung Christi im Leben und Sterben des Christen und in seinem Fortleben in der Ewigkeit[1].

Für den hl. *Paulus* bestand seit seiner Bekehrung vor Damaskus der Sinn des Lebens in nichts anderem mehr als nur darin: Christus Jesus vollende an mir und an allen zu Christus Gehörenden und an der ganzen Schöpfung das österliche Geheimnis seines Todes und seiner Auferstehung.

---

[1] Man vergleiche dazu etwa: Röm 6, 1-12; 2 Kor 5, 14-21; 6, 9; Gal 2, 20; Eph 2, 1-7; Kol 2, 12; 2 Tim 2, 11.

Beachten wir, wie er das in Phil 3, 7-11 formuliert hat: "Was mir einst Gewinn war, das habe ich um Christi willen als Verlust erkannt. Ja noch mehr: Ich sehe alles als Verlust an, weil die Erkenntnis Christi, meines Herrn, alles übertrifft. Seinetwegen habe ich alles aufgegeben und halte es für Unrat, um Christus zu gewinnen und in Ihm zu sein ... Christus will ich erkennen und die Macht seiner Auferstehung und die Gemeinschaft mit seinem Leiden; sein Tod soll mich prägen. So hoffe ich auch zur Auferstehung von den Toten zu gelangen ... Ich vergesse, was hinter mir liegt, und strecke mich aus nach dem, was vor mir liegt. Das Ziel vor Augen jage ich nach dem Siegespreis, der himmlischen Berufung, die Gott (Vater) uns in Christus Jesus schenkt".

Aus dieser paulinischen Sicht des Todes und dem damit verbundenen Eintauchen in das österliche Geheimnis lebten letztlich eigentlich alle Heiligen.

Es ist ergreifend, an manchen Heiligen ganz besonders beeindruckend feststellen zu können, wie sie an das Mysterium paschale, an dem sie durch die Taufe und die Eucharistie Anteil erhalten hatten, sehr bewußt geglaubt und danach gelebt haben und in welchem sie entsprechend gestorben und hinübergegangen sind zur ewigen Anteilnahme an Christi Erlösertod und seiner Auferstehung.

Es wäre sicher aufschlußreich zu zeigen, was beispielsweise die verschiedenen Kirchenlehrer über die Letzten Dinge (Tod, Gericht, Himmel, Hölle) gedacht und geschrieben haben. So war es sicher bereichernd, von Professor Dr. Leo *Elders* einen ausführlichen Überblick über das Thema "Leben nach dem Tod in der Lehre des hl. *Thomas von Aquin*" zu bekommen. Mindestens ebenso wichtig, so scheint mir, wäre zu wissen, wie der hl. *Thomas von Aquin* aus dem österlichen Geheimnis gelebt hat und dann gestorben ist: Wie ergreifend ist doch der Bericht über sein unerwartetes Sterben in der Zisterzienserabtei Fossanuova, wie er noch seinen Glauben an die Realpräsenz Christi in der hl. Eucharistie bezeugt und dann das "Mysterium fidei" in aller Demut als Wegzehrung empfangen und dann für immer Anteil bekommen hat an Christi Tod und Auferstehung.

Mit Christi Tod und Auferstehung hat die eschatologische Endzeit, der "neue Himmel und die neue Erde" schon begonnen; das sichtbare rein geschöpfliche Zeichen dafür ist die mit Leib und Seele in die Herrlichkeit des Himmels aufgenommene jungfräuliche Gottesmutter Maria, die in diesem an ihr wunderbar erfolgten Ereignis eigentlich gar keine Ausnahme, sondern nur eine Vorausnahme dessen war und ist, was an allen Heiligen geschehen wird.

Im folgenden sei noch an einigen, fast willkürlich ausgesuchten Heiligen aufgezeigt, was sie über die Letzten Dinge gedacht und diesbezüglich zu erleben begonnen haben:

Da steht - gewissermaßen in der Nachfolge des hl. Paulus - die Heldengestalt des hl. *Ignatius von Antiochien* vor uns: Unter Kaiser Trajan (98-117) wurde er gefesselt nach Rom gebracht, wo er den Tod durch wilde Tiere zu erwarten hatte: Auf seiner Todesfahrt über das Meer schrieb er noch seine sieben berühmten Abschiedsbriefe: In dem Brief an die Römer (6, 1-7, 2) schreibt er: "Nichts nützen mir die Reize der Welt noch die Königreiche dieser Erde. Es ist besser für mich zu sterben, um mich mit Jesus Christus zu vereinen, als über die äußersten Enden der Erde zu herrschen: Ihn suche ich, der für uns gestorben ist, nach Ihm sehne ich mich, der für uns auferstanden ist. Nun naht meine (eigentliche) Geburt ... Laßt mich das reine Licht empfangen! Wenn ich dort angelangt sein werde, werde ich (erst richtig) Mensch sein ... Als ein wahrhaft Lebender schreibe ich euch voll Sehnsucht nach dem Tod". In diesen Sätzen des hl. *Ignatius von Antiochien* tritt nach einer richtigen Bemerkung von *Jean Danielou*[2] "ein scharfes Empfinden für die überlegene Wirklichkeit der verklärten jenseitigen Welt zutage: Der Tod wird gesehen als Geburt, die uns das wahre Leben eröffnet; er ist die wahre Geburt (der "dies natalis" für den Himmel): Bis dahin ist das Leben des Menschen unvollendet; erst dann weiß sich *Ignatius von Antiochien* als Mensch (im vollen Sinne seiner Berufung und Bestimmung) ... Wir haben hier den echten eschatologisch-christlichen Humanismus vor uns, für den die eigentliche Verwirklichung des Menschen sich erst in der Auferstehung vollzieht".

Ganz ähnlich dachten jene Märtyrer, die uns in den zweifellos echten Märtyrerakten in ihrem Sterben entgegentreten; dabei sind manche dieser Märtyrerakten ungemein aufschlußreich über das, was die Blutzeugen der frühchristlichen Zeit über die Letzten Dinge gedacht haben: Es sei ausdrücklich nur auf das "*Mysterium Polycarpi*" und auf die "*Passio sanctarum Perpetuae et Felicitatis*" (202/203 n. Chr.) hingewiesen.

Im zweifellos echten und dabei ältesten Bericht über den Tod eines Märtyrers heißt es über den Tod des hl. *Polykarp*: Ehe die Bestien über den ehrwürdigen Leib des Bischofs herfielen, stand er da, "die Hände auf dem Rücken gefesselt, wie ein erlesener Widder, ausgesucht aus einer großen Herde zur Opfergabe, zugerüstet zu einem tadellosen Brandopfer für Gott"; und er erhob seine Augen zum Himmel und betete: "Herr Gott, Allherrscher, Vater deines geliebten und gebenedeiten Knechtes Jesus Christus, durch den wir über dich Kenntnis empfangen, Gott der Engel und Mächte und der ganzen Schöpfung und des ganzen Geschlechtes der Gerechten, die von dir leben: Ich benedeie dich, weil du mich gewürdigt hast, an diesem Tag und in dieser Stunde Anteil zu nehmen an der Zahl deiner Zeugen, am Kelch deines Christus zur Auferstehung des ewigen Lebens mit Seele und Leib in der Unvergänglichkeit des Hl. Geistes: Daß ich doch heute unter ihnen von dir angenommen werde als fettes und angenehmes Opfer, wie du es vorausbereitet und vorausgezeigt und erfüllt hast, du trugloser und wahrhaftiger Gott!" "In der Form eines kultischen Darbringungswortes befahl also der ehrwürdige Bischof *Polykarp* von Smyrna sich sterbend in die Hände

---

[2] DANIELOU, J., *Die Lehre vom Tod bei den Kirchenvätern*, in: Das Mysterium des Todes, Frankfurt 1955, 137

Gottes und ließ diese Bitte wie am eucharistischen Altar gleichsam aus einem großen Danksagungsgebet hervorwachsen[3]". Weitere noch ganz knappe Sterbegebete von Märtyrern aus den ältesten echten Märtyrer-Akten könnte man anführen; so betete etwa der hl. *Konon*[4]: "Herr Jesus Christus, nimm meine Seele auf! Errette mich vor den beutegierigen Hunden! Laß mich Ruhe finden bei all deinen Gerechten, die deinen Willen erfüllten! Ja, mein Gott, du König der Ewigkeit!"

Die "*Passio s. Perpetuae et Felicitatis*" bringt den rührenden Bericht über die letzten Tage im Leben zweier heldenhafter junger Mütter, der vornehmen *Perpetua* und ihrer Sklavin *Felicitas*; dabei erfahren wir Wichtiges über die Jenseitsvorstellungen der damaligen Christen.

Als in der Geschichte der christlichen Frömmigkeit zu dem Heiligkeitsideal der Märtyrer schließlich das der Einsiedler, der Mönche, und das der ersten gottgeweihten Jungfrauen hinzukam, entstand - zuerst im Osten, dann auch im Abendland - die frühchristliche Hagiographie, die - gleich den Märtyrer-Akten und Märtyrer-Legenden - ein fast unübersehbares Schrifttum hervorbrachte. Aus der großen Masse dieser literarischen Produkte heben sich einzelne Darstellungen bezüglich der Bedeutung für die Eschatologie vorteilhaft ab: Man müßte sie der Reihe nach durchsehen um zu erfahren, was diese heiligen Mönche und gottgeweihten Jungfrauen über die Letzten Dinge gedacht haben; es fällt in dieser Hinsicht vor allem das vom großen Kapadokier *Gregor von Nyssa* (+394) verfaßte Leben der heiligen *Makrina*, seiner leiblichen Schwester, auf, und der damit verbundene Dialog des hl. Gregor von Nyssa über die Seele und die Auferstehung ("Vita s. Macrinae" und "Dialogus de anima et resurrectione").

Als *Gregor von Nyssa* 379 von der Synode in Antiochien heimkehrte, fand er seine Schwester *Makrina* sterbend vor. Im "Dialog über die Seele und Auferstehung" läßt er nun seine sterbende Schwester die christliche Anschauung über Seele, Tod, Unsterblichkeit, Auferstehung und Wiederherstellung aller Dinge im 13. Kapitel aussprechen. Es sei daraus das schöne Gebet angeführt, das - wie Gregor von Nyssa berichtet - von seiner Schwester Makrina auf dem Sterbebett gesprochen wurde; darin wird die Ansicht eines heiligen Geschwisterpaares über die letzten Ereignisse, Tod, Gericht und ewige Vergeltung eindrucksvoll wiedergegeben: "Schon war der größte Teil des Tages vorüber, und die Sonne neigte sich dem Untergang. Makrina aber bewahrte ihre ganze Lebhaftigkeit. Und je näher ihr Abschied rückte, umso drängender strebte sie dem Vielgeliebten entgegen, gleichsam als sähe sie die Schönheit des Bräutigams jetzt deutlicher. Ihr Lager war nämlich nach Osten gerichtet (von wo wir Christen die Wiederkunft Christi zum Gericht erwarten, das für den einzelnen im Augenblick des Todes erfolgt). Sie hörte jetzt auf, mit uns zu sprechen, und unterhielt sich

---

[3] SCHOENEN, A., *In Deine Hände, Herr, empfehle ich meinen Geist, Erwägungen zur Commendatio animae*, in: TH. BOGLER, *Tod und Leben. Von den Letzten Dingen*, Maria Laach 1959, 44

[4] *Martyrium des hl. Konon* 6, 4

des Todes erfolgt). Sie hörte jetzt auf, mit uns zu sprechen, und unterhielt sich die übrige Zeit im Gebet mit Gott, die Hände flehentlich ausgestreckt und mit leiser Stimme murmelnd: 'Du hast uns befreit von Todesfurcht. Du hast das Ende unseres irdischen Lebens zum Ursprung des wahren Lebens gemacht. Eine Zeitlang läßt Du unsere Leiber im Schlafe ruhen, um sie beim Schall der letzten Posaune aufzuwecken: Du übergibst der Erde unser Irdisches, das Du mit Deinen Händen geformt hast, um ihr wieder zu nehmen, was Du ihr gabst. Was sterblich und ungestalt an uns ist, gestaltest Du um durch die Gnade der Unverweslichkeit. Du hast uns befreit vom Fluch und von der Sünde, da Du das eine wie das andere für uns geworden bist. Du hast die Häupter des Drachen zerschmettert, der den Menschen wegen seines Ungehorsams in seinem Rachen hielt. Du hast uns den Pfad der Auferstehung eröffnet, da Du die Pforten der Unterwelt aufstießest und den Teufel, den unrechtmäßigen Herrn des Todes, entwaffnetest, um den Widersacher zu vernichten und unser Leben zu beschützen. Ewiger Gott, Dir gehöre ich vom Mutterschoß an, Dich hat meine Seele aus allen Kräften geliebt; Dir war ich geweiht seit meiner Kindheit und bis heute: sende mir einen Engel des Lichtes, daß er mich an der Hand zum Ort der Erquickung geleite, zum Wasser der Ruhe, in den Schoß der heiligen Väter. Du hast das Flammenschwert zerschmettert und hast den, der mit Dir gekreuzigt wurde und der sich Deiner Barmherzigkeit empfahl, ins Paradies geführt - gedenke auch meiner in Deinem Reich! Denn auch ich bin mit Dir gekreuzigt gewesen, da ich mein Fleisch in Deiner Furcht durchbohrt und Dein Gericht gefürchtet habe. Möge der schreckliche Abgrund mich nicht von Deinen Auserwählten trennen! Möge der Widersacher mir den Weg nicht versperren! Mögen meine Sünden vor Deinen Augen nicht bestehen! War meine Natur schwach und brachte mich zu Fall, so daß ich in Worten, Werken oder Gedanken gesündigt habe, so vergib mir! Du hast ja die Macht, auf Erden Sünden nachzulassen. Laß mich die Erquickung genießen und laß meine Seele, vom Leib befreit, ohne Makel von Dir erfunden werden!"[5]

Nachdem Gregor von Nyssa das letzte Gebet seiner sterbenden Schwester Makrina berichtet hat, schreibt er zuletzt noch über ihr unmittelbar darauffolgendes Sterben: "Während sie das sagte, machte sie das Zeichen des Kreuzes auf die Augen, den Mund und das Herz. Als dann der Abend kam und man Licht hereinbrachte, wurden ihre Augen weit und richteten sich auf seinen Glanz, und wir sahen deutlich wie sie inbrünstig die abendliche Danksagung ('eucharistia epilukrios' heißt es im griechischen Text) verrichtete. Als sie geendet und die Hand erhoben hatte, um ihr Antlitz mit dem Kreuz zu bezeichnen, stieß sie einen tiefen Seufzer aus und verließ dieses (irdische) Leben".

Jean *Danielou*[6] meint: "Der Reichtum dieser Texte ist unausschöpfbar. Die Worte Makrinas enthalten alle Themen der Totenliturgie: das 'refrigerium' und

---

[5] GREGOR VON NYSSA, *Vita sanctae Macrinae*, PG 46, 984b-985a
[6] DANIELOU, J., ebd. S. 143

schmetterten Drachenhäupter und den Teufel, der den Weg zum Himmel versperrt. Erschütternder noch sind die Gesten: das nach Osten gerichtete Bett der Sterbenden, das Bekenntnis der in Gedanken, Worten und Werken begangenen Sünden, das Zeichen des Kreuzes auf Augen, Mund und Herz, das Beten des phosilaron (des Abendhymnus). Wir haben hier wirklich ein lebendes Zeugnis dafür, daß die Lehre der Kirchenväter (das gelebte Zeugnis der Heiligen) nichts anders ist als die Formulierung der schlichten Wirklichkeit des Christenlebens ihrer Zeit".

Im Abendland darf nicht unerwähnt bleiben, was die vier großen abendländischen Kirchenväter *Ambrosius, Hieronymus, Augustinus* und *Gregor der Große* über die Letzen Dinge gedacht und erlebt haben:

Von *Ambrosius* (339-397) sei auf seine beiden Trauerreden auf seinen Bruder *Satyrus* hingewiesen; die eine hielt er am Begräbnistag für seinen Bruder, der 378 in seinen Armen gestorben war; die andere dann beim Gedächtnisgottesdienst. Diese beiden Reden legen ein eindrucksvolles Zeugnis ab sowohl von der herzlichen Zuneigung, die die beiden Brüder verband, als auch von ihrer Jenseitsvorstellung und Auferstehungshoffnung: Darüber äußert sich Ambrosius auch in verschiedenen anderen Schriften, wie etwa im Kommentar zu Ps 118 und 36, im Sermo 20, 12 und im Brief 2, 14. Er kommt da auf die Letzten Dinge (Himmel, Hölle, Fegfeuer) zu sprechen und meint, die Seelen aller Verstorbenen müssen durch Feuerflammen hindurchgehen; die Gerechten gehen hindurch, so wie Israel durch das Rote Meer ging; die Ungläubigen aber so wie Pharao; für sie wird das Feuer von ewiger Dauer zum Rächer ihrer Bosheit (zum "ultor ignis"). Bei der dritten Klasse von Menschen, bei den Sündern, unterscheidet Ambrosius zwei Gruppen, je nachdem bei ihnen auf der Gerichtswaage die guten oder die schlechten Werke überwiegen; für die erste Gruppe werden die Feuerflammen zum Reinigungsfeuer, dem das Paradies folgt. Aber auch für die zweite Gruppe läßt Ambrosius die Hoffnung auf Errettung bestehen, er lehrt aber nirgends die origenistische Apokatastasis für die in der Todsünde verstorbenen Christen.

Ähnlich wie Ambrosius war *Hieronymus* (um 347-420) der Überzeugung, daß zwar alle Gottesleugner ("negantes et impii") ewiger Höllenstrafe verfallen, nicht aber die Christgläubigen, auch wenn sie "peccatores" im Augenblick des Todes sind; diese werden vielmehr im Gericht ein Urteil finden, das "gemäßigt und mit Milde gemischt" ist; so schreibt Hieronymus in dem Kommentar zu Jesaia 66, 24; noch deutlicher spricht er sich in der Epistola 119 aus: "Qui enim tota mente in Christo confidit, etiam si homo lapsus mortuus fuerit in peccato, fide vivit in perpetuum". Hieronymus ist in dieser seiner barmherzigen Haltung der Anziehungskraft des großen Origenes teilweise erlegen; und dies noch zu einer Zeit, da er seinen früher so hochgeschätzten Meister der Exegese seit langem schon bekämpfte. Die Höllenstrafen sind nach Hieronymus nicht nur seelisch-geistig, sondern auch körperlich.

Was den hl. *Augustinus* (354-430) betrifft, so könnten verschiedenste Texte aus seinen Predigten angeführt werden, in denen sein Verhältnis zum Tod und zu den übrigen Letzten Dingen zum Ausdruck kommt. Alle diese Texte aber werden übertroffen vom 10. und 11. Kapitel im neunten Buch seiner "Bekenntnisse", wo Augustinus über das Lebensende seiner Mutter *Monica* berichtet, das sich im Oktober 387 in Ostia Rom einstellte: Man muß diesen Text auf sich wirken lassen, um konkret "die Letzten Dinge im Leben von zwei Heiligen" mitzuerleben:

"Als schon der Tag in nächste Nähe gerückt war, an dem meine Mutter Monica aus diesem Leben scheiden sollte - Du kanntest diesen Tag, während wir nichts davon wußten - da hattest Du, wie ich sicher glaube, durch Deine geheimen Anordnungen es gefügt, daß wir beide, sie und ich, allein an ein Fenster gelehnt standen, welches auf den inneren Garten des Hauses blickte, das uns beherbergte. Es war bei Ostia am Tiber, wo wir uns, der Menge entrückt, von den Anstrengungen der langen Reise für die Seefahrt (hinüber nach Afrika) erholen und stärken wollten. Überaus lieblich war unsere einsame Unterhaltung, da wir 'vergaßen, was hinter uns lag, und uns ausstreckten nach dem, was vor uns lag'. In Deiner Gegenwart, der Du die Wahrheit bist, fragten wir uns, welcher Art dereinst das ewige Leben der Heiligen sein werde, das 'kein Auge gesehen und kein Ohr gehört hat und das in keines Menschen Herz gedrungen ist' ... Als nun die Rede dahin geführt hatte, daß uns keine durch die Sinne vermittelte Ergötzlichkeit, wie groß sie auch sein und in welch hellem Glanz irdischen Lichtes sie auch erstrahlen möge, neben den **Freuden** jenes Lebens der Vergleichung, ja selbst nur der Erwähnung wert erschien, da richteten wir in steigender Inbrunst unsere Herzen auf das 'Seiende selbst', stufenweise durchwanderten wir die gesamte körperliche Welt und auch den Himmel, von dem aus Sonne, Mond und Sterne über der Erde leuchten. Und weiter aufsteigend, innerlich betrachtend und miteinander redend und Deine Werke bewundernd, gelangten wir zu unserer Seele; aber wir schritten auch über sie hinaus, damit wir zu dem Land unerschöpflicher Fruchtbarkeit gelangten, wo der Herr ewiglich Israel weidet auf den Gefilden der Wahrheit, wo Leben Vereinigung mit der Wahrheit ist, durch welche alles besteht, was ist und war und sein wird ... Solcherlei sagte ich, und wenn auch nicht genau in dieser Art und Weise und genau mit diesen Worten, so weißt Du doch, o Herr, daß wir an jenem Tag solcherlei miteinander redeten und uns unter diesen Reden die Welt mit ihren Ergötzungen jeden Reiz verlor. Die Mutter aber erwiderte: 'Mein Sohn, was mich angeht, so lockt mich nichts mehr in diesem Leben. Ich weiß nicht, was ich hier noch beginnen soll und wozu ich hier bin. Von dieser Zeitlichkeit erhoffe ich mir nichts mehr. Was mich wünschen ließ, am Leben zu bleiben, war allein, daß ich hoffte, dich vor meinem Tod als katholischen Christen zu sehen. Gott hat mir dies noch reichlicher gewährt, da ich dich zugleich als seinen Diener erblickte, der aller irdischen Glückseligkeit den Rücken gekehrt hat: Was tue ich noch hier?'

Was ich ihr darauf erwiderte, weiß ich mich nicht mehr genugsam zu erinnern. Denn gleich danach - es mochten 5 Tage oder wenig mehr vergangen sein - warf das Fieber sie aufs Krankenlager: An einem Tag ihrer Krankheit erlitt sie einen Ohnmachtsanfall und verlor für kurze Zeit das Bewußtsein. Wir liefen herzu; sie kam aber rasch wieder zu sich; und da sie mich und meinen Bruder an ihrem Bett stehen sah, sagte sie zu uns, als wollte sie etwas wissen: 'Wo war ich?' Und da sie bemerkte, wie wir von Schmerz und Trauer erschüttert waren, sagte sie: 'Begrabt eure Mutter hier!' Ich schwieg und unterdrückte das Weinen. Mein Bruder aber sagte einige Worte, daß er gewünscht und für glücklich erachtet hätte, wenn sie nicht in fremdem Land, sondern in der Heimat stürbe. Als sie das vernahm, warf sie ihm mit erschreckter Miene einen abwehrenden Blick zu, weil er derartige Gedanken hege, wandte sich darauf zu mir und sprach: 'Hör doch, was er sagt!' Alsdann sagte sie zu uns beiden: 'Begrabt diesen Leib, wo immer er sei; um ihn sollt ihr euch keine Sorgen machen. Nur um das eine bitte ich euch, wo ihr auch sein werdet, gedenkt meiner am Altar des Herrn!' Nachdem sie diesen Satz, so gut es gehen wollte, zu Ende gebracht hatte, schwieg sie, und die Krankheit ergriff sie mit noch größerer Gewalt. Am 9. Tag der Krankheit, im 56. Jahr ihres Alters und dem 33. des meinigen ist ihre fromme, gottergebene Seele vom Leib befreit worden".

Die Heiligen glaubten an die Letzten Dinge und lebten aus dem Wissen um sie; sie übten sich immer wieder in das ein, was ein mutiger heiliger Laie, nämlich Lordkanzler *Thomas More* (+1535) "Die Kunst des rechten Sterbens" nannte, der dann selbst großartig, ja sogar mit Humor starb.

Die Heiligen standen dem Tod gelassen gegenüber und nannten ihn "Bruder Tod", wie es beispielsweise *Franziskus von Assisi* (+ 3. 10. 1226) in seinem "Sonnengesang" getan hat : "Sei gelobt, mein Herr, durch unseren Bruder, den leiblichen Tod, dem kein Lebender entrinnt. Unheil aber wird jenen zuteil, die in Todsünden sterben. Doch selig jene, die in Deinem allerheiligsten Willen sich finden, denn der zweite Tod tut ihnen kein Leid mehr an".

Hier klingt neben dem Gedanken an den Tod auch der an das Gericht an. Durch die Stigmatisierung auf dem La Verna Berg war Franziskus zuletzt "ein Abbild des Gekreuzigten", ein "gekreuzigter Mensch", der mit Christus ans Kreuz geschlagen wurde. Denn zu den Wundmalen, die sehr schmerzhaft waren, kamen als weiteres Kreuz sein Augenleiden, durch das er immer mehr erblindete, dann die schwere Erkrankung an Magen und Leber, so daß ihm der Leib und die Füße anschwollen und er öfters Blut erbrach und die Brüder mehr als einmal seinen Tod befürchteten. Dennoch nannte er diese schmerzhaften Krankheiten seine "Schwestern"; und als ein Bruder meinte, Gott möge doch mit Franziskus milder verfahren, erhielt er vom Heiligen die Antwort: "Bruder, würde ich nicht deine Einfalt kennen, so würde ich jede Gemeinschaft mit dir abbrechen, weil du Gottes Fügungen an mir zu tadeln gewagt hast". Dann warf sich Franziskus trotz seiner Schmerzen auf den Boden und rief aus: "Ich danke

Dir, mein Herr und Gott, für alle diese Qualen und bitte Dich, mir noch hundertmal schlimmere zu schicken, wenn es Dir gefällt; denn das ist mir das Liebste, wenn Du mich schonungslos heimsuchst: das Bewußtsein, Deinen Willen zu erfüllen, darin liegt für mich ein übergroßer Trost".

Als man Franziskus sagte, nach ärztlichem Ermessen werde er Anfang Oktober sterben, rief er freudig aus: "Sei willkommen, Bruder Tod!" Nachdem er im Angesicht des Todes noch einmal alle seine Brüder gesegnet hatte, ließ er sich noch aus dem Johannes-Evangelium (13, 1 ff.) den Bericht über die Abschiedsworte Jesu vorlesen und feierte mit den Seinen zum letzten Mal Tischgemeinschaft, wobei er jedem einen Bissen Brot reichte. Um dann dem entblößten Gekreuzigten auch im Sterben ganz ähnlich zu werden, ließ er sich entkleidet auf den Boden legen und gab freudig und dankbar seine Seele ihrem Schöpfer zurück.

Beides, der Gedanke an den Tod und an das persönliche Gericht, kommt auch im Bericht über das Sterben einer geistlichen Tochter des hl. Franziskus, nämlich der hl. *Elisabeth von Thüringen* (+17. 11. 1231), in ergreifender Weise zum Ausdruck. Im Lebensabriß dieser Heiligen, von ihrem Seelenführer *Konrad von Marburg* verfaßt, heißt es: "Als die Zeit Ihres Todes nahte und sie noch gesund war, ich aber von einer ziemlich schweren Krankheit geplagt wurde, fragte ich sie, wie sie nach meinem Tod ihr Leben einrichten wolle. Veranlaßt durch diese Frage sagte sie mir mit aller Bestimmtheit ihren nahen Tod voraus: In einem Gesicht sei ihr der Herr erschienen und habe ihr mit sanfter Stimme zugerufen: 'Meine Geliebte, komm in die Wohnungen, die dir von Ewigkeit bereitet sind!'

Am vierten Tag nach diesem meinem Gespräch mit ihr fiel Elisabeth in eine Krankheit. Als sie dann mehr als 12 Tage krank darniedergelegen war, versagte sie - es war am dritten Tag vor ihrem Tod - allen Personen weltlichen Standes den Zutritt zu ihr; auch die Adeligen, die doch häufig gekommen waren, um sie zu besuchen, ließ sie nicht mehr eintreten. Da nun jene fragten, warum sie so ausgeschlossen würden, sagte sie zu denen, die um ihr Krankenlager herum saßen, sie wolle noch nachsinnen über die Strenge des Gerichtes und über ihren allmächtigen Richter. Dann am Sonntag vor der Oktav des Martinifestes (16. November 1231) hörte ich nach der Mette noch ihre Beichte; sie hatte sich dabei aber durchaus nichts anderes vorzuwerfen als das, was sie mir oft schon gebeichtet hatte. Hierauf, um die erste Stunde, empfing sie den Leib des Herrn. Dann sprach sie noch viel von dem Besten, was sie in Predigten gehört hatte ... Bald darauf verstummte sie. Süßeste Töne aber wurden ohne alle Bewegung ihrer Lippen in ihrer Kehle vernommen. Und als die Herumsitzenden sie fragten, was denn das sei, fragte sie uns, ob wir nicht auch die singenden Stimmen vernommen hätten. Nun lag sie von der Dämmerung an wie von himmlischer Freude erfüllt und mit Zeichen höchster Ergriffenheit bis zum ersten Hahnenschrei. Schließlich sagte sie: 'Siehe, die Stunde steht bevor, da die Jungfrau geboren hat!' Dann empfahl sie noch alle bei ihr Sitzenden voll Andacht Gott und ging wie im süßesten Schlaf aus diesem Erdenleben. Sie starb am 16. November im 25. Jahr ihres Lebens[7]".

Elisabeth hat sich in ihrer Witwenschaft gewissenhaft an die 12 Lebensregeln gehalten, die ihr Beichtvater Magister Konrad von Marburg ihr gegeben hatte.

Die sechste dieser 12 Lebensregeln lautet: "Danke Gott dafür, daß Er dich durch seinen Tod von der Hölle und dem ewigen Tod erlöst hat".

Die elfte dieser 12 Lebensregeln aber heißt: "Denk immer daran, wie kurz des Menschen Leben ist und daß die Jungen so gut wie die Alten sterben: Darum strebe immer nach dem **ewigen Leben**[8]!"

Man könnte jetzt noch lange fortfahren mit Beispielen von Heiligen aus der Neuzeit; vor allem auch aus dem Leben und Sterben jener Heiligen, die *Papst Johannes Paul II.* in den 14 Jahren seiner bisherigen Regierung selig- oder heiliggesprochen hat[9]: Es würde sich vielfach sehr eindrucksvoll zeigen, wie das Leben der Heiligen ein dauerndes Sich-Einüben in den Tod als das Tor zum eigentlichen Leben war, ob sich nun das äußerte in einer dauernden "begnadeten Angst" oder - wie bei vielen Märtyrern - in einem von einer Magnificat-Stimmung getragenen Hinaufschreiten zum Schaffott.

Man war durchdrungen von der tröstlichen Wahrheit, daß "denen die Gott lieben, alles zum Besten gereicht". Die Heiligen wußten: "Leben wir, so leben wir dem Herrn; sterben wir, so sterben wir dem Herrn; ob wir leben oder sterben, wir sind des Herrn" (Röm 14, 8).

---

[7] NIGG, W., *Elisabeth von Thüringen*, Düsseldorf 1963, 65-66
[8] *Nigg, W.*, ebd. S. 67-68
[9] Ich darf hier auf meine beiden Bände *"Die neuen Heiligen der katholischen Kirche"* (Christiana-Verlag, Stein am Rhein 1991-1992) verweisen; der 3. Band ist gerade im Druck.

Die Eschatologie des hl. Thomas von Aquin

Prof. Dr. Leo J. Elders SVD, Roelduc/Houston

Die Lehre des hl. Thomas von den letzten Dingen ist bei weitem nicht so häufig und gründlich untersucht worden wie seine übrigen philosophischen und theologischen Ansichten. Der Grund hierfür dürfte z. T. darin liegen, daß er seine *theologische Summa* nicht vollenden konnte und man sich mit den Ausführungen in seinem *Sentenzenkommentar* begnügen muß, sowie mit gelegentlichen Äußerungen, die sich zerstreut in seinen Werken finden, und vor allem mit der knappen Darstellung am Ende des vierten Buches seiner *Summa contra Gentiles*.

Die Einteilung der Abhandlung und die Anordnung der Themen

Das Studium der Art und Weise, wie Thomas die in der Theologie zu untersuchenden Themen einteilt, ist oft sehr aufschlußreich. Die Eschatologie gehört zum dritten Teil der *Summa Theologiae,* der von Thomas auf folgende Weise eingeführt wird: "[...] Nachdem wir das Endziel des Menschen, die Tugenden und Laster betrachtet haben, müssen wir anschließend den Retter aller Menschen und seine Gaben, die dem menschlichen Geschlecht zugeteilt wurden, in Betracht ziehen"[1]. Dieser Teil wird in drei Abschnitte eingeteilt; sie handeln über Christus selbst, seine Sakramente, wodurch wir das Heil erlangen, und "über die Vollendung im glückseligen Leben, wohin wir durch ihn in der Auferstehung gelangen"[2].

Der Traktat von den Letzten Dingen behandelt also die Vollendung der Erlösung, die ganz im Lichte der Auferstehung steht: erst wenn die Erlösten auferstehen, ist die Vollendung erreicht. In seiner Einführung (*divisio textus*) zum vierten Buch der Sentenzen (d. 53) schreibt Thomas, daß, nachdem der Magister die Sakramente behandelt hat, die zum jetzigen Zustand der Kirche gehören, er mit der Untersuchung beginnt, wie es um ihren Endzustand bestellt ist. Und zwar teilt er seinen Traktat so ein, daß er zuerst das behandelt, was zur Auferstehung des Fleisches gehört, und an zweiter Stelle, was zur Belohnung gehört, worauf ja die Auferstehung hingeordnet ist. Der Herausgeber des *Supplementums* der *Summa Theologiae* hat m. E. sehr zurecht folgende Bemerkung im

---

[1] THOMAS, *S. Th.*, III, Prolog
[2] Ebd.

Prolog³ hinzugefügt: im Traktat der Sakramente wurde von der Befreiung vom Übel, das in der Schuld besteht, gesprochen; hier vom Übel der Strafe.

Wie bekannt, wird diese Unterscheidung von Thomas ausführlich in *De malo* 1, 4 behandelt: Die Schuld ist das Übel im menschlichen Handeln; die Strafe ist die Beraubung einer Form oder eines Habitus, den der Mensch besitzen sollte.

Nun hat der Herausgeber des *Supplementes* den Traktat nach einem chronologischen Prinzip auf folgende Weise eingeteilt: Ereignisse und Sachen, die der Auferstehung vorangehen; das, was mit der Auferstehung gegeben ist und was sie begeleitet; die Dinge, die der Auferstehung folgen. Gegen diese Anordnung kann man aber einwenden, daß Thomas selbst in *S. c. Gentiles* IV, 79 sofort nach den Kapiteln über die Ehe von der Auferstehung des Leibes durch Christus spricht und diese Anordnung auf folgende Weise rechtfertigt: Durch die Sünde ist der Tod in die Welt getreten. Durch Christus werden wir sowohl von der Sünde wie vom Tod befreit. Die Auswirkung des Todes Christi erhalten wir in den Sakramenten, aber "die Wirkung seiner Auferstehung werden wir am Ende der Zeit erfahren, wenn alle Menschen durch die Kraft Christi auferstehen werden".

Thomas warnt gleich, daß man die Schrift falsch deutet, wenn man die Auferstehung nur im geistigen Sinn versteht: "Einige aber, die das falsch verstehen, glauben nicht, daß es eine zukünftige Auferstehung geben werde, und versuchen daher das, was in der Hl. Schrift über die Auferstehung zu lesen ist, auf eine geistige Auferstehung zu beziehen"⁴.

Nach dem Traktat über die Auferstehung folgt die Untersuchung des Zustandes der Seelen der Verstorbenen vor der Auferstehung. In seiner *Divisio textus* zu *Sententiae IV*, d. 45 schreibt er, daß der Magister jetzt den Anfang mache mit seinen Ausführungen über die Belohnung (*remuneratio*), nachdem er zuerst die Auferstehung selbst behandelt habe. In der *S. c. Gentiles* IV, 91 gibt er sogar einen Grund an, weshalb man nicht chronologisch, sondern erst nach der Behandlung der Auferstehung über die getrennten Seelen sprechen soll. Thomas erklärt, man dürfe aus der Tatsache, daß Gott in der Auferstehung die Menschen belohne oder strafe, schließen, daß er sofort nach dem Tod des Einzelnen der Seele eine Belohnung oder Strafe zuteilen werde, weil sie fähig sei, sie zu erhalten. Diese Anordnung ist eine andere, als die von den meisten Handbüchern der Theologie vorgelegte: Dort wird nacheinander vom Tod, vom besonderen Urteil, vom Himmel, von der Hölle und dem Fegfeuer gesprochen, und dann erst geht man zur Auferstehung über.

Man kann die Einteilung des Thomas auch so erklären, daß methodologisch gesehen zuerst das Allgemeine und das Endziel behandelt werden muß und erst

---

3   *Suppl.*, q 69
4   "Quidam vero, hoc perverse intelligentes, resurrectionem corporum futuram non credunt, sed quod de resurrectione legitur in Scripturis, ad spiritualem resurrectionem referre conantur".

dann das mehr Besondere und der Weg zum Ziel. Thomas benützt diese Verfahrungsweise wiederholt in der *Summa Theologiae*. So spricht er z.B. zuerst von dem, was der Mensch mit den Tieren gemeinsam hat, und geht dann über zu dem, was dem Menschen allein zu eigen ist. In *S. Th.* I-II untersucht Thomas zuerst das Endziel des Menschen, bevor er über das sittliche Leben als den Weg zum Ziel handelt. Aus diesem Grund müssen wir zuerst die Vollendung des Menschen durch die Gnade in der Auferstehung des Leibes untersuchen und erst nachher betrachten, wie es um die Seelen der Verstorbenen bestellt ist. Das ergibt sich übrigens auch daraus, daß wir über die Auferstehung in Einzelheiten von der Hl. Schrift unterrichtet werden, während die Aussagen zum Zustand der getrennten Seelen weniger klar sind.

Bemerken wir, daß Thomas hier den Tod nicht eigens zu behandeln brauchte, weil er bereits anderswo in der *Summa Theologiae* davon gesprochen hatte.

Die Seelen der Verstorbenen erhalten *sofort* nach dem Tod Belohnung oder Strafe. Dann folgen Untersuchungen über die Unveränderlichkeit des Zustandes der Seelen nach dem Tod, je nach dem Ort, wohin sie gelangen: Himmel oder Hölle. Danach folgt die Thematik des Endgerichtes und der Umgestaltung des Weltalls.

Charakteristische Aussagen des hl. Thomas Lehre zu einigen wichtigen Themen der Eschatologie.

Der Tod

Die Bedeutung des Todes wird in der *Summa Theologiae* I-II, q. 85 a. 6 in Zusammenhang mit der Frage nach den Folgen der Sünde untersucht. Der Mensch ist nicht nur Seele: seine Leibhaftigkeit gehört zum Wesen seines Menschseins[5]. Die vom Leib getrennte Seele ist kein vollständiges menschliches Wesen mehr[6]. Die *ratio mortis*, das Wesen des Todes, besteht in der Trennung vom Leib, wodurch die Seele verwundet wird[7], weil es gegen die Natur der Seele ist, ohne Leib zu sein[8]. Deshalb ist der Tod schlimmer als alle anderen Übel[9]. Der Tod ist einerseits natürlich für den Mensch auf Grund seines zusammengesetzten Wesens, andererseits aber ist er der Grundneigung der Seele entgegengesetzt. Deshalb hat Gott bei der Erschaffung des Menschen diesen

---

[5] *S. Th.*, I, q. 75 a. 4: "Homo non est anima tantum".
[6] *De potentia*, q. 9 a. 2 ad 14
[7] *Compendium theologiae*, I, 230; 483
[8] *S. c. Gent.*, IV, 79: "Est igitur contra naturam animae absque corpore esse".
[9] *Comp. theol.*, I, 227: "Omnium autem malorum humanorum gravius est mors per quam tollitur vita humana"; *S. c. Gent.*, IV, 52: "Inter corporales (poenas) potissima est mors ad quam omnia alia tendunt, scil. fames, sitis et alia huiusmodi".

Mangel behoben und mit der Gabe der ursprünglichen Gerechtigkeit dem menschlichen Leib eine gewisse Unsterblichkeit geschenkt[10]. Für Thomas ist also der Zustand der getrennten Seele kein Ideal, sondern eher eine Verstümmelung des Menschen. Er ist sich wie kein anderer des Schrecklichen des Todes bewußt und hat die Bedeutung des Schriftwortes erkannt, daß durch die Sünde der Tod in die Welt gekommen sei.

Die Auferstehung

Die Ausführungen des Thomas zur Auferstehung bewegen sich ganz auf den Boden der Glaubenslehre. In auffallender Weise deutet er die Verheißungen, die der Glaube uns bietet, als die Erfüllung unseres tiefsten, natürlichen Verlangens. Weil es gegen die Natur der Seele ist, ohne Leib zu sein, und nichts, was gegen die Natur ist, auf immer dauert, wird die Seele nicht ewig ohne Leib bleiben[11]. Ein weiteres Argument zugunsten der Auferstehung sieht Thomas in der Ansicht, nach der das vollkommene Glück alle Unruhe wegnimmt. Ohne den Leib ist die Seele aber in gewissem Sinn unvollkommen, weil sie die Form des Leibes ist[12]. Hier sieht man die Bedeutung der philosophischen Anthropologie für die Verteidigung und Interpretation bestimmter Glaubensaussagen.

Für Thomas ist die Auferstehung in gewisser Hinsicht zwar natürlich, schlechthin aber ein Wunder[13]. Die Christusbezogenheit seiner Theologie zeigt sich in der Aussage, daß alle Gaben Gottes die Menschen durch die hl. Menschheit Jesu erreichen. So ist Christus die Wirkursache und exemplarische Ursache unserer Auferstehung[14].

Im Rahmen dieses Vortrages ist es unmöglich, auf die Fülle der verschiedenen Ansichten einzugehen. Ich möchte nur auf Einiges aufmerksam machen, im besonderen auf die Lösung einiger Einwände, die gegen die Auferstehung vorgebracht werden. Thomas betont, daß der Mensch denselben Leib wieder aufnehmen muß, sonst hätte man keine Auferstehung, sondern etwas Neues[15]. Um die Möglichkeit der Auferstehung zu unterbauen, verweist er auf den Urzustand (*in institutione humanae naturae*), als Gott dem menschlichen Leib eine Beschaffenheit gegeben hatte, die über das, was ihm aus den eigenen Prinzipien geschuldet war, hinausging. Ein beachtlicher Einwand gegen die Auferstehung

---

10 *S. Th.*, I-II, q. 85, a. 6: "Deus in ipsa institutione hominis supplevit defectum naturae et dono iustitiae originalis dedit corpori incorruptibilitatem quamdam".

11 *S. c. Gent.*, IV, 79: "Nihil autem quod est contra naturam potest esse perpetuum. Non igitur perpetuo erit anima absque corpore".

12 *S. c. Gent.*, IV, 79

13 *Suppl.*, q. 75, a. 3

14 *Suppl.*, q. 75, a. 4

15 *Suppl.*, q. 77, a. 1

ist die Tatsache, daß nach vielen Jahren der Leichnam ganz verwest und seine Materie in andere Substanzen eingegangen ist. Die Antwort ist, daß die Geistseele die einzige, substantielle Form des Leibes ist und so die menschliche Leibhaftigkeit bildet und setzt. Nun behält die Seele dasselbe Sein und kann also die einstige Materie wieder aufnehmen, um sich leibhaft auszudrücken[16]. Wenn man dagegen anführt, daß der frühere Leib ganz in anderen Substanzen aufgegangen ist, antwortet Thomas, daß bereits im irdischen Leben die Materie des Leibes sich dauernd ändert (*materiae partes fluunt et refluunt*), aber doch der Mensch numerisch derselbe bleibt, obwohl nicht alles, was zu einer bestimmten Zeit Materie war, später noch da ist. Deshalb ist es nicht notwendig, daß alles, was es in einem Menschen an Materie gegeben hat, in der Auferstehung wieder zurückgegeben wird; sondern es reicht, daß nur soviel an Materie zurückkehrt, als notwendig ist, um die erforderliche Größe des Leibes zu erreichen. Was fehlt, wird von der Allmacht Gottes ergänzt[17]. Diese Erklärung setzt den strengen Begriff der *materia prima* als reiner Potentialität ohne quantitative Konnotationen voraus.

Im 82. Kapitel des vierten Buches der *Summa contra Gentiles* stützt sich Thomas auf die Hl. Schrift um darzulegen, daß die Auferstandenen unsterblich sein werden, und zeigt anschließend, daß sie keine Nahrung zu sich nehmen und keinen geschlechtlichen Umgang haben werden. Der Grund ist, daß beide Aktivitäten dem vergänglichen Leben dienen (*corruptibili vitae deservit*). Das Argument gilt um so mehr, als das Leben nach der Auferstehung vollkommen vernünftig geordnet sein wird und man nichts tun wird, das nicht vernunftgemäß ist. Die Organe für diese Tätigkeiten werden aber da sein, weil ohne sie der Leib nicht vollständig wäre.

Im 85. Kapitel der *Summa contra Gentiles* lehnt Thomas entschieden die gnostische Ansicht ab, daß der auferstandene Leib Geist wird: die Offenbarung lehrt, daß wir im selben Leib auferstehen werden. Eine Reihe philosophischer Argumente bestätigt diese Lehre. Es gibt keinen Übergang von der Materie zum Geist (*ponere enim corpus transire in spiritum est omnino impossibile*); überdies muß der Leib eine bestimmte Gestalt haben und die äußeren Sinne betätigen können. Der Zustand des Auferstandenen wird aber so sein, daß die Seele vollkommen über den Leib herrscht. Dieser Gedanke wird im Kap. 86 wieder aufgegriffen: nach der Auferstehung wird die Seele dermaßen erfüllt sein von der göttlichen Herrlichkeit, daß dieser Zustand auch in gewissem Sinn auf den Leib übertragen wird. Die Seele erfährt, daß ihr Verlangen in allem erfüllt ist. Weil nun der Leib sich bewegt auf Grund des Strebens des Willen, wird er in allem der Seele gehorchen. Im auferstandenen Leib gibt es keine Mängel und kein Übel mehr, weder im aktiven noch im passiven Sinn. Ganz kurz äußert Thomas sich zu dem Ort, wo die Auferstandenen sich befinden werden: Sie wer-

---

[16] *S. c. Gent.*, IV, 81
[17] *S. c. Gent.*. IV, 81

den zusammen mit Christus sein, über das Weltall erhoben. Frauen und Männer werden in ihrem eigenen Geschlecht auferstehen, etwa im Lebensalter Christi. Die nicht zum Himmel Zugelassenen werden zwar in ihrem Leib unvergänglich auferstehen, aber ihr Leib wird der Seele nicht ganz untergeordnet sein und wird auch Schmerzen erleiden können, da er dem Materiellen unterworfen ist.

Die Seele nach dem Tod

Wie oben bereits angedeutet wurde, wird in der *Summa contra Gentiles* die Frage des Zustandes der getrennten Seele nach dem Abschnitt über die Auferstehung behandelt, während das *Supplement* eine chronologische Ordnung wählt und in vier Fragen über den Zustand der vom Leib getrennten Seele handelt. Die Einteilung der *S. c. Gentiles* dürfte wohl der endgültigen Ansicht des Thomas entsprechen.

Die vom Leib getrennte Seele kann sofort nach dem Tod Belohnung oder Strafe empfangen. Sie ist nämlich die Urheberin des Guten und des Bösen, das der Mensch im irdischen Leben getan hat, und so ist es angebracht, daß sie auch gleich nach dem Tod belohnt oder bestraft wird (*in quibus per prius fuit culpa, prius etiam puniantur vel praemiantur*). Ein Bespiel verdeutlicht diese Folgerung: wie der Körper durch seine Schwere oder Leichtigkeit sofort zu dem ihm gebührenden Ort gelangt, falls er nicht behindert wird, so bekommen die Seelen, sofort nach der Lösung der Fesseln des Fleisches, Lohn oder Strafe[18]. Es gibt also keinen Grund, weshalb Belohnung oder Strafe aufgeschoben werden müßten bis zur Auferstehung.

Die Belohnung ist die Gottesschau, worüber bereits ausführlich in *S. c. Gent.*, III, 37; 51 und in *S. Th.*, I, q. 12 gesprochen wurde. Es kann aber Hindernisse geben, die die Seele hindern, sofort Gott zu erreichen, und eine Reinigung fordern. Dies ereignet sich, wenn die Reinigung im irdischen Leben nicht abgeschlossen wurde. Die Seelen, die sich in diesem Zustand befinden, sind zwar in größerer Sicherheit als wir, aber erleiden größere Schmerzen und erwerben auch keine Verdienste mehr. Ihre Schmerzen überbieten die größten Schmerzen, die man in diesem Leben erleiden kann, eben weil ihr Verlangen nach Gott so stark ist und die Seele direkt (und nicht über den Leib) von den Schmerzen betroffen ist[19].

Thomas weist daraufhin, daß der Wille der getrennten Seelen unveränderlich in der Wahl des Endzieles beharrt. Zuerst zeigt er dies bezüglich der Seele der Heiligen in der Gottesschau[20]: die Fülle ihrer Seligkeit schließt jede Änderung aus. Diese Unveränderlichkeit gilt aber für alle vom Leib getrennten Seelen.

---

[18] *In Sent.* IV, d. 45, q. 1, a. 1
[19] *In Sent.* IV, d. 21, q. 1, a. 1, sol. 3
[20] *S. c. Gent.*, IV, 92

Nach dem Tod bewegt die Seele sich nicht länger auf ein Ziel hin, sondern sie ist am Ziel; ihre Grundhaltung wird von ihrer Beschaffenheit (*dispositio*) bestimmt[21].

In der Behandlung dieser Frage setzt Thomas seine Darlegungen über das Leben der vom Leib getrennten Seele in *S. Th.* I, q. 89 und *S. c. Gent.* II, 97 voraus. Offenbar kann man keine eingehende theologische Untersuchung über die Letzten Dinge anstellen, ohne philosophische Lehren zu verwenden.

Die Aufenthaltsorte der vom Leib getrennten Seelen

Die Frage nach den verschiedenen Orten, wo die Seelen nach dem Tod hingelangen, wurde von den mittelalterlichen Theologen als wichtig angesehen, war aber z.T. von folkloristischen Vorstellungen überlagert. Thomas betont die grundlegende Unabhängigkeit der geistigen Substanzen von den materiellen Dingen. Weil es aber in der Welt eine gewisse Abstimmung beider aufeinander und eine Zusammenarbeit gibt, darf man annehmen, meint Thomas, daß die Seelen doch gewisse Orte zugewiesen bekommen, worin sie sich "wie" an einem Platz befinden (*in quibus sunt quasi in loco*). So sagt die Schrift sogar von Gott, daß er im Himmel ist. Mit dieser Erklärung versucht Thomas den Bibeltexten, der Tradition und dem kirchlichen Sprachgebrauch gerecht zu werden. Er fügt aber hinzu, daß diese Anwesenheit *quasi in loco* unserem Verständnis nicht voll zugänglich ist.

In derselben Frage untersucht Thomas auch, ob die Seelen der Verstorbenen "den Ort", wo sie sich befinden, verlassen dürfen. Schlechthin ist das unmöglich; vorübergehend dürfte es, in einem beschränkten Sinn, auf eine Anordnung der göttlichen Vorsehung hin möglich sein. So kann man vielleicht erklären, wie die Heiligen den Menschen auf Erden erscheinen. Die Heiligen erfreuen sich aber einer viel größeren Freiheit in dieser Hinsicht. Man bedenke aber, daß der Begriff "Ort" hier für Thomas eine Beziehung zum Weltall oder einem seiner Teile meint, nicht aber einen die Seele umgreifenden materiellen Wohnsitz. Vielleicht kann man es auch so deuten, daß der Himmel, der Reinigungsort, der Limbus und die Hölle Zustände (*status*) sind, die Referenzpunkte haben im antiken Weltbild. Der Himmel ist über der Welt, die Hölle mit ihren verschiedenen Schichten ist ganz unten.

Thomas kennt noch andere Aufenthaltsorte der Verstorbenen. Vor der Ankunft Christi hatten die Heiligen des Alten Bundes noch keine vollständige Beruhigung ihrer Sehnsucht erreicht, weil sie noch nicht zur Gottesschau zugelassen waren. Sie kannten aber dennoch einen Zustand der Ruhe. Diesen Zustand (*status*) kann man "den Schoß Abrahams" nennen, insoweit er doch eine gewisse

---

[21] *S. c. Gent.*, IV, 95

Ruhe und Frieden bedeutete, oder auch "Unterwelt" (*infernus*), insoweit diese Ruhe fehlte. Auffallend ist, daß Thomas hier abrückt vom Wort "Ort" und *"status"* (Zustand) verwendet. Allerdings wird im 5. Artikel die Frage erörtert, ob der Ruheort der Väter vor dem Tod Christi dasselbe bedeute wie die Hölle der Verdammten. Thomas sagt dazu, daß nach der Eigenart der Orte gesehen beide verschieden sind. Im Hinblick auf die Lage des Ortes (*situs loci*), dürften sie dieselben sein (nach einer *probabilis opinio*). Hier stellt sich wieder heraus, daß der Frage des Ortes der Seelen bloß eine geringe Bedeutung beigemessen wurde. Es handelt sich um eine Referenz zum Weltbild, wobei der Himmel "oben", die Unterwelt "unten" angesetzt wurde: die Verdammten "sitzen" am tiefsten in der Unterwelt. Besser ergeht es den Kindern, die in der Erbsünde sterben, ohne eine persönliche Schuld auf sich genommen zu haben.

Dieser Abschnitt enthält die Lehre des Limbus, des Zustandes und Ortes, wo die Kinder verweilen, die zwar ohne Taufe, aber auch ohne persönliche Sünde sterben. Die Lehre des hl. Thomas über den Limbus ist eine Folgerung des Glaubenssatzes, daß jene, die in der Erbsünde, aber ohne persönliche Sünden sterben, von der Gottesschau ausgeschlossen werden. Die Kinder erfahren ein natürliches Glück und wissen nicht, daß sie der seligenden Anschauung Gottes beraubt sind. Deshalb leiden sie nicht[22]. Die Meinung des Thomas hat sich gegenüber der strengen Auffassung des *Augustinus*, die noch von *Bellarmin* vertreten wurde, durchgesetzt.

In Artikel 3 dieser Frage im *Sentenzenkommentar*[23] wird eine Mehrzahl der Aufenthaltsorte der Seele behandelt, die nach dem Zustand (*status*) der Seelen unterschieden werden.

Die getrennte Seele und ihre Vermögen

Eine wichtige Frage ist, ob und inwieweit die vom Leib getrennte Seele ihre Vermögen bewahrt[24]. Die Untersuchung dient dazu, eine Antwort zu ermöglichen zum Problem der Bestrafung der Seelen durch ein körperliches Feuer[25]. Auf Grund der massiven Zeugnisse der Hl. Schrift und der Tradition nimmt Thomas als sehr wahrscheinlich an, daß die Seelen tatsächlich unter dem körperlichen Feuer leiden können, obwohl er die Möglichkeit nicht ganz ausschließt, daß es sich in den Aussagen der Bibel oft um eine Metapher handelt (*supposito quod ignis inferni non sit metaphorice dictus*). Seine Erklärung ist folgende: Um durch eine materielle Substanz leiden zu können, muß die Seele auf sie gelenkt werden und durch eine göttliche Fügung mit ihr verbunden oder

---

22 *Q. disp. de malo*, 5, 3
23 *Suppl.*, q. 7
24 *In Sent.* IV, d. 44; *Suppl.*, q. 70
25 Ebd., a. 3

an sie gefesselt werden, etwa wie eine Zwangsbeschäftigung mit dem zu tiefst Materiellen, dem Herzen der Materie. So empfindet die Seele "das Feuer" als schädlich.

Unsere Fürbitten für die Verstorbenen
Die Fürsprache der Heiligen

Zur Frage, ob Fürbitten für die Verstorbenen nützlich sind, antwortet Thomas negative bezüglich der Seelen in der Hölle, aber affirmative für jene, die sich im Läuterungsort befinden: In der Gemeinschaft der Kirche können die guten Werke des einen als Genugtuung für den anderen gelten. Die Fürbitten sind wirksam kraft der die Glieder der Kirche vereinenden Liebe. Die Seelen im Reinigungszustand brauchen unsere Hilfe, weil sie selbst nicht mehr verdienen können und weil sie große Schmerzen durchstehen[26]. Thomas weist darauf hin, daß man nicht zu den Seelen im Fegfeuer beten soll, sondern nur zu jenen, die sich im Vollgenuß der göttlichen Herrlichkeit befinden[27]. Die Seelen im Fegfeuer wissen übrigens auch nicht, daß wir zu ihnen beten[28]. Sie sind von unserem Schicksal nicht direkt betroffen, obwohl sie eine allgemeine Sorge empfinden können[29]. Man bittet nicht jene, für die man betet[30].

Fürbitten nützen den Kindern im Limbus aber nicht, weil sie die Gnade nicht besitzen.

Anschließend folgt die Quaestio 72 im *Supplement*[31], bezüglich des Gebetes der Heiligen in der ewigen Heimat. In der Gottesschau erkennen die Heiligen zwar nicht alles, aber doch jenes, wozu sie eine Beziehung haben. Nun gehört es zu ihrer Herrlichkeit, den Bedürftigen Hilfe zu leisten. Deshalb muß man annehmen, daß sie ihren Angehörigen dadurch helfen, daß sie für diese bei Gott Fürbitten einlegen. Sie empfinden aber keine Schmerzen, wenn sie die Widerwärtigkeiten ihrer noch in der Welt verbleibenden Angehörigen und Bekannten sehen, weil sie ganz erfüllt sind von der Freude ihrer Seligkeit. Ihr Wille befindet sich übrigens in voller Übereinstimmung mit dem göttlichen Willen und sie erkennen, welche Ansichten Gott hat[32]. Wir, die wir noch auf Erden leben, müssen die Heiligen anrufen. Wie die Wohltaten Gottes uns zufließen durch die Vermittlung der Heiligen, so sollen wir auch über die Heiligen zu Gott zurück-

---

[26] *S. Th.*, II-II, q. 83, a. 11 ad 3
[27] *S. Th.*, II-II, q. 83, a. 4 ad 3
[28] *S. Th.*, II-II, q. 83, a. 4 ad 3
[29] *S. Th.*, I, q. 89, a. 8
[30] *In Sent.* IV, d. 15, q. 4, a. 3, ql. 2: "Non est eiusdem orari et quod pro eo oretur".
[31] *In Sent.* IV, dist. 45
[32] Ebd., a. 1

kehren³³. Die Heiligen beten für uns durch ihre ausgesprochenen Gebete, aber auch durch ihre Verdienste. Weil sie nur wollen, was Gott will, werden ihre Bitten immer erhört³⁴.

Es ist nicht unwahrscheinlich, daß Thomas dieses Thema deshalb nicht näher an dieser Stelle der *Summa* behandeln wollte, weil er bereits in der II^a-II^{ae}, q. 83, a. 11 über das Gebet der Heiligen *in patria* für uns gesprochen hat.

*Der Endzustand der Seligen*³⁵

Die Frage, ob der Mensch zur Schau von Gottes Wesen gelangen kann, wird in der *Summa Theologiae* I q. 12 a. 2 behandelt. In der I^a-II^{ae} wird dargelegt, daß er in Gott sein Endziel hat. Vermutlich würde Thomas das Thema am Ende der Summa theologica nur zusammenfassend erwähnt haben. Im *Sentenzenkommentar* untersucht er die Frage der Seligkeit der Heiligen und ihrer "Wohnungen", d.h. der Stufen der Liebe. Durch ihre Auferstehung wird die Seligkeit der Heiligen größer sein als vorher.

Thomas untersucht auch, wie die Heiligen sich gegenüber den Verdammten verhalten³⁶. In den Strafen der Verdammten sehen sie die Ordnung der göttlichen Gerechtigkeit, und so freuen sie sich über die eigene Befreiung.

Im 12. Jahrhundert betrachtete man die Seligkeit als eine Aktivität; im 13. Jahrhundert dagegen dominierte die Auffassung von der Seele als einer Beschaffenheit (*habitus*), und in der mystischen Theologie sprach man von den Brautgaben der Seele. Thomas weist auf die Schwierigkeit hin, das Bild der Brautgaben (die dem Bräutigam geschenkt wurden) auf die Seele zu übertragen, die von Gott diese Gaben empfängt. Die Seele besitzt aber die Beschaffenheiten, die zur Schau notwendig sind oder zur Zierde dienen.

Die Hölle

Bei dieser Thematik empfindet man es als besonders schmerzlich, daß Thomas seine *Summa Theologiae* nicht vollendet hat. Im *Supplement* wird nach der Untersuchung über das Gericht der Zustand der Seligen im Himmel behandelt³⁷. Im Folgenden wird dann die Frage über die Strafe der Verdammten aufgenommen³⁸. Man darf aber auf Grund der Anordnung in der *Summa contra Gentiles*

---

33 Ebd., a. 2
34 Ebd., a. 3
35 *Suppl.*, q. 92-96; *In Sent.* IV, d. 49
36 Ebd., q. 94
37 Ebd., 92-96. Vgl. *Sent.* IV, d. 49
38 *Suppl.*, 50; 46; *In Sent.* IV, d. 97-99

als gesichert annehmen, daß Thomas diesen Themenkreis vor der Frage nach dem Weltgericht behandeln möchte. Wie in der Einführung angedeutet wurde, erfolgt die Untersuchung über die Belohnung und die *Bestrafung* der Seelen nach den Ausführungen über die Auferstehung.

Thomas setzt als sicher bewiesen voraus, daß die Seele nach dem Tod weiterlebt, sich nicht (wie andere meinten) in einem scheolartigen Zwischenzustand außerhalb des Himmels und der Hölle befindet, sondern sofort nach dem Tod Belohung oder Strafe erhält[39]. Bei der Trennung wird der Wille gefestigt und kann sich nicht länger in Bezug auf das Ziel ändern, sondern ruht im erreichten Ziel[40]. Eine Todsünde muß mit einer ewigen Strafe bestraft werden[41], eben auch deshalb, weil die Ungerechten ihren Willen nicht ändern[42]. Die Bestrafung erfolgt durch die Ausschließung von der Gottesschau und die Bindung an die Materie, die als eine Beschränkung der Freiheit gedeutet wird.

Die Frage, wie in Bezug auf die Verdammten die Gerechtigkeit und Barmherzigkeit Gottes zu verstehen sind, wird wiederholt von Thomas aufgegriffen[43]. Durch die schwere Sünde ordnet der Mensch sein ganzes Leben auf die Sünde hin, und so wird er auf ewig bestraft: Weil der Wille der Ungerechten unverrückbar in seinen bösen Neigungen beharrt, kann nur eine ewige Strafe erfolgen. Gottes Barmherzigkeit zeigt sich darin, daß die Ungerechten unter Gebühr bestraft werden.

Das Urteil

Das vierte und letzte Buch der *Summa contra Gentiles* schließt mit einem Kapitel über das Endurteil und einem zweiten über den Zustand und die Beschaffenheit der Welt nach dem Urteil. Im *Sentenzenkommentar* folgt dieser Traktat nach Ausführungen über die Auferstehung und der Behandlung des Zustandes der getrennten Seele[44]. Hier gibt Thomas folgende einführende Erklärung: "Zuerst hat der Magister von der Belohnung der Seelen und der Bestrafung gesprochen, die vor dem Urteil erfolgen. Hier fängt er an darzulegen, wie es um die Belohnung und Bestrafung bestellt ist, die durch das allgemeine Urteil stattfinden werden[45]." In der *Summe gegen die Heiden* finden wir folgende einführende Erklärung: Aus dem Vorhergehenden stellt sich heraus, daß es eine doppelte

---

[39] Die ausführlichen Begründungen findet man in *S. c. Gent.*, IV, 91
[40] *S. c. Gent.*, IV, 95: "Non erit in statu ut moveatur ad finem sed ut in fine adepto quiescat". Vgl. *S. Th.*, I-II, q. 87, a. 3: "Ex hoc ipso quod finem in peccato constituit, voluntatem habet in aeternum peccandi".
[41] *S. c. Gent.*, III, 144
[42] *S. c. Gent.*, IV, 93
[43] *Suppl.*, q. 99; *In Sent.* IV, d. 46
[44] Ebd., dist. 43, 44 und 45
[45] Ebd., dist. 47

Vergeltung gibt für das, was der Mensch während seines Lebens getan hat. Eine bezieht sich auf die Seele, und diese bekommt man sofort nach der Trennung der Seele vom Leib, die zweite Vergeltung oder Belohnung wird bei der Wiederaufnahme des Leibes stattfinden, wobei die Leiber einiger leidensunfähig und verherrlicht werden, die anderer aber leidensfähig und unwürdig. Die erste Belohnung oder Vergeltung wird den Einzelnen geschenkt, so wie sie einzeln sterben, die zweite findet für alle zugleich statt, insoweit alle zugleich auferstehen.

Jede Vergeltung aber, durch die Verschiedenes nach der Verschiedenheit der Verdienste zugeteilt wird, fordert ein Urteil. Es gibt deshalb notwendiger Weise ein zweifaches Urteil. Nach dem einem wird den Einzelnen bezüglich der Seele Strafe oder Belohnung zuerteilt, bei dem zweiten wird allen sowohl bezüglich der Seele wie des Leibes gegeben, was sie verdient haben.

Nebenbei sei bemerkt, daß Thomas sehr wenig vom besonderen Urteil spricht. In der *Summa* II-II, q. 67 a. 3 ad 1 schreibt er, daß Gott sich des Gewissens des Sünders gleichsam als Ankläger bedient. Durch eine göttliche Erleuchtung erkennt die Seele in einem Augenblick, in welchem Maße sie des Lohnes oder der Strafe würdig ist[46].

Am Ende seiner Darstellung der Christologie, in S. Th., III, q. 59 untersucht Thomas die richterliche Gewalt Christi. In Artikel 5 bemerkt er, daß ein Urteil über eine veränderliche Sache sich nicht abschließend vor deren Vollendung geben läßt. Man muß nämlich auch die Folgen in Betracht ziehen; aber die Folgen wirken oft weiter. Als Beispiel zitiert Thomas den Betrug (*deceptio*) des Arius und anderer, der bis ans Ende der Geschichte weiter wuchert. "Deshalb muß ein Endgericht am Jüngsten Tag stattfinden, wo alles, was sich auf welche Weise auch immer auf einen jeden Menschen bezieht, abschließend und allen offenkundig abgeurteilt wird"[47].

Im 96. Kapitel der *Summa contra Gentiles* spricht Thomas nicht weiter vom ersten Urteil, aber er beschreibt, wie im Endurteil Christus sichtbar urteilen wird mit den Aposteln und jenen, die ihm nachgefolgt sind, als Beisitzer.

Im *Sentenzenkommentar* IV, d. 47 und 48 findet man eine Untersuchung über den Weltbrand am Ende der Zeiten und die Zeichen, die dem Gericht vorausgehen[48]. In seinen Ausführungen zu diesen Themen ist Thomas eher zurückhaltend: "Welche die Zeichen sind, ist nicht leicht auszumachen", schreibt er, "weil viele Zeichen auch zu den anderen Zeiten der Kirche gehören und viele Katastrophen von Anfang der Geschichte des Menschengeschlechtes an dagewesen sind." Sie dürften aber in der Endzeit mehr und mehr hervortreten. Zur Frage, ob sich Sonne und Mond verfinstern werden, antwortet er, daß in der Zeit vor dem Gericht es wohl sein kann ("esse poterit"), daß sie, sei es zu ver-

---

[46] *De veritate*, q. 19, a.1
[47] Text aus der deutschen Thomasausgabe
[48] *Suppl.*, q 74 und 75

schiedenen Zeiten, sei es gleichzeitig, verdunkelt werden. Die Erschütterung der Kräfte des Himmels (Mt 24, 29) deutet er als die Bewunderung der Engel über die Umwälzungen (*admiratio novitatis*).

Der Zustand des Weltalls nach dem Urteil des allgemeinen Gerichtes

Nach der *Summe gegen die Heiden* IV, 97 wird der Weltbrand nach dem Weltgericht stattfinden (*peracto finali iudicio*). Um die Erneuerung der Welt, die von der Offenbarung erwähnt wird, zu erklären, schreibt Thomas, daß diese wohl durch die Wirksamkeit des am meisten aktiven Elementes, d.h. des Feuers, erfolgen dürfte. Deshalb sagt der Glaube, daß am Ende (*finaliter*) die Welt durch das Feuer gereinigt wird und in eine andere Gestalt hinübergeht (*tunc etiam totius creaturae corporeae ... status immutetur*).

Nachdem das letzte Urteil vollzogen ist, ist die menschliche Natur ganz an ihren Endpunkt gelangt. Weil aber alle materiellen Dinge in gewissem Sinn für den Menschen da sind, ist es naheliegend, daß auch ihr Zustand sich ändert, damit sie sich dem Zustand, in dem sich die Menschen befinden, angliedern. So wird die Natur unveränderlich sein. Die Bewegungen im Weltall sind auf die Menschen ausgerichtet. Wenn nun die Zahl der Menschen ihre Fülle erreicht hat, entfällt die Notwendigkeit dieser Ordnung, und auch die Kreisbewegung der Himmelskörper, die die Ursache des Entstehens und Vergehens ist, wird stillgelegt[49]. Im Buch der *Geheimen Offenbarung* steht dann auch, daß es keine Zeit mehr geben wird (*Offb 10, 6*). Auf diese Weise deutet Thomas *Röm 8, 21*: "...daß auch die Schöpfung von der Knechtschaft der Vergänglichkeit befreit werde".

Aber in ihrer Substanz werden die Himmelskörper wie auch Pflanzen und Tiere weiter da sein, obwohl ihre Gestalt verändert wird (*1 Kor 7, 21*)... So wird es einen neuen Himmel und eine neue Erde geben (*Offb 21, 1*).

Die Eschatologie des hl. Thomas

Zusammenfassaend darf man sagen, daß die Eschatologie des hl. Thomas von Aquin eine großartige Auswertung der Bibeltexte und der Glaubenslehre bezüglich der Letzten Dinge darstellt. Sie ist getragen von einer tiefen Frömmigkeit und benützt philosophische Lehren, die vorher sauber und überzeugend bewiesen wurden.

---

[49] Vgl. *In Sent.* IV, d. 47

B. Mondin schreibt in seinem sehr nützlichen *Dizionario enciclopedico del pensiero di San Tommaso d'Aquino*[50], daß Thomas in den Erklärungen gewisser Themen der Eschatologie oft in Einzelkeiten gehe, die vielleicht im Mittelalter wichtig erschienen, die aber für uns heute Frucht einer mythischen Mentalität seien, die dem Vorstellungsvermögen zu viel Gewicht in der Deutung so tiefer Geheimnisse beimessen würden.

Wenn diese Kritik vielleicht für die von Thomas vorgefundene Fragestellung in den *Sentenzen* auch zutreffen mag, so müssen wir sie aber doch entschieden bei Thomas selbst zurückweisen. Eine sorgfältige Lektüre der Texte zeigt, daß Thomas ein offenes Auge für Metaphern hat, sich fragt, ob biblische Aussagen im Literalsinn zu verstehen seien und immer darauf bedacht ist, die Substanz der kirchlichen Lehre zu bewahren und treu wiederzugeben. Seine Eschatologie ist kaum kosmologisch bezogen und überhaupt nicht von folkloristischen Vorstellungen überlagert, denn die Erwähnung der verschiedenen Aufenthaltsorte der Seelen ist ja im Rahmen der gegenseitigen Bezogenheit der materiellen und geistigen Substanzen zu deuten.

---

[50] B. Mondin, *Dizionario enciclopedico del pensiero di San Tommaso d'Aquino*, Bologna 1992, 222

Die leidende Kirche im Jenseits und unsere Beziehungen zu den Armen Seelen

Johannes Stöhr

Beim Zeugnis für den christlichen Glauben an die "Letzten Dinge" sind schon die Apostel auf unwahrscheinlich große Schwierigkeiten gestoßen. Die Eschatologie ist auch heute, nicht zuletzt im deutschsprachigen Bereich, wie wenige andere Gebiete der Glaubenslehre betroffen durch Außerachtlassen, Verschweigen, Verdrängen und Vergessen, durch Versuche, sie zu verharmlosen, zu banalisieren, säkularisieren ("durch die Hölle gegangen sein", "den Himmel auf Erden haben"), oder zu karikieren, weg- und umzudeuten, ja auch durch offene Bekämpfung und Leugnung.

Vittorio Messori, dessen bedeutsame Werke nur teilweise ins Deutsche übersetzt worden sind, hat wieder auf eine bezeichnende Feststellung (von *P. Chaunu*) aufmerksam gemacht[1]: Etwas ganz Merkwürdiges ist passiert: Wir haben vergessen, daß man sterben muß. Das ist es, was die Historiker feststellen werden, wenn sie einmal die Gesamtheit aller schriftlichen Quellen unserer Epoche untersucht haben: Unter ca. 100000 wissenschaftlichen Büchern, die in den letzten zwanzig Jahren erschienen sind, stellen sich nur 200 (also ein Prozentsatz von 0, 2%) überhaupt dem Problem des Todes - eingeschlossen medizinische Werke. Dem zeitangepaßten Christen sind bekanntlich sogar manche christlichen Grundworte fast unzugänglich geworden: Paradies, Hölle, Fegfeuer, Sühne, Teufel, Engel usw.

Auf der anderen Seite führt aber die unausrottbare Sehnsucht nach dem Transzendenten und Jenseitigen und darüber hinaus die Schwerkraft des Irrationalen nicht selten zu ebenso befremdlichen wie verführerischen subjektivistischen Phantasiekonstruktionen und Praktiken. Einige Theologen rechnen nun sogar für die Wissenschaft mit einer Rückkehr der Apokalyptik - als Reaktion auf das Scheitern des Fortschrittsglaubens und der Erwartung einer wachsenden Humanisierung aufgrund der Erfahrung der Grenzen der Machbarkeit (*Ch. Schütz*)[2]. Wenn es in den sechziger und siebziger Jahren viele große Entwürfe der sog. allgemeinen Eschatologie mit stark gesellschaftlich-politisch geprägten

---

[1] V. MESSORI, *Scommessa sulla morte. La proposta cristiana: illusione o speranza?*, Torino 1982, 414 pp.; Zitate bei D. GRASSO, *La risposta cristiana di fronte alla morte*, La Civiltà Cattolica 143, 2 (1983) 40

[2] CH. SCHÜTZ, in: J. Feiner, M. Löhrer (Hrsg.), *Mysterium salutis*, Bd. 5, Zürich 1976, S. 625 f., Erg.Bd. S. 369-371

Schwerpunkten bzw. Divergenzen gegeben hat und die sog. individuelle Eschatologie dabei weitgehend ignoriert worden ist[3], so wurde später nicht zuletzt das im Horizont des englischen Empirismus verbreitete Fragen nach Erfahrungen im Grenzbereich des Todes intensiver; zudem waren schließlich die Parapsychologie oder die New-Age-Bewegung daran interessiert, noch weiter zu gehen[4]. Ein belgischer Philosoph bemühte sich sogar um neue Wege der "Ars moriendi" (*P. Ph. Druet*[5]).

Das theologische Bemühen um Verständnis der Offenbarungsaussagen kann nicht wie bei der Geschichte vom Hasen und Igel bei jeder mehr oder weniger schönen Modeerscheinung die Laufrichtung ändern, sondern muß bereit sein, auch gegen den Strom anzugehen. Es darf nicht das Licht der Wahrheit beiseite stellen, um sich von opportunistischen Rücksichten treiben zu lassen, sondern muß methodisch klar nach den recht verstandenen Gesetzen der *Analogie* erfolgen. Denn es ist einer doppelten Gefährdung ausgesetzt: Dem anthropomorph-univoken oder dem symbolistisch-aequivoken Mißverständnis. Einerseits wollten viele die Aussagen der Offenbarung mit handfesten Ausmalungen und überschießender Phantasie ausschmücken, andererseits suchte das vernünftelnde Denken die unterschiedlichen Bedingungen des Jenseits bis ins total Unverständliche und Abstrakte übersteigern bzw. sogar skeptisch-sadduzäisch alles zu leugnen. Auch das Fegfeuer wurde gelegentlich nur einseitig als jenseitige Folterkammer oder Konzentrationslager mit drastischen Quälereien dargestellt. Auf der anderen Seite wollte man den Reinigungsort ohne jede Raum- und Zeitgebundenheit verstehen und auf ein bloßes Moment der Gerichtsaussage, ein Symbol oder auf ein zeitloses "Moment einer Gottesbegegnung im Tod"[6] zurückführen - womit praktisch die herkömmliche Lehre vom Zwischenzustand und Purgatorium aufgegeben worden ist. Wir brauchen uns hier nicht mit der Verlegenheitslösung auseinanderzusetzen, die Vorstellung des Zwischenzustandes sei keine sachliche Voraussetzung für das Fegfeuer[7]. Die verschiedenen mehr oder weniger christlichen Analysen gehen überhaupt weit auseinander: Seit Jahren wird auf die Gefahr eines wiederauflebenden *Origenismus* hingewiesen, d. h. die Lehre, daß sich - salopp gesagt - der Mensch sozusagen nicht davor retten könne, gerettet zu werden[8]; schon durch die Inkarnation seien alle

---

[3] Auch E. KLINGER scheint der allgemeinen Eschatologie den Vorrang zu geben. Seine Pauschalbehauptung: "Im Tod des Einzelnen reflektiert und reproduziert sich das Endgeschick der Allgemeinheit ..." (*Sacramentum Mundi*, Bd. 4, Freiburg 1969, 151) ist in dieser Form nicht haltbar - schon wegen der totalen Unterschiedlichkeit der Gerichtsurteile (das Endgericht betrifft auch Verdammte!).

[4] Vgl. diese Feststellung bei H. VERWEYEN, TheolRev 79 (1983) 1

[5] Vgl. ebd. P. PH. DRUET, *Pour vivre sa mort*, Paris 1981

[6] G. GRESHAKE, *Stärker als der Tod*, Mainz 1976, 92. "... Gott selbst, die Begegnung mit Ihm *IST* das Fegfeuer" (ebd.). G. LOHFINK, *Der Tod ist nicht das letzte Wort*, Freiburg i. Br. 1978, 53 ff.. Vgl. Anm. 89

[7] G. L. MÜLLER, "*Fegfeuer*". Zur Hermeneutik eines umstrittenen Lehrstücks der Eschatologie, Theologische Quartalschrift 166 (1986) 25-39 [32]. Ähnlich K. LEHMANN (Anm. 125)

[8] Vgl. P. HACKER, *Origenismus im gefälschten Meßlektionar*, Una Voce Korrespondenz 8 (1878) 316 ff.

Menschen in der Gnade⁹. Auch die *Reinkarnationslehre* verkennt, daß die Würde des Menschen gerade darin besteht, daß er endgültige Entscheidungen treffen kann, und setzt an die Stelle der Erlösung durch Christus den Versuch der Selbstbefreiung durch immer wieder neu angenommene Leibesgestalten der Seele. Andere behaupten, die Auferstehung sei nur allgemeines "Symbol der menschlichen Ganzheit" (*D. Wiederkehr*[10]), setzen immanente und transzendente Vollendung des Menschen gleich[11] oder geben vor, die einzige Gefahr sei die übertreibende Phantasie.

Erinnern wir uns gegenüber diesem Wirrwarr der Meinungen[12], - die sich zugleich um so apodiktischer wie fragwürdiger präsentieren, je höher die beanspruchte Reflexionsebene ist - zuerst: 1. an die wichtigsten direkten kirchlichen Zeugnisse, dann 2. an die spekulativ-theologischen Erklärungen; 3. behandeln wir einige der üblichen Einwände, bes. zur Zeit- und Raumbezogenheit im Jenseits, um schließlich 4. die Macht der Fürbitte der Kirche und die Gemeinschaft der Heiligen besser zu verstehen.

1. Die kirchlichen Zeugnisse[13]

Die Offenbarung verkündet uns, daß die Kirche einmal den Zustand der Vollendung erreichen wird, wo es keine Gefährdungen mehr durch den Bösen und keine Berührungen mit der Sünde mehr geben, aber auch kein Voranschreiten zu wesentlich höheren Stufen der Gottes- und Nächstenliebe mehr geben wird. Doch vorher gibt es einen Stand, in dem die Vollendung gewissermaßen noch gehemmt und von heftigen Schmerzen begleitet wird. Vor

---

9   "Dadurch, daß das Wort Gottes Mensch geworden ist, ist real ontologisch die Menschheit auch schon im voraus zur faktisch gnadenhaften Heiligung der einzelnen Menschen, zum Volke der Kinder Gottes geworden" (K. RAHNER, *Schriften zur Theologie*, Band 3, ²Köln 1960, S. 89)

10 D. WIEDERKEHR, *Perspektiven der Eschatologie*, Zürich/Einsiedeln/Köln 1974, S. 87

11 TH. DE CHARDIN, E. BLOCH, K. RAHNER (*Schriften zur Theologie*, 8, S. 598)

12 Der Eindruck wird bestätigt durch einen Blick in das Handbuch für Dogmengeschichte, hrsg. von M. Schmaus, A. Grillmeier, L. Scheffczyk ((Bd. IV, fasz. 7c,1: E. KUNZ, *Protestantische Eschatologie. Von der Reformation bis zur Aufklärung*, Freiburg 1980; (Bd.. IV, Fasz. 7d: I. ESCRIBANO ALBERCA, *Eschatologie. Von der Aufklärung bis zur Gegenwart*, Freiburg 1987

13 Vgl. THOMAS, *S. Th.*, Suppl. q 71 (aus: Sent 4 d. 21 u 1 a. 1-8); *Summa c. Gent.* IV, 91; *Contra errores Graecorum*, 32: *De rationibus fidei*, c. 9; *Compendium Theologiae*, c. 181; R. BELLARMINUS SJ, *De ecclesia quae est in purgatorio*, in: Opera omnia 2, Neapel 1877, 351-414; F. SUAREZ SJ, *De poenitentia*, disp. 45-48, 53; P. MIQUEL, *Purgatoire, Origine et développement de la doctrine*, DictSpir 12 (1986) 2652-2666; CH. DE SEYSSEL, *Purgatoire. Après le concile de Trente: la Dévotion aux ames du purgatoire*, DictSpir 12 (1986) 2666-2676; L. F. MATEO-SECO, "*Purgatorio*", GranEncRialp 19, 507-511; C. POZO, *Teologia del más allá*, Madrid 1968, 224-254; J. B. WALZ, *Das Leben in der anderen Welt*, Frensdorf über Bamberg 1964; A. PIOLANTI, *De novissimis et sanctorum comunione*, Roma 1960, 74-96; V. KERNS MSFS, *The Traditional Doctrine of Purgatory*, IrishEcclRecord 80 (1953) 426-442; A. MICHEL, M. JUGIE, "*Purgatoire*", DThC XIII (1936) 1163-1357.

dem Tod Christi war dieser Zwischenzustand sogar die allgemeine Regel: Es genügte schon die durch die Erbsünde zugezogene Strafe, daß sogar Gerechte, die in vollkommener Liebe und ohne jede persönliche Schuld gelebt hatten, von der Verherrlichung des Himmels ausgeschlossen in der Gefangenschaft des Limbus patrum zurückblieben. Denn erst Christus hat diese Sünde durch sein Blut am Kreuz gesühnt und Himmel und Erde wieder miteinander verbunden. Nach dem Tod Christi kann die in der Taufunschuld gestorbenen Kinder und die Erwachsenen, deren Liebe vollkommen ist, nichts mehr am unmittelbaren Eintritt in den Himmel hindern. Hindernis ist also allein die zeitliche Strafe für persönliche Sünden, soweit sie noch nicht vollständig gebüßt ist.

Seit ältester Zeit braucht man für den Zwischenzustand der Läuterung den Begriff "Purgatorium" oder "poena purgatoria". Der aus 1 Kor 3, 15 genommene Ausdruck purgatorius ignis wird seit dem Mittelalter mit Fegefeuer (Läuterungsfeuer) wiedergegeben; das Bild vom Feuer ist in der Patristik dafür sehr häufig und wird teils metaphorisch und teils im eigentlichen Sinne verstanden[14].

Das Dasein des Fegfeuers und der leidenden Kirche ist - so hat das Lehramt eigens bestätigt[15] - bezeugt durch *biblische Texte* wie 2 Makk 12, 43-46 und durch Aussagen bei Mt 5, 26; Mt 12, 32; 1 Kor 3, 15, wenn man sie im Kontext von Tradition und Lehramt versteht[16]; durch frühchristliche Denkmäler und durch Zeugnisse der Väter. Wichtig ist nicht zuletzt auch die Interpretation von *1 Kor 3, 12-15*[17]: "Ob aber jemand auf diesen Grund aufbaut Gold, Silber, kostbare Quadern, Holz, Heu, Stroh, das wird sich bei eines jeden Werk herausstellen; denn jener Tag (des Gerichtes) wird es ausweisen, weil er sich im Feuer offenbart. Und das Feuer wird erproben, was das Werk eines jeden taugt. Hat das Bestand, was er darauf gebaut hat, so wird er Lohn empfangen. Verbrennt es, so wird er bestraft werden; er selbst wird zwar gerettet werden, jedoch so wie durch Feuer hindurch". Was für die Läuterung von Gerechten beim jüngsten Gericht gilt, läßt auf eine allgemeine Läuterungsmöglichkeit für unvollkommene Gerechte schließen. Mt 5, 26 spricht im Lichte der kirchlichen Interpretation von einer zeitlichen Strafe, wenn die Rede davon ist, daß der in den Kerker Geworfene erst herauskommt, wenn der letzte Heller bezahlt sei.

---

[14] F. SUAREZ hält ein wahres und eigentliches Feuer für theologisch sicher

[15] Vgl. KATECHISMUS DER KATHOLISCHEN KIRCHE, n. 1032. In der Bulle EXSURGE DOMINE wurde die Behauptung LUTHERS verurteilt (Satz 37): "Der Reinigungsort kann aus der Hl. Schrift, wie sie im Kanon ist, nicht bewiesen werden". (DS 1487. Luther hat die kanonische Geltung des zweiten Buches der Makkabäer verworfen.

[16] Zitiert werden auch noch Mk 3, 29; Lk 12, 40; Mt 18, 34

[17] A. LANDGRAF, *1 Kor 3, 10-17 bei den lateinischen Vätern und in der Frühscholastik*, Biblica 5 (1924) 140-172; S. CIPRIANI, *Insegna 1 Cor 3, 10-15 la dottrina dell Purgatorio?*, RivBibl 7 (1959) 25-43; J. MICHL, *Gerichtsfeuer und Purgatorium zu 1 Kor 3, 12-15*, in: Studiorum Paulinorum Congr. internat. Catholicus 1961, t. 1 (Analecta Biblica 17), Romae 1963, 395-401; TH. FREUDENBERGER, *Die Bologneser Konzilstheologen im Streit über 1 Kor 3, 11 ff. als Schriftzeugnis für die Fegfeuerlehre*, in: Reformata Reformanda I (Festschrift H. Jedin), Münster 1965, 577-609. (Vgl. C. POZO SJ, ebd., 248 s.)

Mt 12, 32 heißt es, daß die Sünde wider den Heiligen Geist "weder in dieser noch in jener Welt" vergeben wird - womit die grundsätzliche Möglichkeit einer jenseitigen Läuterung impliziert scheint.

An folgende Zeugnisse der *Tradition*[18] sei nur summarisch erinnert: Seit altersher besteht der Brauch des Gebetes für die Verstorbenen, sowohl privat, wie im liturgisch gemeinsamen Gebet; wir haben auch ausdrückliche Hinweise in der Patristik auf die Existenz, Art und Verschiedenheit der Strafen des Purgatorium, z. B. bei *Tertullian*[19], *Laktanz*[20] und *Cyprian*[21] im Westen und *Clemens von Alexandrien*[22] und *Gregor von Nyssa*[23] im Osten und der Synthese der kathartischen und expiatorischen Vorstellungen bei *Augustinus*[24] und *Gregor dem Großen*. Ferner gibt es eine Fülle von archäologischen Zeugnissen, z. B. Grabinschriften, die den Glauben an eine Reinigung im Jenseits zum Ausdruck bringen.

Explizite Zeugnisse des *Gebetes* für die Verstorbenen haben wir schon aus ältester Zeit: Die *Paulusakten* bezeugen um die Mitte des 2. Jahrhunderts, daß *Thekla* für die verstorbene Falconilla betet, sie möge an den Ort der Gerechten versetzt werden und in Ewigkeit leben. Ein klares Zeugnis bieten auch die Grabschriften des Urchristentums mit ihren Segenswünschen und Fürbittgebeten, in denen Ruhe und Frieden für die Toten erfleht wird. Diese religiösen Übungen, die seit dem Ende des 2. Jahrhunderts bezeugt sind, setzen eine längere Tradition eines Gebetes für die Verstorbenen voraus. Im dritten Jahrhundert ist bereits der Brauch der Aufopferung der Heiligen Messe für die Verstorbenen allgemein verbreitet[25]. *Epiphanius* erklärte die Behauptung des *Arius* für häretisch, daß das Gebet für die Verstorbenen unnötig sei[26]. *Augustinus* schrieb eigens ein Werk: De cura pro mortuis gerenda[27]. Das Memento für die Verstorbenen findet sich schon in ältesten liturgischen Büchern - so mußte auch *Calvin* anerkennen[28]. *Isidor von Sevilla* spricht ausdrücklich von einer allgemein verbreiteten apostolischen Überlieferung der Aufopferung der Messe für die Ver-

---

[18] V. KERNS MSFS, *The traditional doctrine of purgatory*, The Irish Eccl. Record 80 (1953) 326-342
[19] TERTULLIAN, *De anima*, 58 (PL 2, 751; CV 20, 395)
[20] LACTANTIUS, *Div. Inst.* 7, 21, 6 (PL 6, 800; CV 19, 658)
[21] CYPRIAN, *Ep.* 55 ad Antonianum, 20 (PL 3, 786)
[22] CLEMENS ALEX., *Strom.* 7, 12
[23] GREGORIUS NYSSENUS, *Or. de mortuis* (PG 46, 525)
[24] Texte bei E. PORTALIE, DThC 1, 2447 ss.
[25] CYRILL VON JERUSALEM, *Catech. mystag.* 5, 9 (PG 323, 1116-1117)
[26] EPIPHANIUS, *Panarion* 75, 8 (PG 42, 513); AUGUSTINUS, *De haeres.* 153 (PL 42, 593)
[27] AUGUSTINUS, *De cura pro mort. ger.* (PL 40, 593-607); *Ench.* 109-110 (PL 40, 283)
[28] CALVINUS, *Institutio Christana*, 3, 5, 10. Er nennt jedoch das Fegfeuer "Exitiale Satanae commentum, quod Christi crucem evacuat" (*Inst.* 3, 5, 6)

storbenen[29]. In der *Patristik* hat man sich besonders auf 1 Kor 3, 11-15 berufen, auf 2 Makk 12, 43 ff. jedoch erst relativ spät.

Papst *Innozenz IV* verlangte 1254 von den Griechen die Zustimmung zur Lehre vom Purgatorium[30], da hier manche Schismatiker unentschieden oder unklar waren. Das Zweite Konzil von *Lyon* (1274) erklärt (wie auch *Klemens IV* 1267) im Glaubensbekenntnis des Kaisers Michael Paläologus: "Wenn sie [die Getauften] aber in wahrer Buße in der Liebe abschieden sind, ohne zuvor durch würdige Früchte der Buße für das Begangene und Unterlassene Genugtuung geleistet zu haben, so werden ihre Seelen [...] nach dem Tod durch Reinigungs- bzw. Läuterungsstrafen gereinigt. Und zur Milderung derartiger Strafen nützen ihnen die Fürbitten der lebenden Gläubigen, nämlich Meßopfer, Gebete, Almosen und andere Werke der Frömmigkeit, wie von den Gläubigen entsprechend den Anordnungen der Kirche für andere Gläubige gewöhnlich verrichtet werden"[31]. Das Konzil äußert sich hier nicht zur Frage der Ortsbezogenheit des Fegfeuers, sondern bekennt den Glauben an die Tatsache eines reinigenden Strafleidens nach dem Tod und an die Wirksamkeit der Fürbitten, besonders in der heiligen Messe.

Ein besonders wichtiges Dokument der *lehramtlichen Tradition* über den eschatologischen Zwischenzustand ist die Konstitution *Benedictus Deus* von Papst *Benedikt XII* (29. 1. 1336). Dort wird auch definiert, daß für die Gerechten, die keiner Reinigung mehr bedürfen, das ewige Leben unmittelbar nach dem Tod beginnt[32]. Ebenso beginnt die Verdammnis für die, die in schwerer Sünde sterben, sofort nach dem Tod[33]. Demnach ist die Gottesschau an eine Bedingung gebunden; sie beginnt für die Gerechten, in denen noch eine Läuterung erforderlich ist, erst nach dem Zustand der Reinigung. Diese ist also ein vorübergehender Zustand einer jenseitigen Läuterung, verschieden von den endgültigen Zuständen des Heils oder der Verdammnis. In dieser Konstitution von *Benedikt XII*[34] und dem Konzil von *Florenz* (1439)[35] - das fast dieselben Aus-

---

[29] ISIDORUS, *De ecclesiasticis officiis*, 1, 18, 11 (PL 83, 757); G. FERRARI, *L'offerta della Communione per i defunti*, Brescia 1944

[30] INNOCENTIUS IV (DS 838; D 456)

[31] DS 856 [D464]. Vgl. V. KERNS, *The traditional doctrine of the purgatory*, IrEcclRec 80 (1953) 527

[32] "Durch diese auf immer geltende Konstitution definieren Wir kraft Apostolischer Autorität: Daß nach allgemeiner Anordnung Gottes die Seelen aller Heiligen, die vor dem Leiden unseres Herrn Jesus Christus aus dieser Welt geschieden sind, sowie [die Seelen] der heiligen Apostel, Martyrer, Bekenner, Jungfrauen und andere Gläubiger, die nach der von ihnen empfangenen heiligen Taufe Christi verstorben sind, in denen es nichts zu reinigen gab als sie dahinschieden, noch geben wird, wenn sie auch künftig dahinscheiden werden, oder wenn es in eben diesen damals etwas zu reinigen gab oder geben wird, wenn sie nach ihrem Tod gereinigt wurden, ... sogleich nach ihrem Tod und besagter Reinigung bei jenen, die einer solchen Reinigung bedurften, auch vor der Wiederannahme ihrer Leiber und dem allgemeinen Gericht, nach dem Aufstieg unseres Erlösers und Herrn Jesus Christus in den Himmel, im Himmel, Himmelreich und himmlischen Paradies mit Christus in der Gemeinschaft der heiligen Engel versammelt waren, sind und sein werden [...]."(DS 1000 [D 530])

[33] DS 1002 [D 531]

[34] DS 1000 [D 530]

drücke wie das Konzil von *Lyon* verwendet - sowie den Glaubensbekenntnissen von *Gregor XIII* (1575)[36] und *Benedikt XIV* (1743)[37] haben wir ausdrückliche dogmatische Definitionen von der Existenz des Purgatorium. Es ist in erster Linie ein Zustand, aber kreatürlich, und daher notwendig auch raum- und zeitgebunden.

Das Konzil von *Trient* (sessio 6 can. 30; sessio 25) betont, daß mit der Vergebung der Schuld noch nicht alle Folgen der Schuld (Sündenstrafen) im Menschen getilgt seien[38]. Es erklärt (1563): Es gibt einen Reinigungsort und die dort festgehaltenen Seelen finden eine Hilfe in den Fürbitten und Almosen der Gläubigen, vor allem aber in dem Gott wohlgefälligen Opfer des Altares[39]. Das Konzil weist eigens darauf hin, daß alles, was nicht der Erbauung diene, sondern nur Gewinnstreben, Neugier oder Aberglaube fördern würde, in der Predigt zu unterlassen sei[40]. Die Lehre des Konzils von *Trient*[41] ist wieder aufgenommen in den Glaubensbekenntnissen *Pius IV* (1564)[42], *Gregor XIII* (1576)[43] und *Benedikt XIV* (1743)[44]. Die Konstitution *Auctorem Fidei* (1794) verurteilte den Irrtum der *Synode von Pistoia*, die meinte, daß die Ablässe für die Verstorbenen sinnlos seien[45].

Das *Zweite Vatikanische Konzil* äußert sich auführlich in der *Kirchenkonstitution*: Es nennt das Purgatorium einen der drei status der Kirche (Nr. 49), erinnert an die urkirchliche Praxis, für die Verstorbenen zu beten (Nr. 50), und bekräftigt von neuem die Dekrete der Konzilien von Florenz und Trient über das Fegfeuer und das Gebet für die Verstorbenen (Nr. 51). Ähnlich wie die Kirchenkonstitution nimmt auch das Glaubensbekenntnis *Paul VI* das Thema des Reinigungsortes auf[46].

Die *Kongregation für die Glaubenslehre* veröffentlichte am 17. 5. 1979 ein Schreiben zu einigen Fragen der Eschatologie[47]. Dort heißt es: Die Kongrega-

---

[35]   DS 1304 [D 693]
[36]   DS 1986 [D 1084]
[37]   DS 2534 [D 1468]
[38]   DS 1580
[39]   DS 1820
[40]   TRIDENTINUM, *Sess.* 24, *Decr. de purgatorio* (3. 11. 1563): "Apud rudem vero plebem difficiliores ac subtiliores quaestiones, quaeque ad aedificationem non faciunt, et ex quibus plerumque nulla fit pietatis accessio, a popularibus concionibus secludantur. Incerta item, vel quae specie falsi laborant, evulgari ac tractari non permittant [Episcopi]. Ea vero quae ad curiositatem quamdam aut superstitionem spectant, vel turpe lucrum sapiunt, tamquam scandala et fidelium offendicula prohibeant ..." (DS 1820, D 983)
[41]   DS 1753
[42]   DS 1867
[43]   DS 1986
[44]   DS 2534
[45]   DS 2642
[46]   PAUL VI, *Credo des Gottesvolkes*, a. 21 (L'Osservatore Romano, 1./2. 7. 1968 p. 2)
[47]   CONGREGATIO PRO DOCTRINA FIDEI, Ep. *Recentiores episcoporum Synodi*, AAS 71 (1979) 940-942; vgl. L'Osservatore Romano, deutsche Ausgabe vom 10. 8. 1979

tion möchte "in Erinnerung rufen, was die Kirche im Namen Christi lehrt, vor allem das, was zwischen dem Tod des Christen und der allgemeinen Auferstehung geschieht".

"3. Die Kirche hält an der Fortdauer und Subsistenz eines geistigen Elements nach dem Tode fest, das mit Bewußtsein und Willen ausgestattet ist, so daß das "menschliche Ich" in der Zwischenzeit jedoch ohne die Ergänzung seines Leibes weiterbesteht [interim sui corporis complemento carens]. Um dieses Element zu bezeichnen, verwendet die Kirche den Ausdruck "Seele", der durch den Gebrauch in der Heiligen Schrift und in der Überlieferung eingebürgert ist. Obwohl sie nicht verkennt, daß dieser Ausdruck in der Heiligen Schrift verschiedene Bedeutungen hat, ist sie nichtsdestoweniger der Auffassung, daß es keinen stichhaltigen Grund dafür gibt, ihn abzulehnen, und sie ist ferner der Auffassung, daß ein sprachlicher Ausdruck zur Aufrechterhaltung des Glaubens der Christen durchaus notwendig ist.

4. Die Kirche lehnt alle Denk- und Sprechweisen ab, durch die ihr Beten, ihre Beerdingungsriten und ihr Totenkult unsinnig oder unverständlich werden könnten: Denn all diese Dinge stellen in bezug auf ihre Substanz loci theologici [Fundorte theologischer Erkenntnis] dar."

"7. [...] Was aber die Auserwählten betrifft, so glaubt sie [die Kirche], daß vor der Anschauung Gottes eine Reinigung stattfinden kann, die jedoch von der Strafe der Verdammten völlig verschieden ist. Das meint die Kirche, wenn sie von Hölle und Fegfeuer spricht.

Wenn es aber um das Geschick des Menschen nach dem Tode geht, muß man sich besonders vor Darstellungsweisen hüten, die sich ausschließlich auf Erdichtung und Willkür der Phantasie stützen. Übertreibungen in dieser Hinsicht sind nämlich ein nicht geringer Grund für die Schwierigkeiten, denen der christliche Glaube häufig begegnet. Jedoch ist Bildern, die wir in der Hl. Schrift verwendet finden, Ehrfurcht entgegenzubringen. Man muß ihren tieferen Sinn erfassen und die Gefahr vermeiden, sie zu sehr abzuschwächen, weil dies oft die Wirklichkeiten verflüchtigt, die durch diese Bilder ausgesagt werden. Weder die Hl. Schriften noch die Theologen bieten genügend Licht, um das künftige Leben nach dem Tod richtig zu beschreiben. Die Christen müssen die beiden folgenden wesentlichen Punkte getreu festhalten: Einerseits müssen sie an die grundsätzliche Fortdauer - in der Kraft des Hl. Geistes - des gegenwärtigen Lebens in Christus im künftigen Leben glauben (denn die Liebe ist das Gesetz des Reiches Gottes und unsere auf Erden geübte Liebe wird das Maß für unsere Teilhabe an der Herrlichkeit Gottes im Himmel sein); andererseits müssen sie recht erkennen, daß sich die Situation des jetzigen Lebens und des künftigen Lebens grundlegend voneinander unterscheiden, denn der Ordnung des Glaubens folgt die Ordnung des vollen Lichtes, und wir werden bei Christus sein und "Gott schauen" (vgl. 1 Joh 3, 2); in diesen Verheißungen und wunderbaren Geheimnissen besteht wesentlich unsere Hoffnung. Wenn aber unsere Vorstellungskraft nicht bis dorthin vorzudringen vermag, so gelangt doch unser Herz aus eigenem Antrieb und zuinnerst dorthin."

In dem Schreiben wird die Fortdauer (continuatio) eines geistigen Elementes, das mit Bewußtsein und Willen ausgestattet ist, näherhin erläutert mit der Erklärung: "Nach dem Tode". Ausschlaggebend ist hier, daß der Zwischenzustand zwischen Tod und Auferstehung deutlich herausgestellt ist - auch wenn man dabei eine noch etwas betontere Hervorhebung des bewußt verwandten Terminus "Seele" - im Anschluß an Mt 10, 28 - gewünscht hätte. Die offizielle deutsche Übersetzung ist nach Kard. *J. Ratzinger*[48] eine falsche Übersetzung, da die im Lateinischen betonte Unerläßlichkeit des Wortes Seele verdeckt wird.

Ausdrücklich heißt es im Dokument, daß dem Ich des Menschen zwischenzeitlich (interim) der ergänzende Teil (complementum) seines Leibes "fehle". Leider wollen dies manche nicht wahrhaben, da sie den Griechen Dichotomie vorwerfen und die thomistische Lehre von Materie und Form nicht weiter kennen, die von kirchlichen Lehrentscheidungen im wesentlichen durchaus gestützt wird[49].

Zu einigen aktuellen Problemen hat die *Internationale Theologenkommission* ausführlich Stellung genommen; sie weist u. a. ebenso wie die Glaubenskongregation eine überzogene Analogie zur Hölle zurück[50].

Der *Katechismus der katholischen Kirche* faßt zusammen[51]: "Wer in der Gnade und Freundschaft Gottes stirbt, aber noch nicht vollkommen geläutert ist, ist zwar seines ewigen Heiles sicher, macht aber nach dem Tod eine Läuterung durch, um die Heiligkeit zu erlangen, die notwendig ist, in die Freude des Himmels eingehen zu können. Die Kirche nennt diese abschließende Läuterung der Auserwählten, die von der Bestrafung der Verdammten völlig verschieden ist, Purgatorium [Fegfeuer]. Sie hat die Glaubenslehre in bezug auf das Purgatorium vor allem auf den Konzilien von Florenz[52] und Trient[53] formuliert. Im Anschluß an gewisse Schrifttexte[54] spricht die Überlieferung der Kirche von einem Läuterungsfeuer: "Man muß glauben, daß es vor dem Gericht für gewisse leichte Sünden noch ein Reinigungsfeuer gibt, weil die ewige Wahrheit sagt, daß, wenn jemand wider dem Heiligen Geist lästert, ihm 'weder in dieser noch in der zukünftigen Welt' vergeben wird (Mt 12, 32). Aus diesem Ausspruch geht hervor, daß einige Sünden in dieser, andere in jener Welt nachgelassen

---

[48] Vgl. J. RATZINGER, *Zwischen Tod und Auferstehung*, Internationale Zeitschrift Communio 9 (1980) 209-223

[49] DS 900, 902, 2828. Vgl. R. SCHENK, *Die Gnade vollendeter Endlichkeit*, Freiburg 1989, 510-516

[50] COMMISSIO THEOLOGICA INTERNATIONALIS, *De quibusdam quaestionibus actualibus circa eschatologiam*, Gregorianum 73 (1992) 395-435 [424-426]

[51] *Katechismus der katholischen Kirche*, n. 1030-1032

[52] Vgl. DS 1304

[53] Vgl. DS 1820; 1580

[54] Vgl. z. B. 1 Kor 3, 15; 1 Petr 1, 7

werden können" (*Gregor der Große*, Dial. 4, 39)". Diese Lehre stützt sich auch auf die Praxis, für die Verstorbenen zu beten, von der schon die Heilige Schrift spricht: "Darum veranstaltete [Judas der Makkabäer] das Sühnopfer für die Verstorbenen, damit sie von der Sünde befreit werden" (2 Makk 12, 45). Schon seit frühester Zeit hat die Kirche das Andenken an die Verstorbenen in Ehren gehalten und für sie Fürbitten und insbesondere das eucharistische Opfer[55] dargebracht, damit sie geläutert werden und zur beseligenden Gottesschau gelangen können. Die Kirche empfiehlt auch Almosen, Ablässe und Bußwerke zugunsten der Verstorbenen".

2. Theologische Begründungen

Für die Existenz des Fegfeuers und die Wirksamkeit der Fürbitte sprechen unabhängig von den positiven Zeugnissen auch innere theologische Gründe. Auch wenn positive Zeugnisse etwa aus der Hl. Schrift fehlen würden, so müßte man das Dasein des Reinigungsortes dennoch annehmen, da es erschlossen werden kann sowohl aus der geoffenbarten Wahrheit über die Todsünde und die schrittweise Rechtfertigung durch die Gnade der göttlichen Barmherzigkeit als auch aus der geoffenbarten Wahrheit über den Unterschied zwischen der Todsünde, deren Strafe an sich nicht wiedergutzumachen und daher ewig ist, und der läßlichen Sünde, deren Strafe an sich wiedergutzumachen und daher zeitlich ist. Dem doppelten Aspekt der Sünde als Abwendung von Gott und ungeordneter Hinwendung zur Kreatur entspricht bei der conversio auch ein doppelter Strafcharakter: Versagen der Anschauung Gottes und sinnenhafte Strafe[56].

Theologische Voraussetzungen sind also zunächst einmal die Lehre von der Rechtfertigung und ihrer stufenweisen Verwirklichung, wie sie im Gegensatz zum Protestantismus verdeutlicht worden ist: Gnade ist keine nur äußerlich-juridische Anrechnung von Gottes Güte, kein Als-ob, sondern eine neue übernatürliche Qualität. Ferner die Unterscheidung einer zeitlichen Sündenstrafe von der Sünde selbst, bzw. die Unterscheidung von Todsünden und läßlichen Sünden. Dazu kommen als Voraussetzungen auch die Lehren von der Unsterblichkeit der Seele, vom Tod als Ende der Verdienstmöglichkeit und von der Existenz eines Zwischenzustandes nach dem Tode bzw. die sogenannte Eschatologia intermedia. Damit wird nicht etwa ein unbestimmter Zustand zwischen Himmel und Hölle postuliert, sondern anerkannt, daß zwischen dem persönlichen Gericht nach dem Tod und der allgemeinen Auferstehung des Fleisches bzw. dem Weltgericht ein Zeitraum existiert, in dem eine Reinigung notwendig ist. So erklärt *Thomas*: "Es geschieht, daß einige sterben, ohne völlig für ihre Sünden Buße

---

[55] Vgl. DS 856
[56] THOMAS, *S. th.* I,II q 87 a 4

geleistet zu haben über die sie schon Reue erweckt haben. Es entspricht nicht der göttlichen Gerechtigkeit, daß hier keine Genugtuung geleistet werde. So erleiden sie diese Strafe nach dem Tode nicht in der Hölle, in der die Menschen für Todsünden leiden, denn ihre Sünden sind ja schon durch die Buße verziehen. ... Deshalb muß man annehmen, daß es zeitliche Reinigungsstrafen nach diesem Leben gibt, noch vor dem letzten Gericht"[57].

Die genannten Voraussetzungen scheinen für einen katholischen Theologen selbstverständlich, werden aber dennoch heutzutage manchmal in Frage gestellt. Dies geschieht etwa bei einer immanentistisch-subjektivistischen Denkrichtung, die nicht nur Parusie und Gericht "entobjektivieren" möchte, sondern die ganze Dimension des Jenseits und des Einwirkens eines transzendenten Gottes ganz auszuklammern und dahin umzudeuten sucht, daß die Eschatologie gar nichts über die Zukunft besage, sondern nur über unsere gegenwärtige Hoffnung, bzw. den Glauben, daß wir in Gottes Hand sind. *R. Bultmann* erklärte, der Sinn der Geschichte liege in der Gegenwart; die "präsentische" Eschatologie sei von einer zukunftsbezogenen abzuheben. *M. Kehl* will die ganze Eschatologie in tatsächlich gelebten, d. h. empirisch nachweisbaren "Hoffnungsvorstellungen" der Menschheit begründen[58]. Es gab sogar reichlich abstrus anmutende Annäherungsversuche an die heidnische und vom Christentum immer abgelehnte Reinkarnationslehre[59].

Im Purgatorium kann die Seele nicht mehr *verdienstlich handeln*, sondern nur noch *Genugtuung* leisten, bzw. büßen. Die Theologen haben dafür den Ausdruck *satispassio*, da es sich um die Abbüßung der Schuld und keine aktive Genugtuung handelt. Trotzdem ist es wichtig festzustellen, daß dort das schmerzliche Sühneleiden nicht nur vom Willen der Verstorbenen angenommen ist, sondern auch voller Liebe aufgeopfert wird, verbunden mit der Anbetung der

---

[57] THOMAS, *De rationibus fidei*, n. 1010

[58] M. KEHL, *Eschatologie*, Würzburg 1986, ²1988

[59] K. RAHNER hat zwar in seinem Frühwerk die Allversöhnungslehre als undogmatisch abgetan, meinte aber später dialektisch, "daß die Möglichkeiten des Fegfeuers auch noch den Raum bedeuten könnten für eine post-mortale Freiheitsgeschichte bei dem, dem eine solche Geschichte in seinem irdischen Leben versagt war" (*Fegfeuer*, in: Schriften z. Theol. 14, Einsiedeln 1980, 447). U. U. könne dies zu einem akzeptablen christlichen Verständnis der Seelenwanderung führen (vgl. ebd. 449; J. R. SACHS, in: Concilium 29 (1993) 434). J. B. METZ und H. HÄRING halten es für sehr wichtig, zu fragen, ob heute eine "Christianisierung der Reinkarnationsidee" notwendig sei (!) (Concilium 29 (1993) 377).

Dabei ist übersehen, daß die hinduistische Idee der Seelenwanderung unvereinbar ist mit der theologischen Lehre von der Identität des Auferstehungsleibes und vom Tod als Ende der Verdienstmöglichkeit (Hebr 9, 27), sondern sogar mit grundlegenden philosophischen Gegebenheiten, z. B. der substantiellen Einheit des Menschen, der untrennbaren Verbindung dieser jeweiligen Seele mit dieser Persönlichkeit. Vgl. die ausführlichen und unzweideutigen Klarstellungen der COMMISSIO THEOLOGICA INTERNATIONALIS, *De quibusdam quaestionibus actualibus circa eschatologiam*, n. 9 (Gregorianum 73 (1992) 426-429); L. SCHEFFCZYK, *Der Reinkarnationsgedanke in der altchristlichen Literatur*, München 1985.

höchsten Gerechtigkeit Gottes (*R. Garrigou-Lagrange*[60]). Abwegig ist daher jeder Versuch einer Wiederaufnahme der *Seelenschlaf- oder Seelentodlehre* (Hypnopsychiten[61], Wiedertäufer, Sozinianer und Armenier, *P. Althaus*[62] im Anschluß an *Luther*) oder die Meinung, das Personsein gehe mit dem Tod verloren[63]. Die Armen Seelen haben Gott nicht verloren, sondern sind ihm nähergekommen. Die Kirche preist seit altersher diejenigen selig, die im Herren sterben (Apk 14, 13).

Der hl. *Thomas* erklärt näherhin, wie nichts Unreines zur Anschauung Gottes eingehen kann und deshalb, da der Mensch noch strafwürdig bleibt in diesem Leben, Reinigung nach diesem Leben erforderlich ist[64]. Er führt aus: "Nachdem nun der Mensch durch die Gnade die Nachlassung der Sünden erhalten hat und wieder in den Stand der Gnade eingetreten ist, bleibt er wegen der göttlichen Gerechtigkeit einer Strafe für seine Sünde verpflichtet. Nimmt er diese Strafe freiwillig auf sich, so leistet er Gott Genugtuung, weil er mit seinen Mühen und Leiden durch Selbstbestrafung die von Gott aufgestellte Ordnung wiederfindet, die er durch die Sünde übertreten hatte, um seinem eigenen Willen zu folgen. Unterzieht er sich aber nicht aus eigenem Willen dieser Strafe, so wird sie ihm von Gott auferlegt; denn was der göttlichen Vorsehung untersteht, kann nicht in Unordnung bleiben. Die Strafe heißt dann nicht mehr Genugtuung, weil sie nicht vom Sünder selbst erwählt wurde, sondern sie heißt Reinigungsstrafe (poena purgatoria), denn der Sünder wird durch den Bestrafenden gleichsam reingemacht, weil alles, was in ihm in Unordnung ist, auf diese Weise zur Ordnung zurückgeführt wird. Daher sagt auch der Apostel Paulus (1 Kor 11, 31-32): "Wenn wir uns selbst richten würden, so würden wir nicht gerichtet; wenn wir aber vom Herrn gerichtet werden, so werden wir in Zucht genommen, damit wir nicht mit dieser Welt verdammt werden"[65].

Die Sünde schädigt den Menschen intensiver, als er zuzugeben bereit ist. Selbst die Vergebung der Schuld vernichtet nicht einfach die schädlichen Tatfolgen. Wenn jemand durch Verzeihung der Todsünde von der ewigen Verstoßung durch Gott gerettet wird, entgeht er damit noch nicht ohne weiteres der Strafe. Die Verpflichtung, eine Strafe zu erleiden, besteht also auch nach der Verzeihung der Sünde; eine Schadensregelung ist auch unabhängig von der Schuld

---

[60] R. GARRIGOU-LAGRANGE OP, *L'altra vita e la profondità dell'anima*, Brescia 1947; *L'éternelle vie et la profondeur de l'ame*, Paris 1950

[61] Der Presbyter *Eustratius von Konstantinopel* verfaßte um 580 eine eigene Schrift gegen die Lehre vom Seelenschlaf.

[62] Vgl. A. AHLBRECHT, *Tod und Unsterblichkeit in der evangelischen Theologie der Gegenwart*, Paderborn 1964, 26 ff., 106

[63] So bei G. SCHERER: "Setzt der Tod dem freien Sichverhalten des Menschen ein unwiderrufliches Ende, so läßt er ihn aufhören, eine Person zu sein. Er macht ihn zu einem Objekt und Ding, über das verfügt wird und das selber nicht mehr verfügen kann". (*Leben, Tod und Todestranszendenz*, Internat. kath. Zeitschrift Communio, 9 (1980) 199)

[64] THOMAS, *C. gent.*, IV, c. 91

[65] THOMAS, *C. gent.*, III c. 158

erforderlich - das scheint uns an sich ganz plausibel, wenn wir an die analoge Lage bei Verkehrsdelikten denken. Diese Strafe muß man entweder hier auf Erden auf sich nehmen durch freigewählte Bußübungen oder durch geduldige und liebende Entgegennahme der Betrübnisse des gegenwärtigen Lebens: das ist dann die Genugtuung. Wenn dies jedoch nicht geschieht, muß die Strafe später erlitten werden, wobei man keine andere Wahl mehr haben wird, und wo man nicht mehr durch ihre bewußte Annahme den Grad der Liebe in der Seele erhöhen kann: dies ist dann das Fegfeuer[66].

Jene, die das Fegfeuer leugnen, erheben sich nach den Worten des hl. *Thomas* gegen die göttliche Gerechtigkeit[67]. Sie erheben sich auch gegen die göttliche Heiligkeit, weil sie nicht begreifen wollen, daß das himmlische Jerusalem so vollkommen ist, daß "nichts Unreines in sie [die Stadt] eingehen darf" (Offb 21, 27)[68].

Der berühmte Trattato del purgatorio der hl. *Catharina von Genua* (1447-1510; 1675 selig- und 1737 heiliggesprochen) bringt dieselbe Lehre nicht scholastik-deduktiv, sondern vielmehr introduktiv-komparativ (*B. Moriconi*[69]); ihre Erklärungen des Fegfeuers wurden 1666 von der Sorbonne approbiert und empfohlen. "Die Gedanken dieser Heiligen über die Läuterung der Armen Seelen gehen nicht etwa auf Visionen zurück, sondern auf das, was sie selbst in ihrem Leben als mystischen Weg der schmerzvollen Läuterung, der erleuchtenden Heiligung und der von ergreifender Gottesliebe durchglühten Einigung mit Gott erlebt und erlitten hat" (*F. Holböck*[70]). Im libro della divina dottrina heißt es: "Bei jenen, die in der vollkommenen Liebe sind, ist nicht nur die Schuld ausgelöscht, sondern auch die Strafe, die auf die Schuld folgt. Bei jenen aber - und das ist die Mehrheit -, die in der gewöhnlichen Liebe sind (nella carità commune), ist zwar die Schuld ausgelöscht in dem Sinne, daß sie von der Todsünde befreit sind und die Gnade erhalten haben. Weil aber ihre Liebe und ihre Reue nicht ausreichen, um für die Strafe genugzutun, werden sie ins Fegfeuer kommen und in den zweiten und letzten Reinigungsort versetzt"[71]. Sowohl die Todsünde, wenn ihre Makel und die verdiente unendliche und ewige Strafe getilgt ist, als auch die läßliche Sünde, wenn die Schuld, die sie darstellte, nachgelassen ist, ziehen eine zeitliche Strafe nach sich, welche die Liebe, wenn sie stark genug wäre, auf Erden zu tilgen vermöchte, die aber in den meisten Fällen im Fegfeuer gesühnt werden muß. Die Seele im Purgatorium weiß, daß

---

[66] C. JOURNET, *Die katholische Lehre über das Fegfeuer*, Jestetten 1990, 13
[67] THOMAS, *Sent.* IV, d. 21 q. 1, a. 1 q. 1
[68] Nach C. JOURNET, ebd., 16
[69] B. MORICONI, *Il purgatorio soggiorno del amore*, Ephemerides Carmeliticae 31 (1980) 540-587
[70] F. HOLBÖCK, *Die Theologin des Fegfeuers. Hl. Catharina von Genua*, Stein a. Rh. 1980, 8
[71] Man muß sich aber hüten vor der Verwechslung zwischen der vollkommenen Liebe, die die Sünden samt den Sündenstrafen tilgt, und dem, was die neueren Theologen die vollkommene Reue nennen: diese tilgt nur die Schuld der Todsünde und ist vereinbar mit der gewöhnlichen Liebe. (Text nach C. JOURNET, Die kath. Lehre über das Fegfeuer, Jestetten 1990, 12-13

sie ohne dieses Mittel der Reinigung viel schlechter daran wäre und nimmt es mit ganzem Willen auf[72]. *Catharina von Genua* vergleicht die Qual im Fegfeuer mit der eines Menschen, der am Verhungern ist, aber weiß, daß er bald Speise bekommt.

Kard. Newman hat in dichterischer Form im "Traum des Gerontius" Katharinas Traktat miteinfließen lassen. Dort fleht die gerettete Seele bei der Begegnung mit dem höchsten Richter selbst darum, fortgeschafft und geläutert zu werden. Sie erträgt es keinen Augenblick länger, mit ihrer Finsternis in das göttliche Licht zu treten. "Unsere Seelen verlangen doch selbst nach einem Läuterungsort und würde uns nicht das Herz brechen, wenn Gott zu uns spräche: "Zwar stinkt Dein Atem, mein Sohn und Deine Lumpen triefen von Schlamm und Dreck; aber wir sind hier nachsichtig, und keiner wird Dir das vorhalten oder von Dir abrücken. Tritt ein in die Freude". Würden wir nicht erwidern: "In aller Ergebenheit, Herr, und falls dem nichts entgegensteht - ich möchte lieber erst gesäubert werden". "Es könnte aber wehtun" - "trotzdem, Herr". Ich nehme an, daß die Reinigung für gewöhnlich Leiden mit sich bringen wird, aber ich denke nicht, daß die Leiden der Zweck der Läuterung sind. Ich kann sehr wohl glauben, daß Leute, die weder sehr viel schlechter noch sehr viel besser sind als ich, weniger leiden werden als ich, oder mehr. Die Behandlung wird sich nach dem richten, was man braucht, ob sie nun viel oder wenig schmerzt."[73]

Eine rein *immanent-anthropozentrische* Erklärung des Purgatorium - auf die auch K. Rahners Position hinausläuft - ist hier ganz ungenügend. *K. Rahner* meint, die Sündenstrafe sei in keiner Weise eine von außen von Gott auferlegte Sanktion; sie sei eigentlich die konnaturale Folge der Sünde, insofern sie den negativen Effekt habe, die Selbstverfügung der endlichen Freiheit im Medium ihrer Kommunikation mit der Mit- und Umwelt zu beeinträchtigen[74]. Auch andere meinen ähnlich, Fegfeuer und Hölle seien nichts als Selbstverurteilung des Sünders, Selbstläuterung, Selbstbestrafung und keine Strafe Gottes[75].

---

[72] CATARINA DA GENOA: «Vedendosi havere tale impedimento, e che non le può essere levato se non per quel mezzo del Purgatorio, se le getta subito dentro e volentieri» [f. 49a] «Vedo ancora che quella divina essenza di tanta purità e nettezza, e molto più che l'huomo, non si può immaginare, che l'anima che havesse in se una minima imperfettione quanto sarebbe una minima buscha, si getteria più presto in uno e mille inferni, che ritrovarsi alla sua presenza con quella minima macchia» [f. 50 a]. «Non credo che ci sia contento da compararsi a quello d'una anima del Purgatorio, eccetto quello delli santi del Paradiso. Et ogni giorno questo contento cresce per la corrispondenza di Dio in esse anime, il quale contento cresce perché si consuma ogni giorno l'impedimento di detta corrispondenza» (f. 48 a [c. 2]) *(Trattato del Purgatorio,* ed. P. Umile Bonzi da Genoa, Torino 1962, f. 49b-50a, 48a; näheres bei B. MORICONI, ebd. 549-553). Dieser Wunsch zur Sühne und Läuterung wird auch in Visionen von GERTRUD VON HELFTA (gest. 1302) erwähnt (vgl. J. LEITNER, *Briefe über das Fegfeuer,* [4]Regensburg 1911, 33 ff.)

[73] J. H. NEWMAN, *The Dream of Gerontius,* in: Verses on various occasions, London 1910, 323-370

[74] K. RAHNER, Art. *'Sündenstrafen',* LThK 9, 1185-87

[75] "Toutefois le jugement qui a lieu immédiatement après la mort, est seulement la transposition dans l'au-delà de cet autre jugement que l'âme elle-même a accompli en ce monde, par sa vie de foi et de charité." *(La mort, Mystère chrétien: le mystère de la mort et sa célébration,* Paris 1956 (Lex orandi, 12) 246

Diese Charakterisierung ist unzureichend; von eigentlicher Verbüßung und Objektivität des Urteils könnte dann kaum noch die Rede sein. Aus den meisterlichen Erklärungen von *Thomas*[76], *Ch. Journet*[77] und *C. Pozo*[78] geht hervor, daß eine solche im Grunde rein anthropozentrisch-immanente Erklärung zu eng ist: Wenn sich der Mensch völlig verschlossen hat, entzieht auch Gott sein Licht. Von unserer Selbsterfahrung her ist wegen der Transzendenz des Endzustandes kaum ein Zugang möglich, besonders wenn man den übernatürlichen Aspekt beachtet. Noch schwerwiegender aber ist der Einwand, daß Gottes Aktivität hier ganz ausgeklammert wird. Zwar geschieht dies aus guter apologetischer Absicht. Aber gibt es einen Sinn, zu behaupten, daß Gott auf ein Haus, dessen Fenster sicher, endgültig in alle Ewigkeit fest verrammelt bleiben, weiter sein Licht scheinen läßt? Das mysterium iniquitatis ist nicht aus sich selbst und durch sich selbst erkennbar, sondern nur mit einer besonderen gnadenhaften Erleuchtung.

Rein immanentistisch-anthropozentrische Erklärungsversuche können als Vorstellung vom einem bloß diesseitigen Fegefeuer verstanden werden - als einem Zustand, dem nach dem Tod des Menschen keine eigene Wirklichkeit mehr zukommt. Dies trifft etwa auf Formulierungen von *G. Greshake* zu[79].

Mit Recht ist in der dogmatisch-theologischen Behandlung des Purgatoriums und in der katechetisch-homilitischen Unterweisung der Gedanke der *genugtuenden Sühne* und der verhängten Strafe nachdrücklich verdeutlicht worden. Allerdings mußte man immer wieder darauf hinweisen, daß das Purgatorium keine Hölle auf Zeit[80] und seine Leiden keine Höllenqualen sind, sondern gewissermaßen das Gegenteil davon. Es geht nicht nur und nicht in erster Linie um einen Strafvollzug im Hinblick auf die Vergangenheit, sondern um einen Reinigungs- und Reifungsvorgang, um neue Wahrnehmungsfähigkeiten zu erlangen für den Lichtbereich Gottes[81]. Ein solcher Reifungs- und Läute-

---

s.; zitiert nach C. Pozo SJ, *Teología del màs allá*, Madrid 1968, 239). "Die sogenannte Sündenstrafe ist die immanente Konsequenz der Sünde selbst" (G. Greshake, ebd., S. 77).

[76] Thomas, *S. th.* I, II q 79 a 3
[77] Vgl. C. Journet, *Le problème du mal* (Vom Problem des Übels, Essen 1963, 217 f.)
[78] C. Pozo SJ, ebd.
[79] "Das Fegefeuer läßt sich verstehen als die Extrapolation eines bereits jetzt erfahrbaren Sachverhalts in die postmortale Zukunft hinein." (G. Greshake, in: Zur Debatte. Themen der Katholischen Akademie in Bayern, 15 (1985), Juli-August S. 5-6) Wenn nämlich die Wirklichkeit Gottes den Menschen erfasse, werde er zutiefst erschreckt und sich seiner Unzulänglichkeit bewußt. Noch bezeichnender sind die entspr. Äußerungen des Autors zum Thema Hölle ("Wo der Mensch Beziehung verweigert, macht er sich selbst zur Hölle", ebd. S. 5) - fast so maßlos überzogen wie bei J. Gnilka (ebd. S. 2): "Die Hölle findet schon auf dieser Erde statt." ... "Die Hungersnot in Äthiopien ... ist die Hölle."
[80] E. Binet (*De l'estat heureux et malheureux des ames souffrantes en purgatoire*, Paris 1626, 63) und Bart. Canale (*La verità scoperta al cristiano*, Milano 1755, 222) sahen Höllenfeuer und Fegfeuer allzu parallel (dazu B. Moriconi, ebd., 547)
[81] Y. Congar OP geht vielleicht etwas zu weit, wenn er den Begriff der Sühnestrafen durch den der Reinigung ersetzen möchte (*Das Fegfeuer*, in: M. A. Rooguet (Hrsg.), *Mysterium des Todes*, Frankfurt 1955, 275

rungsvorgang durch die umgestaltende, reinigende und alles Unvollkommene vernichtende Gottesliebe ist naturgemäß ein schmerzhafter Prozeß. Es handelt sich dabei nicht nur um eine psychologische Vervollkommnung. Die in den meisten Menschen verkümmerte Wahrnehmungsfähigkeit für die ganze und unverstellte Wahrheit wird entfaltet, was zugleich als schmerzlich und befreiend empfunden wird. Die Seele erhält eine scientia per se infusa[82], in der sie ihr ganzes bisheriges Leben im Lichte des göttlichen Richterspruches sieht. Dazu gehört aber auch die Neubefähigung zur Freude. Die hl. *Catharina von Genua* (1447-1510) spricht ausführlich auch von den *Freuden* des Purgatorium. Schmerz und Freude sind kein Widerspruch. Schon *Augustinus* bezeugt diese Tatsache im Rückblick auf einige Episoden seines Lebens, bei denen ihn die Erinnerung zu widersprüchlichen Empfindungen führte[83]. Zu den Motiven der Freude im Purgatorium gehört die Gewißheit des ewigen Heiles. *Catharina von Genua* erklärt: Ich glaube nicht, daß es nach der Glückseligkeit der Heiligen im Paradies eine ähnlich große Freude als die der Seelen im Purgatorium gibt[84].

Die *Strafe* umfaßt den zeitweiligen Ausschluß von der ewigen Seligkeit (poena damni), in der das eigentliche Wesen des Fegfeuers besteht, sowie höchstwahrscheinlich auch eigene reinigenden Sinnenstrafen. Über die *Schwere* der Strafen sind die Theologen unterschiedlicher Meinung; es gibt keine nähere lehramtliche Äußerung. Nach *Augustinus*[85], *Caesarius von Arles, Gregor dem Großen, Isidor von Sevilla* und *Thomas von Aquin*[86] übertrifft die geringste Strafe des Purgatorium noch die größte im Diesseits. Nach *Bonaventura, Robert Bellarmin* und *Sylvius* muß man dagegen unterscheiden: Die Strafe des Aufschubes der Glorie bleibe geringer als die größten irdischen Bedrängnisse, da sie gemildert sei durch die Sicherheit, einmal Gott zu besitzen[87]. Die schwerste Sinnenstrafe sei dort gewiß größer als alles Übel in dieser Welt; aber es sei möglich, daß jemand nur deshalb ins Purgatorium gelange, weil er die Strafe einer läßlichen Sünde abzubüßen habe; für diesen Fall sei dann die Strafe des Fegfeuers geringer als das größte Leiden auf Erden.

3. Einwände

Viele Christen fühlen sich heute vereinsamt; der bisherige Raum kirchlicher Geborgenheit scheint gefährdet und unheimlich. Kirchliche Pfarrgemeinden,

---

[82] THOMAS, *De veritate* q 19 a 1
[83] AUGUSTINUS, *Confessiones*, 4 c. 4-7 (CChr 27, 41-43)
[84] CATERINA DA GENOVA, *Trattato del Purgatorio*, c. 2, Torino 1962; UMILE BONZI DA GENOA OFMCAP, *S. Caterina Fieschi-Adorno*, Bd. 1, Teologia mistica di S. Caterina da Genova, Roma 1960
[85] AUGUSTINUS, Enarr. in Ps. 37 n. 3 (PL 36, 397)
[86] THOMAS, *S. th.*, Suppl. q 2 a 1; *In Sent.* IV d 21 q 1 a 1 sol. 1
[87] BONAVENTURA, *In Sent.* IV d 20, a 1 q 2

Gremien und Amtsinhaber scheinen vielfach so verunsichert, daß sie vor lauter Meinungsvielfalt, Pilatismus, Flucht vor der Wahrheit und der Verantwortung kaum mehr tatkräftige Orientierung bieten können. Das Aufschieben drängender Entscheidungen auf die lange Bank und opportunistische Lavieren sind fast allgemein üblich - obwohl dringend chirurgische Notoperationen oder Schutzaktionen gegen Brunnenvergifter erforderlich wären. Auch von derartigen Ungewißheiten und Enttäuschungen her mag es verständlich sein, daß manche Christen andere Vergewisserungen suchen, daß sie das Bild der Verstorbenen zu beleben wünschen, ja daß einige sie sogar, etwa beim Tischerücken, hören möchten und irgendwelche herübergeklopfte Botschaften erwarten. Gibt es nicht viele Privatoffenbarungen, die vielleicht den Halt geben können, den die offiziellen Kreise nicht bieten? Man erfährt Widersprüchliches, je nachdem, wie man fragt; viele Normen scheinen zu wanken, so daß die Tendenz, Moral, Kirche und Offenbarungsbotschaft selbst zu kreieren, immer stärker wird. Bei überspannter Sehnsucht nach Außergewöhnlichem übersieht man, daß man leicht nah an das Sektiererische heranrückt oder gar eine Art Psychoterror aus dem Jenseits für möglich hält.

Privatoffenbarungen können nicht als eigentliche theologische Beweise für die Existenz des Reinigungsortes und die Wirksamkeit der Fürbitte für die armen Seelen angesehen werden. Wenn verschiedentlich anerkannt ist, z. B. im Rahmen von Heiligsprechungen, daß der Inhalt von Privatoffenbarungen wahr ist und nichts gegen Glauben oder Sitte darin enthalten ist, sondern daß sie zur Erbauung der Gläubigen dienen können oder ihr Ursprung göttlich ist, so dienen sie doch niemals zur Vervollständigung der - mit dem Tode der Apostel abgeschlossenen - Offenbarung selbst. Die einzelnen Privatoffenbarungen begründen, auch wenn sie als Wunder gelten, niemals eine allgemeine Glaubenspflicht[88]. Doch bilden sie eine anschauliche Bestätigung und Erinnerung an die bekannten Glaubenswahrheiten; nicht selten können sie zumindest helfen, die so verbreitete Haltung der totalen Negation aufzubrechen. Jedoch körperhafte Erscheinungen von Armen Seelen, angeblich sogar in abstoßenden Tiergestalten, können, wenn sie echt sein sollen, keinerlei Form der Leibhaftigkeit ihres Zustandes begründen, sondern verweisen allenfalls auf lebhafte subjektive Eindrücke der Visionäre[89].

Einwände sind nicht neu: Schon im zweiten Jahrhundert hat der Gnostiker *Basilides* den Reinigungsort abgelehnt, da er für die Reinigung eine Reinkarnation annehmen wollte[90]. Im 4. Jhdt. trat *Aërius* als Gegner auf. Auch mittelalterliche Sekten, die vom Manichäismus her geprägt sind, *Flagellanten, Albigen-*

---

[88] F. HOLBÖCK, *Fegfeuer. Leiden, Freuden und Freunde der armen Seelen*, Salzburg 1977, ²Stein a. Rh. 1978 (ein sehr empfehlenswertes Buch!), S. 11

[89] Dies muß auch gelten von E. VON DER LEYEN, *Meine Gespräche mit Armen Seelen*, Stein a. Rh. 1979. Vgl. auch MARIA ANNA LINDMAYR SCD, *Mein Verkehr mit Armen Seelen*, Stein a. Rh. 1980

[90] So berichtet ORIGENES, In Mt (PG 13, 1635)

ser, *Katharer*, *Waldenser* und *Hussiten*, nahmen an, daß der Leib nur eine Art Strafaufenthalt für die Seele sei, in dem die Seele bleiben müsse, bis sie endgültig gereinigt sei. Sie haben also eine jenseitige Läuterung zurückgewiesen; konkret nahmen die *Albigenser* eine Wiedergeburt in anderen Gestalten an, so daß die Läuterung immer eine irdische sein müsse, in verschiedenen irdisch-zeitlichen Existenzen.

Wenn *Tertullian* den Strafcharakter, *Cyprian* den Bußcharakter, *Clemens von Alexandrien* den Charakter der Läuterung betont, *Augustinus* von den reinigenden Strafen spricht und neuere Theologen die vorbereitende Bedeutung der Läuterung für die Seligkeit bei Gott in den Vordergrund stellen, so sind damit verschiedene Akzente, aber keinerlei innere Widersprüche gegeben.

Luther, wie auch *Melanchthon* und die *Confessio Augustana* haben zunächst zurückhaltend[91], dann aber sehr entschieden die Lehre von der Reinigung nach dem Tode abgelehnt; *Zwingli* und *Calvin* schon von Anfang an. *Luther* meinte, die Seelen im Purgatorium müßten immer neu sündigen, verzweifeln und ungewiß bleiben. Er kam aber erst nach und nach zur Leugnung; in der Leipziger Disputation von 1519 behauptete er nur, daß man aus den kanonischen Schriften das Fegfeuer nicht beweisen könne; im Jahre 1530 dagegen hat er die Existenz des Reinigungsortes in seiner "allen unseren Nachkommen" gewidmeten Schrift: "Widerruf vom Fegfeuer" direkt angegriffen[92]. Dies blieb auch seine Haltung, und diese Leugnung gilt auch für die heutigen Protestanten - von sehr wenigen Ausnahmen abgesehen[93]. Dabei ist zu beachten, daß die Ablehnung der Existenz des Reinigungsortes zur Logik des protestantischen Systems gehört. Sie hängt nämlich mit den zentralen protestantischen Vorstellungen von der Rechtfertigung zusammen, für die menschliche Leistungen der Sühne oder Genugtuung keine Rolle spielen. Wer mit dem Fiduzialglauben sterbe, sei gerecht und frei von jeder Sünde und Strafe, wer nicht, sei verdammt. So hat auch *Zwingli* darauf bestanden, daß mit der Annahme der Rechtfertigung aus dem Glauben allein ein Zustand nicht mehr vereinbar sei, bei dem die Schlüsselgewalt der Kirche eine Rolle spiele, wie z. B. beim Ablaß; das Gebet für die Verstorbenen sei Aberglaube.

Der klassische *Protestantismus* will keine innere Rechtfertigung des Menschen annehmen, die dem Menschen wirklich zu eigen ist; der Mensch bleibe innerlich Sünder, es könne ihm nur äußerlich die Gerechtigkeit Christi angerechnet werden, die unendlich vollkommen sei. Wenn Gott diese Gerechtigkeit

---

[91] Vgl. LEO X, DS 1487-1490 [D 777-780]
[92] LUTHER, WW, 30/2, S. 637 f. Besonders polemisch 1537 in den Schmalkaldischen Artikeln (Bekenntnisschriten der evang.-luther. Kirche, hrsg. im Gedenkjahr der Augsb. Konfession, [10]Göttingen 1986, 420. Vgl. auch E. KUNZ, *Protestantische Eschatologie* (Handbuch der Dogmengeschichte Bd. IV, 7c 1), Freiburg 1980, 21 f.
[93] Näheres darüber bei J. B. WALZ, ebd., 106

Christi nicht anrechne, könne man den Menschen nur als schlecht und als Sünder betrachten.

So bleibt nach dem klassischen Protestantismus nur eine doppelte Möglichkeit für das Urteil Gottes. Entweder er betrachtet den Menschen in seinem inneren Wesen als Sünder, und dann wird der Mensch verdammt; oder er sieht auf die Gerechtigkeit Christi, die ihm angerechnet wird, und der Mensch wird infolgedessen gerettet; und da die Gerechtigkeit Christi unendlich ist, könne diese Erlösung auch nichts mehr aufhalten. In beiden Fällen ist ein Gebet für die Toten sinnlos; es bleibt nichts mehr zu erbitten. Die Fegfeuerlehre steht also im Widerspruch zu Grundprinzipien des protestantischen Denkens. Eine Reinigung, auch wenn sie nach diesem Leben geschieht, kann nicht zugleich bestehen mit der Behauptung, daß der Mensch innerlich total verdorben sei und ohne Werke gerechtfertigt werde.

Demgegenüber hat das Konzil von *Trient* definiert, daß unsere Gerechtigkeit verschieden ist von derjenigen Christi. Zwar sind die Verdienste Christi Ursprung unserer Rechtfertigung, diese jedoch ist in sich davon verschieden; seine Rechtfertigungsgnade ist dem Menschen wirklich zu eigen[94]. Die Unvollkommenheit dieser menschlichen Rechtfertigung kann einen doppelten Grund haben: Der Rechtfertigungsstand kann auch längere Zeit mit läßlichen Sünden bzw. halbfreiwilligen zusammen bestehen, und der Rechtfertigungszustand kann mit der Strafwürdigkeit des Menschen zusammen bestehen, die auch mit schon verziehenen Sünden gegeben ist.

Schon *J. A. Möhler* hat auf die notwendige innere Verbindung von Rechtfertigungslehre und richtigem Verständnis des Fegfeuers hingewiesen. Daher muß die irrige Behauptung eines Konsenses in der Rechtfertigungslehre mit den Protestanten (wie z. B. bei *H. Küng*[95]), logisch schließlich auch auf Kosten der katholischen Fegfeuerlehre gehen.

Die Gleichsetzung des Fegfeuers mit Gott, bzw. einem Aspekt Gottes selbst dürfte letzlich ähnlich irrig sein wie die Gleichsetzung unserer Rechtfertigungsgnade mit Gottes Gerechtigkeit als solcher[96]. Nach der Rechtfertigungslehre des Konzils von Trient ist aber Rechtfertigung nicht einfach die Gerechtigkeit Gottes in sich selbst, sondern sie geschieht durch die geschaffene Gnade, durch die er uns gerecht macht. Somit kann auch das Fegfeuer nicht einfach nur ein Aspekt Gottes sein, mit dem wir in Beziehung treten, sondern muß darüber hinaus auch eine geschaffene Wirkung darstellen. Diese Wirkung kommt aber

---

[94] Vgl. DS 1560; [D 820]

[95] H. KÜNG behauptet, daß schon beim Tode - ohne "nachgeschaltete Zwischenphase" - wie er sich ausdrückt - "in die Dimensionen Gottes ... wo Raum und Zeit in die Ewigkeit aufgehoben sind" hineingestorben werde (*Ewiges Leben*, München 1982, 178-180)

[96] Von daher sind Äußerungen von K. LEHMANN mißverständlich: "Das 'Läuterungsfeuer' des Purgatoriums kann im Ernst nichts anderes sein als das eschatologische Feuer Gottes selbst". (*Was bleibt vom Fegfeuer?*, Internationale kath. Zeitschrift Communio 9 (1980) 240)

allein von Gott, nicht vom Teufel, auch nicht von den Engeln, sondern, wie *Thomas* sagt, von Gottes Gerechtigkeit.

Die Fegfeuerlehre bildete bekanntlich eine besondere Schwierigkeit für die Vereinigung mit den *orthodoxen Griechen* auf dem Zweiten Konzil von *Lyon* (1274) und in *Florenz* (1439). Allerdings ging es dabei vor allem auch um terminologische Meinungsverschiedenheiten. Die orthodoxen Schismatiker fürchteten, daß mit der Annahme eines allzu materiell verstandenen Feuers auch die Lehre der Apokatastasis wieder aufleben würde, und wollten auch keine unmittelbar ortsbestimmte Deutung des Fegfeuers annehmen[97]; an einer wirksamen Fürbitte für die Verstorbenen zweifelten sie jedoch nicht. Das erste *Konzil von Lyon* (1254) sprach vom "ignis transitorius"[98] - *Benedikt XII* hat dies besonders gegenüber den Griechen herausgestellt[99], welche eine unmittelbare Vergeltung nach dem Tod sowie das "Feuer" bestritten.

Den *Einwand* einer angeblich fehlenden *Schriftbegründung* bringen sowohl die schismatischen Griechen wie die Protestanten. Im Bekenntnis des *Petrus Mogilas* auf der *Synode zu Jassy* (1642), das als rechtgläubiges Bekenntnis der morgenländischen Kirche anerkannt und von vier griechischen Patriarchen akzeptiert wurde, ist auch die entsprechende Behauptung enthalten. Das Konzil von *Trient* hat die entspr. Behauptung Luthers ausdrücklich zurückgewiesen.

Anstoß erregte immer wieder, besonders für die älteren und neueren Vertreter des betonten Heilsoptimismus, die *Schilderung der Strafen* des Fegfeuers - wie sie sich nicht nur bei Dichtern wie *Dante*[100] oder bei Volksmissionaren, sondern vereinzelt auch in systematischen Abhandlungen findet - phantasievolle Ausmalungen des materiell verstandenen Feuers, die sich an manche Visionen gequälter Schreckensgestalten und Berichte von Reisen durchs Jenseits oder an zweifelhafte Apokalypsen anzuschließen scheinen. Manche Ausmalungen wollen nur effekthascherisch auf ungesunde Neugierfragen antworten und projizieren in naiver Weise Diesseitsängste in das Jenseits. Die Aussagen der Offenbarung sind demgegenüber relativ knapp und nüchtern. Auch die meisten Mystiker, wie z.B. *Gertrud von Helfta*, zeigen keine Überschwenglichkeiten. Schon *Thomas von Aquin* weist ausdrücklich die Behauptung zurück, daß die armen Seelen durch Dämonen gequält würden[101] - die leidende Kirche habe von ihnen nichts mehr zu befürchten; auch *Catharina von Genua* weiß nichts von Bestrafung durch Engel oder fleischfressenden Dämonen oder ähnlichem.

Manche irrtümlichen Vorstellungen hatten ihren Ursprung in einer überzogenen *Analogie* zu den Strafen der *Hölle*. Dagegen wandte man ein: Wenn Gott

---

[97] A. Michel, *Les mystères de l'Au-delà*, [4]Paris 1953, 92-96; DThC XIII (1936), col. 1244-1264
[98] DS 838 [D 456]
[99] DS 1010 [D 535]
[100] Dante spricht aber auch von den Freuden im Fegfeuer (23. Gesang): Dort hört man weinen und singen "Herr reinige meine Lippen" so daß in uns Freude und Schmerz entsteht.
[101] Thomas, *Suppl.* Append. q. de purg., a 5

unerbittlich auf der Ableistung der gerechten Strafe bestehe, dann lasse sich das schwer mit manchen Aussagen des Neuen Testamentes vereinbaren.

Einige Theologen und volkstümliche Prediger stellten sich nämlich das Fegfeuer vor als eine Art Hölle auf Zeit, in der noch eine Hoffnung bestehe. Der heilige *John Fisher* meinte, daß Luthers Irrtümer gerade in einer ähnlichen falschen Vorstellung vom Fegfeuer ihren Ursprung hätten, also in der Annahme einer Art Hölle ohne Ewigkeit.

Doch in Wirklichkeit ist diese Analogie zur Hölle allzu weit hergeholt. Allein schon die Gegebenheiten der Hoffnung und der absoluten Heilsgewißheit im Purgatorium haben zur Folge, daß man nicht mehr von einer eigentlichen damnatio sprechen kann. Doch trifft es zu, daß wir über die Natur der Strafe nichts Genaues sagen können. Während die Höllenstrafe eine rein poenale Strafe ist, ist diejenige des Fegfeuers expiatorisch und reinigend. *Bossuet* hat sehr deutlich ausführlich beide Weisen des Gestraftwerdens unterschieden: Die Strafe ohne Reue und Reinigung (Is 33, 14; Mk 9, 47) und das Feuer, das reinigt[102]. Der beste Weg zum Verständnis ist die Parallele zur "dunklen Nacht der Seele" bei der passiven Reinigung zur mystischen Gottesbegegnung entspr. der Lehre des hl. *Johannes vom Kreuz*.

Wenn in amtlichen Dokumenten der Kirche häufiger vom Purgatorium und weniger vom "*Feuer*"[103] als solchem die Rede ist, so hängt dies nach manchen mit der Verurteilung des *Origenismus* zusammen: Der Ausdruck Fegfeuer war belastet durch die origenistische Auffassung von einem universalen Läuterungsfeuer im Zusammenhang mit der *Allversöhnung* oder Apokatastasis[104]. Später wurde die klarer entfaltete Lehre vom Purgatorium aber fester Bestandteil der ausdrücklichen Glaubensverkündigung und Theologie. Und es wuchs die Überzeugung, das reinigende Fegfeuer sei mehr oder weniger die zu erwartende Zukunft des durchschnittlichen Christen, während die direkte Aufnahme in den Himmel oder die unmittelbare Verdammung zur Hölle nicht so häufig sei.

Wenn viele Theologen eine Gerechtigkeit Gottes annehmen, die bis "zum letzten Jota" geht, so schien dies der Grenzenlosigkeit seiner Barmherzigkeit zu widerstreiten. Doch das Pauschalurteil über "die" scholastische Theologie, sie habe das Reinigungsgeschehen ausschließlich *vindikativ-strafend* verstanden[105], ist längst als irrig widerlegt.

---

[102] BOSSUET, *Sermon sur la nécessité des souffrances*, 3. Vgl. dazu A. MICHEL, *Les mystères de l'Au-delà*, ⁴Paris 1953, 102

[103] Das Wort Feuer und Fegfeuer wird jedoch in lehramtlichen Aussagen nicht vermieden, wie gelegentlich behauptet worden ist (so von K. LEHMANN, ebd., 237; J. RATZINGER, *Eschatologie - Tod und ewiges Leben*, ²Regensburg 1978, 180); es findet sich z. B. in Erklärungen von Papst INNOZENZ IV (DS 838 [D 456]), CLEMENS VI (DS 1067 [D 570 s.]), *PAUL VI*, *Credo des Gottesvolkes*, a. 21 (Osservatore Romano 1. 7. 1968, p. 2) - kann aber oft vom verzehrenden Feuer der Liebe verstanden werden.

[104] Vgl. L. SCHEFFCZYK, *Apokatastasis: Faszination und Aporie*, Communio 14 (1985) 35-47

[105] So bei K. LEHMANN, ebd. S. 238

1871 stellte *F. W. Faber*[106] zusammenfassend fest, daß in Theologie und Verkündigung zwei verschiedene Weisen der Erklärung des Reinigungsortes üblich seien, die eine, welche mehr auf die Schrecken hinweise, eine andere, die den Reinigungsort nüchterner mit allen seinen Aspekten betrachte. Zu dieser letzteren Richtung zählte er *Franz von Sales* und *Catharina von Genua*.

Der hl. *Franz von Sales* fand, daß es ein wenig vernachlässigt wurde, von der lichtvollen Seite des Fegfeuers zu reden; daher wollte er besonders eindringlich darauf hinweisen. Bischof *Jean Pierre Camus von Belley*, sein Schüler und Biograph, berichtet[107]: "Seine Ansicht war, daß wir aus dem Gedanken an das Fegfeuer eher Trost als Furcht schöpfen könnten. Die Mehrzahl jener, die das Fegfeuer so sehr fürchten, tun das mehr aus Eigenliebe und Selbstliebe als aus Eifer für die Sache Gottes. ... Es ist wahr, daß die Qualen dort so groß sind, daß die größten Schmerzen dieses Lebens nicht damit verglichen werden können. Doch auch die inneren Freuden sind dort so wunderbar, daß kein Glück und keine Zufriedenheit dieser Erde ihnen gleichkommt. Denn: 1. Die Seelen sind dort in einer ständigen Vereinigung mit Gott. 2. Sie haben sich dort vollkommen seinem Willen unterworfen; ihr Wille ist so innig umgewandelt in den Willen Gottes, daß sie nur wollen können, was Gott will. Das ist so sehr der Fall, daß sie sich lieber in die Hölle stürzen würden, als vor Gott mit Unreinheiten zu erscheinen, die ihnen noch anhaften, auch wenn ihnen der Himmel offen stünde. 3. Sie läutern sich dort freiwillig und in Liebe, nur um Gott zu gefallen. 4. Sie wollen dort sein, so wie es Gott gefällt und solange es ihm gefällt. 5. Sie können nicht mehr sündigen und kennen deshalb auch nicht die geringste Regung der Ungeduld und begehen nicht den geringsten Fehler. 6. Sie lieben Gott mehr als sich selbst und über alles, mit einer vollkommenen, reinen und selbstlosen Liebe. 7. Sie werden dort von den Engeln getröstet. 8. Sie sind ihres Heiles gewiß und leben in einer Hoffnung, die in ihrer Erwartung nicht enttäuscht werden kann. 9. Ihr äußerst bitterer Kummer ist mit einem tiefen Frieden vereint. 10. Wenn es wegen der Qualen in gewissem Sinne eine Hölle ist, so ist es ein Himmel wegen der Süßigkeit, die die Liebe in ihren Herzen verbreitet - eine Liebe, die stärker ist als der Tod und mächtiger als die Hölle, in welcher die Lampen aus Feuer und Flammen sind. 11. Ein glücklicher Zustand, eher begehrenswert als furchtbar, denn seine Flammen (die die Strafe des Ausschlusses der Seligkeit ausmachen) sind Flammen der Liebe und der Barmherzigkeit. 12. Furchtbar sind aber dennoch die Flammen (die die Sinnenstrafe ausmachen), weil sie die letzte Vollendung hinausschieben, die darin besteht, daß sie Gott schauen und lieben und in dieser Schau und Liebe ihn in alle Ewigkeit verherrlichen.

---

[106] F. W. FABER, *All for Jesus*, London 1971, 364 ff.; B. MORICONI, in: EphCarm 31 (1980) 539-578, [547]

[107] JOH. PETRUS CAMUS, *L'Esprit du bienheureux Saint François de Sales*, XVI, 9, Paris 1747, p. 406 (Text bei C. JOURNET, ebd., 24-25 und F. HOLBÖCK, ebd., 101-102)

Zudem gab er den dringlichen Rat, den wunderbaren Traktat über das Fegfeuer zu lesen, den die hl. Catharina von Genua niedergeschrieben hat". Bis auf den 7. sind die Sätze fast wörtlich *Catharinas* Traktat entnommen. Dieselbe Lehre hat sich auch der wohl bedeutendste Konzilstheologe, Kardinal *C. Journet*[108], zu eigen gemacht, ebenso auch schon *B. Bartmann*[109], *A. Piolanti, O. Betz*[110], *F. Holböck* und viele andere.

Eine Abwendung von der Fegfeuerlehre wurde auch durch die Kritik an manchen *auffallenden Praktiken* bewirkt - wenn man durch eine quantitative Summe von Gebeten und Geldopfern die Befreiung der armen Seelen oder wenigstens eine Abkürzung ihrer Buße erreichen wollte. Schon auf dem Konzil von Trient wurde - wie bereits erwähnt - den Bischöfen zugleich aufgetragen, alles als Ärgnis und Anstoß für die Gläubigen zu verbieten, was nur "zu einer gewissen Neugierde oder zum Aberglauben gehört oder nach schändlichem Gewinn aussieht"[111].

Doch gelegentliche Mißbräuche, besonders ein falsches quantitatives Verständnis von zu erbringenden äußeren Leistungen, hindern nichts an der Tatsache, daß die Seelen der Verstorbenen bei ihrer Läuterung unterstützt werden können durch das Gebet und das mit dem Gebet begleitete Opfer der Lebenden, ganz besonders durch die Feier der Hl. Eucharistie - wie schon das Konzil von Trient deutlich gemacht hat[112].

Die Frage der Raum- und Zeitgebundenheit.

Ein häufiger Einwand lautet, jede Übertragung räumlich-zeitlicher Kategorien auf das Jenseits sei unstatthaft. So ist schon das Wort Fegfeuer verdächtigt worden, nur naiver Ausdruck einer mythologischen Jenseitsgeographie zu sein. Derartige Einwände haben manche dazu geführt, grundsätzlich jede Raumbezogenheit in Abrede zu stellen und nur noch von einem Zustand zu sprechen, oder gar das Fegfeuer existentialistisch so zu entobjektivieren, daß es nur ein Moment am Vorgang des Sterbens wird und für den Glauben völlig gegenstandslos erscheint[113]. So entstand die kritisch abwertende Formel: "Das Fegfeuer ist kein Ort und auch kein zeitlich zu bemessender Zustand"[114].

---

[108] C. JOURNET, *Le Purgatoire*, Paris 1932 (*Die katholische Lehre über das Fegefeuer*, Jestetten 1990) [sehr empfehlenswert!]
[109] B. BARTMANN, *Das Fegfeuer. Ein christliches Trostbuch*, ²Paderborn 1929, 188-201
[110] O. BETZ, *Puratorium - Reifwerden für Gott*, in: F. Mußner, Christus vor uns. Studien zur christlichen Eschatologie, Bergen-Enkheim 1966, 125 f.
[111] DS 1820; NR 908
[112] DS 1820, 1867
[113] Vgl. E. KOCH, Art. *'Fegfeuer'*, in TRE 11, 69-78 [76]. Mit Recht weist G. L. MÜLLER dies als hermeneutisch zu kurz gegriffen zurück (Theologische Quartalschrift 166 (1986) 26)
[114] K. REINHARDT, Trierer Theologische Zeitschrift 96 (1987) 112

Auch *H. Urs von Balthasar* scheint hier recht unklar, wenn er meint, der letzte Ort des Menschen sei einfach Gott[115], so daß alle kosmischen Bezüge dominiert seien von der personal-dialogisch auszulegenden Begegnung des Glaubenden im Tode mit dem «Flammenblick Christi» (Offb 1, 14; Dn 10, 6) und dem verzehrenden Feuer des Gerichtes Gottes (Is 66, 15 f; vgl. Dtn 4, 24; Hebr 12, 29)[116]; es gehe nicht um ein Wann, Wo und Wie, und das Fegfeuer sei nicht als Ort verminderter Seligkeit, sondern nur als Moment in der Gottesbegegnung zu verstehen[117].

Demgegenüber ist deutlich zu machen: Die Sünde ist nicht nur Abwendung von Gott, sondern auch ungeordnete Hinwendung zum Kosmos - und auch dieser Aspekt bedingt eine Gegenreaktion, damit das Gleichgewicht im Hinblick auf das Sein der Schöpfung (*J. Maritain*) wiederhergestellt wird. Gnade und Sündenfolgen kennzeichnen nicht nur die Gottesbeziehung als solche, sondern verändern auch etwas an der kreatürlichen Leibhaftigkeit des Menschen. Eine extreme "Entkosmologisierung" oder "Entwirklichung" des Fegfeuers ist daher unhaltbar.

Schon *J. H. Oswald*[118] setzte sich mit dem alten Irrtum auseinander, die gratia finalis bewirke in der Todesstunde ohne weiteres die Vergebung aller lässlichen Sünde und aller Sündenstrafen, weshalb ein Fegfeuer überflüssig wäre[119]. Gewiß pflegt man heute eher vom *Zustand* der Reinigung zu sprechen als von einem *Ort*. Einige Theologen haben jedoch auch zur Ortsbezogenheit recht konkrete Angaben vorgetragen[120]. Die Tatsache einer all zu stark ortsbezogenen Vorstellung erklärt sich machmal wohl aus einem zu engen juristischen Ansatz; unter Berufung auf Mt 5, 25-26, wo von einem finsteren Ort beziehungsweise Kerker die Rede ist, in dem die Schulden bis zum letzten Heller bezahlt werden müssen[121]. Immerhin ist dort offensichtlich von einer zeitlichen Strafe die Rede.

---

[115] «Er ist als Gewonnener Himmel, als Verlorener Hölle, als Prüfender Gericht, als Reinigender Fegfeuer.» (*H. U. VON BALTHASAR*, Art. '*Eschatologie*', in: J. Feiner usw. (Hrsg.), Fragen der Theologie heute, Einsiedeln 1957, 403-422 [407]); *Umrisse der Eschatologie*, in: Verbum Caro. Skizzen zur Theologie I, Einsiedeln ²1960, 276-309 [282]; *Pneuma und Institution*, Einsiedeln 1974, 442)

[116] G. L. MÜLLER (ebd., 29) erklärt unter Bezug auf *H. U. VON BALTHASAR* und K. RAHNER: "... Christliche Eschatologie kann somit keine antizipierende Reportage kommender Ereignisse sein, die an einem Punkt des Welt und Ewigkeit umspannenden Raum-Zeit-Kontinuums einzutragen wären. Sie sagt im Prinzip nichts Neues über Christologie und Anthropologie hinaus. ... Von daher erscheint Fegfeuer nicht als Ort verminderter Seligkeit, sondern als ein Moment in der umfassenden Gottbegegnung".

[117] Er deutet das Fegfeuer im Anschluß an K. BARTH als Reinigungsfeuer durch Christus (vgl. dazu J. AUER, *Siehe, ich mache alles neu. Der Glaube an die Vollendung der Welt*, Regensburg 1984, 76)

[118] J. H. OSWALD, *Eschatologie, das ist die letzten Dinge nach der Lehre der katholischen Kirche*, Paderborn 1868, 85 [81-119]

[119] Vgl. G. L. MÜLLER, ebd.

[120] D. PALMIERI, *Tractatus Theologicus de novissimis*, Prato 1908, 78-79; F. SUAREZ, *De oratione*, d. 45, sect. 2; R. BELLARMIN, *De purgatorio* 2, 6; THOMAS, Sent. 4 d. 21 q 1 a 1 solb. 2

[121] A. PIOLANTI, *L'Aldilà*, Enz. mod. del christianesimo, ²Torino 1959, 739; DERS., *De novissimis et sanctorum comunione*, Roma 1960, 74-96; *Il purgatorio*, Rovigo 1957

Es ist wahr, daß die diesseitige Raum-Zeitlichkeit nicht einfach gleichsinnig bzw. univok auf das Jenseits übertragen werden kann. Auf der anderen Seite gehört die Raum- und Zeitgebundenheit zur leiblichen Natur des Menschen, die auch in der Ewigkeit nicht zu existieren aufhört und nicht einfach in die göttliche Ewigkeit oder Überräumlichkeit verwandelt wird. Es kann nicht bezweifelt werden, daß auch nach dem Tode analog zum Diesseits irgendwie ein Nacheinander möglich ist.

Was *Grad und Dauer* der Leiden betrifft, so gilt zunächst das allgemeine Prinzip einer Entsprechung zum Maße der Verdienste[122] - ebenso wie bei der Glorie: Gott wird jedem vergelten nach seinen Werken (Sir 16, 12).

Einen genauen Zeitraum der Strafe für einzelne Seelen zu behaupten, ist eine willkürliche und theologisch nicht begründete Annahme. Nur vereinzelt haben Theologen - wie z. B. *D. Soto* und *J. Maldonat* - angenommen, keine Seele würde länger als zehn Jahre im Fegfeuer verweilen; *Alexander VII* hat 1666 diese Auffassung expressis verbis verurteilt[123].

Über die *Dauer* des Fegfeuers wissen wir also nichts Näheres. Nur eine Wahrheit ist allgemein von der Kirche angenommen: daß es nach dem allgemeinen Gericht kein Fegfeuer mehr geben wird. So erklärt schon *Augustinus*[124]. In dieser Frage nach der *Dauer* darf man natürlich nicht einfach simpel unsere Zeitvorstellungen übertragen. Im Purgatorium gibt es weder Tage noch Jahre noch die uns empirisch bekannte Aufeinanderfolge, sondern "Aevum" oder "Aeviternitas", d. h. eine Dauer, die nicht mit der Ewigkeit Gottes gleichzusetzen ist, aber auch nicht einfach mit der Aufeinanderfolge der materiell-quantitativen Ereignisse des irdischen Lebens. Die Offenbarung gibt uns keine weiteren Details für unsere Neugierde und auch die theologische Spekulation muß sich in solchen Randfragen zurückhalten, um ein Abgleiten in subjektive Hypothesen zu vermeiden. Die Dauer Gottes, d. h. seine Ewigkeit, die Dauer eines reinen Geistes und die Dauer bzw. Zeitbezogenheit des Menschen nach seinem Tode verwirklichen alle den Begriff der Dauer, aber in analoger Weise. Nur bei der göttlichen Überzeitlichkeit gibt es kein Vorher und Nachher, sondern sie ist ohne Anfang und Ende und übergreift alle Zeiten. Sie ist reine göttliche Aktualität ohne Vielheit oder Nacheinander einzelner Akte. Auch die Dauer des reinen Geistes ist nicht an die Bedingungen der Materie gebunden. Wir haben davon keine eigene Vorstellung. Gesagt werden kann nur, daß sie umgreifender ist über Vergangenheit, Gegenwart und Zukunft - ähnlich wie die Raumbezogenheit der Seele wesentlich verschieden von derjenigen des Körpers ist, ohne deshalb Allgegenwart zu sein.

---

[122] THOMAS, *Sent* IV d 21 q 1 a 3 sol. 3, et ad 1
[123] DS 2063, D 1143
[124] AUGUSTINUS, *De civitate Dei* 21, 16 (PL 41, 731)

Bei manchen Theologen soll nun aber die Abwehr der relativ seltenen Übertreibungen ihre Tendenz zur völligen Entkosmologisierung des Reinigungszustandes rechtfertigen und eine Vermittlung zu protestantischer Theologie begründen. Der Reinigungsort sei nur ein "Moment der Gottesbegegnung im Tod" (*G. Greshake*[125]).

Diese Lehre von der *Auferstehung im Tod* schließt aber notwendig ein, daß Jesus schon am Kreuz auferstanden ist und das Grab nicht leer war. Auch die Fürbitte der Heiligen und der noch auf Erden Lebenden verlöre jeden Sinn, wenn der Zwischenzustand weginterpretiert würde. Das Auferstehungsleben erscheint dann als so sehr raum- und zeitentzogen, daß es seine spezifische kreatürlich-menschliche Wirklichkeit verliert. Zudem müßten persönliches und allgemeines Gericht zusammenfallen. Nach dem Urteil des Protestanten *J. Moltmann* liegt hier nichts anderes als eine sehr starke Annäherung an Luthers[126] Meinung vor; er selbst lehnt sie strikt ab und hält an einer "Zwischenzeit" fest[127].

Die einseitige skeptische Polemik mancher Autoren gegen jegliche *zeit- und raumbezogene* Vorstellung vom Purgatorium entleert schließlich auch den Sinn des Fürbittgebetes. Demgegenüber gilt: Die kreatürliche Raum-Zeitbefindlichkeit des Menschen kann als solche im Jenseits nicht einfach aufgehoben und in die göttliche Ewigkeit verwandelt werden; dies gilt gerade auch dann, wenn man weiß, daß sie nicht univok zu den diesseitig orientierten Kategorien verstanden werden darf. Auch in lehramtlichen Texten kommt eine bleibende Raumbezogenheit zum Ausdruck (z. B. durchaus schon im Begriff "Purgatorium"[128]). Daher geht es nicht an, das Wort Purgatorium grundsätzlich nur mit Reinigungs*geschehen* statt Reinigungs*ort* zu übersetzen.

Als unbefriedigend erwies sich auch der Ausweg, bestimmte Richtungen der Theologie als heute indiskutabel abzulehnen und sich auf andere oft unbestimmte oder frühere zu stützen. So wollte man der Exegese *Cyprians* von der Bußableistung im Gefängnis, aus dem man nicht herauskommt, bis der letzte Heller bezahlt ist (nach Mt 5, 26) die frühe östliche Theologie gegenüberstellen, bei der mehr von jenseitiger Läuterung und Erziehung bis zur endgültigen Reife

---

[125] "Wir brauchen nicht auf einen eigenen Ort oder gar auf eine eigene Zeit oder auf einen eigenen Vorgang zurückgreifen, um das zu erfassen, was mit Fegfeuer gemeint ist. Erst recht brauchen wir keine kitschigen Vorstellungen zu entfalten über die "Armen Seelen". Vielmehr können wir das, was die Kirche lehrt und seit früher Zeit gelehrt hat, als ein Moment der Gottesbegegnung im Tod verstehen". (G. GRESHAKE, "*Stärker als der Tod*", Mainz 1976, 92; vgl. Anm. 6). (Vgl. auch H. URS VON BALTHASAR, der sich auf AUGUSTINUS bezieht)

[126] M. LUTHER, WA 36, 349; 14, 70

[127] J. MOLTMANN, *Der "eschatologische Augenblick*, in: J. Rohls, G. Wenz, Vernunft des Glaubens (Festschrift zum 60. Geb. von W. Pannenberg), Göttingen 1988, 578-589 [582-584]

[128] DS 1580

für Gott die Rede zu sein scheint (*Clemens von Alexandrien, Origenes, Gregor von Nyssa*).

In bezug auf den *Ort, die Dauer und das Feuer* des Reinigungsortes gibt es im einzelnen keine definierten Aussagen. Auch *R. Bellarmin*, der selbst ein Feuer im wirklichen und nicht nur übertragenem Sinne annimmt, erklärt ausdrücklich, daß diese Meinung nur recht wahrscheinlich, aber nicht Glaubensartikel sei. Nach allgemeiner Überzeugung der Theologen sind die entsprechenden Begriffe jedenfalls nicht einfach univok zu unseren üblichen gegenwärtigen Erfahrungen zu verstehen. Das Konzil von Trient hat darüberhinaus mit Schärfe jede unangebrachte Neugier in bezug auf diese schwierigen Fragen verworfen. Man muß damit rechnen, daß die Phantasie oder unnötige Spekulationen auch von wenig christlichen Absichten begleitet sein können. Die zeitliche Dauer, die Dauer des reinen Geistes (aeviternitas) und die göttliche Ewigkeit verwirklichen alle in wahrer aber analoger Weise den Begriff der Dauer.

Nach dem Tode existiert die Seele ohne Leib, d. h. ähnlich wie ein reiner Geist, wobei sie ihre Wesensbeziehung zum Leiblichen durchaus behält. Sie ist aber nicht mehr den irdischen materiellen Bedingungen mit ihrer besonderen Orts- und Zeitverhaftetheit unterworfen. Ihre neue Weise der Zeitbezogenheit ist nicht univok, wohl aber analog zu der des reinen Geistes zu verstehen. Ihr Gegenwärtigsein ist nicht mehr so wie vorher einem Vorher und Nachher unterworfen, sondern lebt mehr in einer unteilbaren Gegenwart. Dabei bleibt sie aber fähig, die verschiedensten Akte des Erkennens und Wollens zu setzen, die aber nicht mehr in derselben Weise zeitlich verteilt sind wie vorher. Wir haben keine eigene persönliche Erfahrung von diesem Zustand. Wir können nur sagen, daß die Seele nicht mehr, auch nicht mehr äußerlich, an sinnhafte Vorstellungen gebunden ist; ihr Erkennen ist eher intuitiv und nicht mehr diskursiv, d. h. erfaßt direkt in geistiger Erkenntnis den geistigen Gegenstand. Der Wille ist nicht mehr in Gefahr, durch äußere Umstände und Einflüsse in eine falsche Richtung verrückt zu werden. Er bleibt fixiert in den Dispositionen, die bei der Trennung von Leib und Seele gegeben waren. Der Wille bleibt so festgelegt, wie er im Augenblick des Todes gerichtet war.

Es bleibt aber verständlich, daß im unwillentlichen Affektbereich der Natur noch Strebungen festgelegt bleiben auf den Gegenstand der eigenen Fehler. Eine Reinigung durch vollkommene Liebe ist erforderlich. Dies geschieht jedoch nicht notwendig durch einen einzelnen Akt des Willens, sondern durch einen Prozeß von mehr oder weniger vielen aufeinanderfolgenden Akten, die die ungeordneten Dispositionen nach und nach überwinden. In diesem Zusammenhang kann dann die Fürsprache der Gläubigen auf Erden wirksam werden.

Wenn aber die Reinigung der Seele nicht mehr im zeitlichen Diesseits erfolgt, sondern in einer Gegenwart, die nicht dieselbe Dauer hat, wie die Ereignisse dieser Welt, wie können dann die Bitten, welche noch im Diesseits geschehen, wirksam werden - zumal sie ja oft erst lange nach dem Tod verrichtet werden? Kommen sie dann nicht sozusagen zu spät? Die Kirche denkt nicht so; sie hat sogar entsprechende irrige Lehrsätze und Meinungen, nach denen praktisch die Gebete unnütz wären, verurteilt.

Es ist gewiß richtig, daß die *Dauer* des reinen Geistes und die der Seelen nach dem Tode verschieden ist von unserer jetzigen und es keine Gleichzeitigkeit und kein gemeinsames Maß dafür gibt. Wir können von den Strafen des Reinigungsortes nicht sagen, daß sie in einem bestimmten Augenblick unserer zeitlichen Dauer beginnen und aufhören. Die Befreiung dieser Seelen ist kein kommensurables Ereignis unserer Zeit und fällt nicht univok mit einem Augenblick unserer Zeit zusammen. Dennoch koexistiert diese Dauer der Strafen in gewissem Sinne mit unserer Dauer, ohne selber auch ebenso zeitlich zu werden, ähnlich wie auch die göttliche Ewigkeit oder die Existenzweise der Engel in gewisser Weise mit der Dauer der sinnenhaft erfahrbaren Welt koexistiert. Ähnlich wie Gott als überzeitliche Ursache zeitliche Wirkungen hervorbringen kann, können die diesseitigen Gebete auch Wirkungen im Bereich des Jenseits haben. Ähnlich wie Gottes Wirken in der Welt *uns* zeitlich und aufeinanderfolgend erscheint, können auch diese Ereignisse des Reinigungsortes uns als zeitlich andauernd erscheinen, auch wenn sie in sich selbst eher überzeitlich sind. Naturgemäß stehen wir auch hier vor dem Mysterium der Beziehungen der Ewigkeit und der Dauer des reinen Geistes zu unserer Zeit. Für ein Verständnis darf man hier allerdings nicht allzuviel von der Einsteinschen Relativitätstheorie erwarten, bei der es ja schließlich nur um Zeitmessung geht - auch wenn einige Philosophen meinen, daß bei einer außerordentlich schnellen Raumfahrt nicht nur die gemessene Zeit, sondern auch die wirkliche Lebensdauer verkürzt, bzw. verlängert würde.

Die Zeitangaben, die bei Gebeten für die Verstorbenen bzw. Ablässen zu finden sind, sollen auf den Grad ihrer Wirksamkeit hinweisen und kein quantitatives Zeitmaß des Aufenthaltes angeben. Ein falsches temporalisierendes Verständnis wurde neuerdings wieder amtlich zurückgewiesen[129].

Neuerdings finden einige Autoren besondere Probleme dabei, sich eine zeitweilig *leiblose Seele* zu denken. In der Erklärung der Glaubenskongregation, daß die Seele wirklich in der Zwischenzeit ihrer vollen Körperlichkeit entbehrt, will *G. Greshake*[130] die Gefahr eines Mißverständnisses im Sinne eines platonischen Dualismus von Seele und Leib finden[131]. Wie *R. Schenk* mit Recht hervorhebt, ist es *Greshake* noch nicht deutlich geworden, daß die Vorstellung eines leiblosen Seelenlebens religionsgeschichtlich überhaupt nicht als spezifisch platonisches Gedankengut gelten darf.

---

[129] Konst. *'Indulgentiarum doctrina'*, 1. 1. 1967
[130] Vgl. G. GRESHAKE, ebd. S. 182 [Rez. von R. SCHENK, in: Münchener Theologische Zeitschrift 34 (1981) 64
[131] G. GRESHAKE, ebd., S. 191]

G. Greshake versteht 1 Kor 15 nur als Ablehnung jeder naturalistischen und physizistischen Sicht - nicht als Verheißung eines "Geist-Leibes", sondern nur als Vollendung der geistig-personalen Person[132]. Nach dem kritischen Urteil von *R. Schenk* gleicht er damit den protognostischen Gegnern des heiligen Paulus in Korinth, die ebenfalls die Vollendung des Geistes und die Körperhaftigkeit des Leibes als Gegensatz betrachtet haben[133].

J. Ratzinger kritisiert zu Recht an Greshake (was letzterer auch zugibt[134]), daß bei aller Ablehnung einer "leiblosen Seele" Greshakes "Leiblichkeit" so "verinnerlicht" ist, daß sie keine Körperhaftigkeit, keine "sinnenhafte Wirklichkeit", keine sich realisierende Raum-Zeit-Gebundenheit der Materie[135] mehr besitzt[136]. Denn dieser versteht leibliche Auferstehung im Tode als exklusiv geistiges Ereignis ohne Materie und ohne Körperhaftigkeit. Ratzinger lehnt mit Recht die Behauptung ab, daß die Leibbezogenheit der getrennten Seele bereits mit dem Tod zur Vollendung gekommen sei - da eben die Auferstehung noch nicht geschehen ist, wie 2 Tim 2, 18 sehr nachdrücklich betont.

Ein anderer Grund für unüberwindliche Schwierigkeiten wäre die Gleichsetzung von Fegfeuer und *persönlichem Gericht*, so daß dann der Reinigungszustand nur als ein Aspekt des persönlichen Gerichtes erscheint, bei dem sogar "die Gemeinschaft der Heiligen suspendiert" (*Adrienne von Speyr*[137]) werde.

Vereinzelte verbale Annäherungen an die kirchliche Verkündigung dürfen nicht über tiefgreifende Lehrdifferenzen hinwegtäuschen. Schließlich muß man immer mehr damit rechnen, daß jemand, statt der Wahrheit zu dienen, sich christlicher Begriffe für ganz andere Zwecke bedienen will und dazu ihren Sinn umdeutet. So erscheint es eher unrealistisches Wunschdenken, wenn man etwa mit *K. Dorn* u. *H. Wagner*[138] bei *G. Ebeling* eine Brücke zur katholischen Auffassung finden will; er lehnt das Fegfeuer als "katholische Spezialität" ab und leugnet jede "futuristische" Eschatologie; es handele sich dabei einfach um

---

[132] Ebd., S. 175 f.

[133] Die Lehre von der Unsterblichkeit der Seele kann falsch verstanden werden, wenn man sie so sieht, daß sie die Heilsnotwendigkeit der Auferstehung verdeckt, indem sie das von der Materie "befreite" Leben des Geistes schon als vollendet betrachtet. Dies geschieht auch in dieser Lehre von der geistigen Auferstehung im Tode.

[134] S. 189, 191

[135] S. 171

[136] Ein Geist, der seine Leiblichkeit "verinnerlicht" hat, bedarf der Körperlichkeit nicht und sehnt sich auch nicht mehr nach ihr. Er kann nur vollendet sein, indem er die Körperlichkeit abstreift. Was also nach Greshake im Tode geschieht, ist nur zur Vollendung der Person. Damit verharmlost er den faktischen Tod.

[137] "Das Fegfeuer wird in völliger Vereinzelung erlebt", "die Mitmenschen spielen beim ganzen überhaupt keine Rolle" ... "Für einen Augenblick ist die Gemeinschaft der Heiligen suspendiert" (Vgl. HANS URS VON BALTHASAR, *Theodramatik* IV, 332). Zwar ist es richtig, daß uns im Augenblick des Gerichtes das Werk der anderen nicht rechtfertigen kann; doch bedeutet dies natürlich keine Aufhebung der Gemeinschaft der Heiligen.

[138] K. DORN, H. WAGNER, *Eschatologie, Tod, Gericht, Vollendung*, Paderborn 1992, 94

eine Verlegung des Leidens an sich selbst und an der Welt in die Zeit nach dem Tode[139].

Ein *französischer Autor* bringt jedoch die Überzeugung zum Ausdruck, daß trotz aller gängigen Einwände der Glaube an das Fegfeuer gerade heute von besonderer Bedeutung ist. Denn leider bestehe die Gefahr, daß sich die letzten Erwartungen der Menschen dualistisch auf zwei extrem entgegengesetzte Möglichkeiten richten, allerdings auf bloße säkularisierte Erwartungen. Einige erwarten schon auf Erden den Anbruch der Gottesherrschaft, ein irdisches Paradies, das mit Hilfe politischer, soziologischer, psychologischer oder technischer Mittel erreicht werden könne. Andere starren gelähmt vor Angst auf eine zu erwartende atomare oder ökologische Katastrophe der Menschen. Was fehle, sei eine mittlere Haltung des geduldigen besonnenen Arbeitens am Fortschritt der Menschheit, geleitet von Hoffnung, Vernunft und Gerechtigkeitssinn, ohne utopische Phantasien. Gerade im Fegfeuerglauben sei der Sinn verkörpert für die Nuance, für Mittel und Maß. Gerade der Reinigungsort gebe eine Lösung für die Hoffnung, für die Vernunft und für die Gerechtigkeit und dürfe deshalb in den Erwartungen der Menschheit und ihren Träumen nicht fehlen.

4. Die Macht der Fürbitte für die Armen Seelen[140]

Die Fürbitte für die Toten ist in der frühesten christlichen *Überlieferung* begründet und gehört zudem auch *religionsgeschichtlich* gesehen schon zu sehr alter Menschheitstradition. Dennoch ist ihr Sinn nicht unmittelbar einsichtig. Denn der Tod bedeutet notwendig einen völligen Bruch mit der bisherigen Mitwelt und ein totales Isoliertsein der Einzelperson. Niemand kann sich dann mehr in der Anonymität der Masse oder einem maskenhaften Rollenverhalten in der Gruppe verstecken. Niemand kann sich oder anderen durch neue gute Werke oder Verdienste helfen. Sogar die sinnenhaften Ausdrucksmöglichkeiten sind völlig genommen: Körpersprache, Gestik usw; nicht einmal seinen Schmerz kann man herausschreien. Dennoch lehrt der Glaube, daß die Möglichkeiten des Helfens und Austauschens für den Christen mit dem Tod nicht einfach zu Ende sind. Wer stirbt, lebt nicht nur im Gedächtnis der anderen weiter, sondern bleibt in der Gemeinschaft der Glaubenden und Hoffenden eingeschlossen.

---

139 G. EBELING, *Dogmatik des christlichen Glaubens*, III, Tübingen 1979, 462-463. Vgl. M. LÖHRER OSB, *Zur Problematik der katholischen Fegfeuerlehre*, in: S. Haering (Hrsg.), In Unum Congregati. Festgabe für Augustinus Kard. Mayer, Metten 1991, 297-316

140 THOMAS, *S. Th.*, *Suppl.* q 71 (aus: In Sent IV d 21 q 1 a 1-8); C. gent. IV, 91; *Contra errores graecorum*, 32; *De rationibus fidei*, c. 9; *Compendium Theologiae*, c. 181; R. BELLARMINUS, *De ecclesia quae est in purgatorio*, in: Opera omnia, 2, Neapel 1877, 351-414; F. SUAREZ, *De poenitentia*, disp. 45-48, 53; A. PIOLANTI, *De novissimis et sanctorum comunione*, Roma 1960, 74-96; L. F. MATEO SECO, Art.: *Purgatorio*, in: GranEncRialp 19, 507-511

Die Kirche kennt von altersher die *Praxis*, für die Toten Fürbitte einzulegen, damit ihre Leiden vermindert werden[141]. Sie erhofft, daß die Verstorbenen dadurch die volle Anschauung Gottes erreichen, die ihnen jetzt noch fehlt[142].

Diese *Praxis des Gebetes* für die Verstorbenen ist schon im alten Bund begründet: Unter den Kleidern der Gefallenen fanden sich Amulette, die auf Götzendienst schließen ließen. Daher haben Judas Makkabäus und seine Leute ein Sühnopfer für die Gefallenen veranstaltet; sie waren überzeugt von der Wirksamkeit einer Fürbitte für die Verstorbenen im Glauben (vgl. Makk 12, 42-45)[143].

Schon zu Zeiten *Tertullians*[144] waren Jahresmessen für die Verstorbenen an der Tagesordnung. Daß er dabei ans Fegfeuer dachte, beweist sein Rat an die Witwen, daß sie für ihre im Frieden entschlafenen Ehemänner beten, für sie "Erfrischung" erflehen und Seelenmessen am Anniversarium abhalten lassen sollten[145]. Diesen frommen Brauch der Urkirche bestätigen in überraschender Weise die altchristlichen Inschriften in den römischen Katakomben, in denen entweder die Seelen der Verstorbenen um die Gebete der Überlebenden anhalten oder Gott selbst angefleht wird, den Abgeschiedenen "Frieden und Erfrischung" (pax et refrigeratio) zu schenken, wie z. B. in der Formel: "Spiritum tuum Deus refrigeret ..."

Verwiesen wird oft auf die Vision der hl. *Perpetua*, welche ihren im Heidentum verstorbenen Bruder Dimokrates "schwer leiden und auf ihre Gebete hin aus dem Strafort hinweggenommen sah"[146]. In seinen Selbstbekenntnissen erbittet *Augustinus*[147] eindringlich Gebete entspr. der übereinstimmenden Lehre der Kirche für seine fromme Mutter Monika; er gibt ein dreifaches Mittel an, wie man den armen Seelen zu Hilfe kommen könne[148]: Gebete der Kirche, Meßopfer und Almosen. Diese Klassifikation der Suffragien in die drei Arten:

---

[141] Vgl. DS 838, 856 ss., 1304 ss., 1580, 1820; 854. KATECHIMUS DER KATHOLISCHEN KIRCHE, n. 1032 (vgl. oben). Rouët, series 588
[142] vgl. DS 1000-1001
[143] Vgl. E. O'BRIEN, *The Scriptural Proof for the existence of the Purgatory from 2 Mach. 12, 43-45*, Sciences Ecclésiastiques 2 (1949) 80-108
[144] TERTULLIAN: "Oblationes pro defunctis, pro natalitiis annua die facimus" (*De corona*, 3; PL 2, 79; Rouët, 367)
[145] TERTULLIAN: "Pro anima eius orat et refrigerium interim adpostulat ei et ... offert annuis diebus dormitionis suae". (*De monog.*, 10 (PL 2, 942; Rouët, 382); *De corona militum*, 5). Andere Väterzeugnisse: Rouët, series 587 s.
[146] Vgl. *Acta martyrii s. Perpetuae et Felicitatis*, n. 6-8 (Bibl d. Kirchenväter, Bd. 14, Kempten 1913, 333-335
[147] AUGUSTINUS, *Conf.* 9, c. 13 (CChr 27, 152-154)
[148] Vgl. AUGUSTINUS, *Sermo* 172, 2, 2 (PL 38, 936; Rouët 1516): "Orationibus vero sanctae Ecclesiae et sacrificio salutari et eleemosynis, quae pro eorum spiritibus erogantur, non est dubitandum mortuos adiuvari, ut cum eis misericordius agatur a Domino, quam eorum peccata meruerunt. Hoc enim a Patribus traditum universa observat Ecclesia, ut pro iis, qui in corporis et sanguinis Christi communione defuncti sunt, cum ad ipsum sacrificium loco suo commemorantur, oretur ac pro illis quoque id offerri commemoretur."

Meßopfer, Gebete und gute Werke ist schon seit der ältesten Zeit Gemeingut der Tradition.

Für die guten Werke überhaupt steht typisch meist das Almosengeben, wozu aber auch andere Leistungen körperlicher Buße kommen, wie z. B. Fasten, Geißelung, Wallfahren. Das Vergießen von Tränen für sich allein nützt nichts, wie *Johannes Chrysostomus* eigens betont: Dem Verblichenen werde geholfen "*nicht durch Tränen, sondern durch Gebet, Fürbitte, Almosen*", und zwar auf Grund apostolischer Tradition. Er mahnt eindringlich, für die diejenigen zu beten, die in der Sünde aus diesem Leben geschieden sind: "*Man muß ihnen helfen soviel man kann, nicht durch Tränen, sondern durch Gebet, durch Flehen, durch Almosen und Gebete. Denn nicht ohne Grund sind diese Übungen eingeführt worden und nicht ohne Grund denken wir in den heiligen Mysterien an diejenigen, die nicht mehr unter uns sind*"[149]. Ähnliche Texte haben allerdings Anlaß gegeben zu willkürlichen Mißdeutungen: *Chrysostomus* habe die Wirksamkeit von Gebeten für die Verdammten gelehrt. So als ob er gesagt hätte, daß Sünder, die vor dem Tode kein äußeres Zeichen der Buße gegeben haben, alle notwendig verdammt sein müßten, oder als ob er gesagt hätte, daß alle Sünden auch gleich Todsünden gewesen seien. *Gregor der Große* brachte einen vorläufigen zusammenfassenden Abschluß dieser Lehre vom Fegfeuer[150].

Der hl. *Thomas* erklärt[151]: "Alle, die in der Liebe sind, bilden einen einzigen Leib. Daraus folgt, daß sich das Gut des einen auf alle anderen erstreckt, so wie z. B. die Hand oder irgendein anderes Glied dem Körper dienlich ist. So ist das Gute, das ein Mensch tut, allen von Nutzen, die in der Liebe sind, gemäß den Worten des Psalmes (118, 63, Vulgata): "Ich habe teil an allen, die Ihn fürchten und Seine Gebote halten". Thomas schrieb schon früher in ähnlicher Weise, daß das Werk des einen dem anderen nützen kann, wenn sie miteinander in Verbindung stehen in der Wurzel des Werkes, nämlich in der Liebe, die allen verdienstlichen Werken zugrunde liegt, so daß alle, die miteinander durch die Liebe verbunden sind, eine Stärkung durch die gegenseitigen Werke erfahren, bemessen nach dem Zustand des Einzelnen; eine Stärkung, die sich wahrnehmen lassen wird bis ins himmlische Vaterland, wo jeder sich an dem Wohl des anderen freut. Die Gemeinschaft der Heiligen, kraft derer alle in der Liebe Christi Vereinten einen einzigen Leib bilden, ist ein Dogma des Glaubens[152]. *Thomas* bemerkt[153], daß die Hilfeleistungen, die kraft der Liebe vermittelt werden, die

---

149 JOHANNES CHRYSOSTOMUS, *In ep. 1 ad Cor.* Hom. 42 n. 4 (PG 61, 361). Der Katechismus der katholischen Kirche zitiert (n. 1032): "Bringen wir ihnen Hilfe und halten ein Gedächtnis an sie. Wenn doch die Söhne Jobs durch das von ihrem Vater dargebrachte Opfer geläutert wurden (vgl. Job 1, 5), wie sollten wir dann daran zweifeln, daß unsere Opfergaben für die Toten ihnen Trost bringen? Zögern wir nicht, den Verstorbenen Hilfe zu bringen und unsere Gebete für sie aufzuopfern" (*Hom. in 1 Cor.* 41, 5).
150 GREGORIUS MAGNUS, *Dial.* II, 4, 39 (PL 27, 396. 420)
151 THOMAS, *Quodl.* II, a 14 resp.
152 Vgl. CATHARINA VON GENUA, *Libro della divina dottrina*, c. XIII
153 THOMAS, Suppl., q. 71 a. 12 resp., ad 1; a. 13 resp.

ja alle Dinge zum Gemeingut macht, den Seelen im Fegfeuer gleichsam "einen inneren Trost" bringen, der nicht nur der Seele zugute kommt, an die man bei der Ausübung des guten Werkes dachte, sondern allen miteinander, ohne daß dieser Trost dabei geringer würde; denn die Freude wird umso größer, je mehr sie sich mitteilt. Ja es ist selbst so, daß nicht notwendigerweise jene Seele, an die man dachte, die größte Freude erfährt, sondern jene, deren Liebe am größten ist; wie ja auch eine Kerze, im Hause eines Reichen angezündet, allen leuchtet, den anderen sogar noch mehr als dem Reichen, wenn sie bessere Augen haben[154].

Besonders *Robert Bellarmin*[155] (1542-1621; 1930 heiliggesprochen) hat in seinen zwei Büchern über das Purgatorium (3. Kontroverse über die Kirche) eingehend nach vielen Gesprächen mit Protestanten besonders die Gemeinschaft der Heiligen als theologische Grundlage für das kirchliche Fürbittgebet für die Verstorbenen deutlich gemacht.

Trotz der eindeutigen Absage der *Reformatoren* an die Fegfeuerlehre gibt es auch dort noch Restvorstellungen, die unterschwellig weiterwirken, allerdings ins Säkulare und Abstruse pervertiert worden sind. Dies zeigt sich etwa in Spekulationen von *Theosophie* und *Anthroposophie* (*J. Böhme, E. Swedenborg, J. C. Lavater, R. Steiner* usw.) über eine jenseitige Erziehung und Unterweisung. Auch bei einigen Vertretern des Rationalismus der Aufklärung des deutschen Idealismus gibt es Ideen einer postmortalen Läuterung (*Leibniz, Wolff, Lessing, Fichte,* der späte *Schelling, Schopenhauer*)[156].

Der Tod zerstört nicht unsere Gemeinschaft mit den Verstorbenen als Gliedern des mystischen Leibes Christi, sondern verstärkt sie. Deswegen hat die Liebe und Treue im Diesseits auch Freude und Bereicherung für die Verstorbenen zur Folge (*M. Schmaus*). Die Kirche empfiehlt u. a. die Zuwendung von Ablässen. Doch vollzieht sich diese nur fürbittweise, d. h. so, daß wir Gott darum bitten, daß er sie soweit sie seinem Willen entsprechen, auch zuwendet.

Die fürbittende Hilfe zur Überwindung der Sündenstrafe kommt nach christlicher Überzeugung nicht einfach aus der menschlichen Bemühung des Totengedenkens, sondern aus der Kraft des Leidens Christi. Darum hat auch die Feier der Hl. Eucharistie ihre entscheidende Bedeutung beim Gedenken für die Verstorbenen. Auch der richtig verstandene Ablaß beruft sich auf die von Christus verdiente Verdienstmöglichkeit und auf seine Heiligen. Ablaß bedeutet ja Nachlaß zeitlicher Sündenstrafen durch die Fürbitte der Kirche aufgrund der Verdienste Christi und der Heiligen. Der Tod zerstört nicht unsere Gemeinschaft mit den Verstorbenen, die ja Glieder des mystischen Leibes sind, sondern verstärkt sie.

---

[154] THOMAS, Quodl. II, a 14 resp.; letztere Texte zitiert nach CH. KARD. JOURNET, ebd., 27-28
[155] R. BELLARMINUS SJ, *De ecclesia quae est in purgatorio*, lib. 2 c. 15, Venetiis 1599
[156] Vgl. E. FLEISCHHACK, *Fegfeuer, die christlichen Vorstellungen vom Geschick der Verstorbenen geschichtlich dargestellt*, Tübingen 1969, 172-198

Gewiß: Das *Konzil von Trient* hat die Bischöfe hier besonders ermahnt, spitzfindigen Fragen und abergläubischen Praktiken entgegenzutreten und die gesunde Lehre der Kirche zu wahren. Doch manche Theologen sehen im Grunde nur die Gefahr allzu anthropomorpher Vorstellungen, wie sie vielleicht auch manchmal durch das Wort Fegfeuer nahegelegt worden sind, und entleeren die Aussagen der Offenbarung bzw. ersetzen sie durch befremdliche philosophische Konstruktionen (z. B. der Tod bedeute Ende des Personseins (*G. Scherer*)[157]). In den maßgebenden lehramtlichen Dokumenten haben die Worte und Begriffe, welche Reinigung und Läuterung bezeichnen, wohl den Vorrang vor dem Begriff "Feuer". Doch ist auch das Bildwort vom "*Feuer*" nicht erst das Ergebnis mittelalterlicher Theologie, wie *K. Lehmann* einmal nahezulegen scheint, sondern schon in den biblischen Texten grundgelegt.

5. Gebet um Fürsprache der Armen Seelen für uns?

Auf Grund der Gemeinschaft zwischen der leidenden und der kämpfenden Kirche nehmen die meisten Theologen an, daß die Seelen der Verstorbenen auch den Lebenden mit ihrer Fürbitte helfen können.

Doch ist die Frage nicht ganz einfach[158]. Denn die bejahende Antwort muß davon ausgehen, daß sie unsere Gebete kennen. Nun stimmen *Thomas* und *Bellarmin* darin überein, daß die Armen Seelen diese Kenntnis, im Unterschied zu den Heiligen im Himmel, in der Regel nicht haben. Beide ziehen daraus den Schluß, daß man die Armen Seelen nicht um Fürsprache bitten soll. "Jene, die [...] im Fegfeuer sind und die Anschauung des göttlichen Wortes noch nicht besitzen, können nicht erkennen, was wir denken und sprechen; deshalb rufen wir auch ihre Fürsprache im Gebet nicht an [...]"[159]. Der hl. *Bellarmin* nimmt an, daß die Armen Seelen für uns beten, fügt aber dennoch hinzu: "Obgleich es wahr ist, daß sie für uns beten, scheint es für gewöhnlich doch überflüssig, sie um ihre Fürbitte anzurufen. Denn für gewöhnlich können sie nicht erkennen, was wir im einzelnen tun. Sie wissen nur ganz allgemein, daß wir in Gefahren leben, wie auch wir nur allgemein wissen, daß sie in den Qualen sind"[160]. Was den frommen Brauch angeht, die Armen Seelen um ihre Fürsprache zu bitten, so erklären Theologen wie *Johannes a S. Thoma*: Die Seelen im Fegfeuer können unsere Gebete nicht wahrnehmen. Aber man kann es für wahrscheinlich an-

---

[157] G. SCHERER, vgl. Anm. 41

[158] Im Folgenden entspr. CH. JOURNET, ebd., S. 43. Ausführlich zum Thema: J. B. WALZ, *Die Fürbitte der armen Seelen und ihre Anrufung durch die Gläubigen auf Erden. Ein Problem des Jenseits*, ²Würzburg 1933, DERS., *Das Leben in der anderen Welt*, Bamberg 1964, 98-122

[159] THOMAS: "Non sunt in statu orandi, sed magis ut oretur pro eis." (*S. th.* II,II q. 83 a 4 ad 3, q 83 a 11 ad 3; a a4 ad 3; *In Sent.* IV d 15 q 4 a 5 sol. 2)

[160] R. BELLARMINUS, De purgatorio II, 15 (Opera, ed. Neapel 1857, t. 2, 404. Bezug genommen wird dazu oft auf *AUGUSTINUS*, De cura pro mortuis gerenda, cap. 13, n. 16 (PL 40, 604-605).

nehmen, daß die Seelen bei ihrem Eintritt in den Himmel im göttlichen Wort alle Bitten sehen werden, die vorher an sie gerichtet worden sind.

Die Theologen fügen noch hinzu, daß Gott uns schon jetzt in Voraussicht auf die zukünftigen Fürbitten der Armen Seelen helfen kann. Diese Erklärung stammt von *F. Suarez*[161], der die Auffassung vertritt, daß ein solch frommer Brauch nicht getadelt werden darf, obgleich es von einer reineren Frömmigkeit zeuge, wenn man für die Armen Seelen bittet und Genugtuung leistet. Somit hat jedenfalls das Gebet zu den Armen Seelen für uns eine andere Bedeutung als das auch kultisch-liturgische Gebet zu den Heiligen; die Anrufung der Armen Seelen darf keine Verehrung einschließen, da sie noch im Strafzustand sind (*F. Diekamp*). Für diese Ansicht der Mehrheit sprechen auch die *Provinzialsynoden* von *Wien* 1858 und *Utrecht* 1865, sowie ein von *Leo XIII* approbiertes Gebet[162], das allerdings in die späteren Sammlungen der Ablaßgebete nicht übernommen wurde.

Was die Frage nach der Beziehung zur *triumphierenden Kirche*, z. B. einer möglichen Intervention der *Gottesmutter*[163] betrifft, so gilt: Für die Tatsache, daß die Gottesmutter, die Engel - speziell der Schutzengel - und die Seligen die Aufgabe des Tröstens und Helfens auch im Purgatorium wahrnehmen, gibt es einen Konsens gewichtiger Zeugen (*Augustinus*[164], *Bernhard von Clairvaux*[165], *Franz von Sales, J. Gerson, Bernardin von Siena*[166], *Fénélon, F. W. Faber, Kard. Newman*[167], usw.), sowie einige liturgische Gebete. Diese Hilfen sind auch Anlaß für besonderen Dank der Verstorbenen; so stellt schon *Julian von Toledo* fest[168]. Doch sind folgende Grundsätze zu beachten: Die Heiligen können allenfalls fürbittweise, nicht aber auf Grund neuer verdienstlicher Handlungen intervenieren. Große Zurückhaltung ist auch erforderlich in Bezug auf entspr. Privatoffenbarungen - was jedoch auch totale kritische Ablehnung ausschließt. Die triumphierende Kirche bringt ihre Fürbitten auch in Abhängigkeit von der pilgernden Kirche dar. In diesem Zusammenhang sind auch die mit dem

---

[161] F. SUAREZ, *De oratione in communi*, cap. 10, n. 28; *De purgatorio*, d 47 s. 2 n. 9 (Opera 22, 930 s.) rechnet auch mit Eingebungen der Engel für die Armen Seelen.

[162] LEO XIII, ASS XXII, 743 s.

[163] J. M. SALGADO OMI, *La très sainte Vierge Marie et les âmes du purgatoire. Observations et suggestions*, Divinitas 33 (1989) 62-72; MARIE DE LA VISITATION, *Marie et le purgatoire*, in: H. du Manoir, Maria, t. 5, Paris 1958, 889 ff.

[164] AUGUSTINUS, *De cura pro mortuis gerenda* 4, 6 (CV 41, 629-631; THOMAS, *Suppl.* q 71 a 11 ad 4

[165] Vgl. BERNARDUS CLARAEV., *Sermo 4 de assumpt. BMV* (PL 183, 429A-430B; *Sermo 2 de Pentec.* (PL 183, 327C-328A)

[166] BERNARDIN VON SIENA, *De glorioso nomine Mariae*, Sermo 3 (Opera omnia VI (Quaracchi 1949), 91-93

[167] "Die Engel ... werden deine Qualen mildern ... rasch wird die Nacht Deiner Prüfung vergehen und ich werde kommen, dich aufzuwecken bei der Morgenröte" (KARD. NEWMAN, *Il sogno di Geronzio*, in: C. MORTINDALE, *Lo spiritu del Card. Newman*, Brescia 1931, 196-197 (nach A. PIOLANTI, *Il dogma del purgatorio*, Euntes docete 6 (1953) 287- 311 [311])

[168] JULIAN VON TOLEDO, *Prognosticon futuri saeculi*, lib. 2 c. 26 (PL 96, 488); F. SUAREZ SJ, *De Purgatorio*, Disp. 47, 2; *A. MINON* (1948) 329 ss.

Skapulier verbundenen approbierten Gebete von Bedeutung, zum Beispiel die Verheißungen im Zusammenhang mit dem *Privilegium Sabbatinum*[169].

Eugenie Smet hat eine Kongregation gegründet, die kein anderes Ziel hat, als sich den Verstorbenen im Fegfeuer zu widmen; beim *Pfarrer von Ars* hat sie sich dafür Rat geholt. Unter dem Namen *Maria von der Vorsehung* hat sie dieses Unternehmen auf sich genommen, ohne durch irgendwelche Privatoffenbarungen gestärkt zu sein. Die *"Auxiliatrices"*, eine Missionskongregation, gehen auf sie zurück.

6. Zusammenfassung. Kriterien für eine richtige Interpretation

Als methodisches Prinzip für eine systematische Neuinterpretation können wir festhalten: Es geht nicht an, einseitig ängstlich nur kritische Zurückhaltung gegenüber möglichen Anthropomorphismen zu pflegen (wie es etwa *G. Greshake* oder *K. Lehmann* propagiert haben[170]) und praktisch jede Dauer und Raumbezogenheit abzulehnen[171] - wie verschiedentlich besonders im protestantischen Bereich. Sondern es ist eine Rückbesinnung auf die Glaubensanalogie notwendig. Das bedeutet gewiß zunächst Ablehnung aller phantasievollen Ausschmückungen und extensiven Auslegungen, welche kosmische und zeiträumliche Bestimmtheiten um ihrer selbst willen in den Mittelpunkt stellen. Eher noch gefährlicher ist aber heutzutage die Versuchung, die Offenbarungslehre zu entleeren, zu "entobjektivieren", dann symbolistisch-existentialistisch "kreativ" umzuinterpretieren und folglich jede Bedeutung einer gesunden Voksfrömmigkeit auszuschließen[172].

Wir haben der Gefahr zu begegnen, daß eine bedeutsame Lehre des Glaubens mit trivialen oder unglaubwürdigen Vorstellungen verdeckt wird, so daß sie leicht ins Lächerliche oder Kitschige geraten kann; auf der anderen Seite aber ist heute die Hochstilisierung in eine bloße Abstraktion ein wohl noch aktuelleres Problem.

Gegenüber diesen entgegengesetzten Extremen genügt nicht der bequeme Ausweg in eine hochmütige Äquidistanz oder einen pragmatisch-dialektischen Ausgleichsversuch, oder gar in das Verschweigen. Eine wirkliche Neuevangelisierung muß mit einem neuen Bemühen um ein konkret vertieftes

---

[169] Pius XII, (11. 2. 1950) "Neminem profecto latet" (AAS 17 (1950) 390-391)

[170] K. Lehmann behauptet, eine Neubesinnung müsse in jedem Falle zuerst "die kosmologische Fixierung auf einen "Ort" preisgeben" und größte Zurückhaltung gegenüber dem Gebrauch von Zeitkategorien physikalischer Art üben. (ebd., S. 239)

[171] Das Fegfeuer liege "gerade in dem augenblickshaften Übergang zwischen Tod und Vollendung" (K. Lehmann, ebd.). Auf diese Weise meint er, die Fegfeuerlehre retten zu können, da sie nicht an die schwierige Problematik des Zwischenzustandes gebunden sei.

[172] So bei G. Greshake, *Stärker als der Tod*, Mainz 1978, 90

Glaubensverständnis einhergehen. Die Lehre von der Gemeinschaft der Heiligen könnte dabei wie eine Bluttransfusion auch lähmende Schwächeerscheinungen heilen. Ihre Verkündigung zeigt, daß der einzelne sein Heil in der großen *Heilsgemeinschaft* der Kirche erreicht, aus der er auch als Verstorbener nicht einfach herausfällt[173]. Die Lebenden können Verantwortlichkeit auch für die Verstorbenen übernehmen.

---

[173] Y. CONGAR verweist besonders auch auf den sozialen Aspekt der Fegfeuerlehre: "Wenn das Dogma vom Fegfeuer einen Sinn hat, so ist dieser Sinn ein sozialer. Er meint, daß die Seelen ihr Geschick nicht einsam für sich allein erfüllen, sondern in enger Verbundenheit mit dem ganzen Leibe Christi, unterstützt durch die Fürbitte der Gläubigen und der Heiligen" (*Das Fegfeuer*, in: A. M. Roguet (Hrsg.), Mysterium des Todes, Frankfurt 1955, 278)

Der Irrweg der Allversöhnungslehre

Prof. Dr. L. Scheffczyk, München

Auch wenn die treffende Beurteilung zeitgeschichtlicher Strömungen und Ereignisse schwierig ist, erscheint das Urteil berechtigt, daß die gegenwärtige Theologie sich in der Eschatologie auf dem Weg zur Allerlösungslehre, zur seit *Origenes* (+ um 254) so genannten Apokatastasis, befindet. Zugleich ist diesbezüglich die Auffassung nicht zurückzuhalten, daß dieser Weg ein Irrweg ist, auch und gerade weil er der Massenmentalität der heutigen Menschen entspricht, der sich auch viele Christen nicht entziehen können. Die inzwischen hoffähig gewordene Entgegensetzung von "Frohbotschaft" und "Drohbotschaft" (das ist die Botschaft von einem ewigen Seligkeitsverlust) entfaltet anscheinend eine noch stärkere Faszination als die ebenso blühende "Seelenwanderungslehre", der, wie demoskopische Erhebungen ergeben, etwa 21 % der Europäer angehören sollen[1].

Ein Schlaglicht auf diese lebensmäßig verankerte Mentalität und ihre weite Verbreitung wirft gerade ein in den letzten Wochen erschienener Kommentar der römischen Jesuiten-Zeitschrift "Civilta Cattolica", in dem anläßlich der Restaurierung des Gemäldes Michelangelos vom "Jüngsten Gericht" der Künstler getadelt wird, weil er mit seinen drastischen Bildern vom Gericht die Wahrheit des Evangeliums entstelle[2]. Es handle sich nämlich nach dieser Kritik nicht um einen Gerichtstag, sondern um einen "Tag der Wahrheit und der Freude". Natürlich könnte man im Vorgang der Aufdeckung der Wahrheit auch eine Verurteilung des Falschen und Bösen angelegt und eingeschlossen sehen. Aber das ist nicht gesagt und wohl auch nicht gemeint, wenn der Künstler beschuldigt wird, statt "Hoffnung und Zuversicht" nur "Angst und Furcht" zu verbreiten. Die tiefergehende Frage wird nicht gestellt, ob nicht etwa Hoffnung und Furcht zusammengehen könnten, wie es im Grunde Sinn und Intention der Endzeitreden Jesu (vgl. Mt 24 und 25; Mk 13; Lk 21) ausmacht, in denen immer zugleich vom Zorn Gottes wie von der Barmherzigkeit der Erlösung gesprochen wird (vgl. Lk 13, 28). Aber es ist gerade diese Doppelung, die Zweiheit der Endzustände, die geleugnet wird, um die alleinige Dominanz der Allerlösung durchzusetzen. So zieht sich die Auseinandersetzung vor allem auf das Problem der Schrifterklärung zurück, über das Klarheit zu gewinnen wäre.

---

[1] Vgl. L. SCHEFFCZYK, *Der Reinkarnationsgedanke in der altchristlichen Literatur* (Bayer. Akademie d. Wissenschaften; Phil.-Histor. Klasse, 4/1985) München 1985, 3.
[2] Vgl. Deutsche Tagespost: 20. 10. 92

Aber bevor diese Aufgabe angenommen wird, sei ein kurzer Blick auf den Ursprung der Allversöhnungslehre in der modernen Zeit geworfen, der manches von den Absichten und inneren Gehalten dieser Doktrin erklären kann.

1. Der Ursprung der modernen Allversöhnungslehre

Um die Bedeutung dieses radikalen Neuansatzes voll würdigen zu können, bedürfte es auch eines Rückblickes auf die Lehre und das Dogma der Kirche bezüglich der Endzustände des Menschen und des Gerichtes. Da diese Lehre aber seit dem 5. Allgemeinen Konzil von 553 v. Chr. zu Konstantinopel, auf dem die *Origenisten*, die Vertreter der Allversöhnungslehre, verurteilt wurden [3], ungeschmälert anerkannt war, genügt wohl die Heranziehung des Urteils eines neueren evangelischen Theologen, der im Rückblick auf die Dogmengeschichte feststellt, daß bis ins 19. Jh. hinein die großen christlichen Kirchen und Gemeinschaften "gegen die Origenisten und die Wiedertäufer die Ewigkeit der Höllenstrafen" lehrten[4]. Für die Eindeutigkeit und Verbindlichkeit des katholischen Traditionsbefundes spricht die Aussage in dem Dokument der Glaubenskongregation vom Jahre 1979 "Zu einigen Fragen der Eschatologie", die u. a. besagt: "Die Kirche glaubt, indem sie am Neuen Testament und an der Überlieferung festhält, an die Seligkeit der Gerechten, die einmal mit Christus sein werden. Ebenso glaubt sie, daß eine ewige Strafe den Sünder trifft, daß er der Anschauung Gottes beraubt wird und daß die Auswirkung dieser Strafe das ganze Sein des Sünders erfaßt"[5]. Zur Interpretation dieser Aussage wäre schon an dieser Stelle zu sagen, daß die Kirche hier, wenn sie vom Gerechten und vom Sünder spricht, nicht an bloße Möglichkeiten denkt, sondern an die Existenz von Seligkeit und Unseligkeit.

Das Abgehen von dieser Glaubenswahrheit beginnt in der Aufklärung u. a. bei *G. E. Lessing* (+ 1781), der aufgrund seiner Lehre von den unendlichen Entwicklungsmöglichkeiten des geistigen Menschen an eine Besserung auch noch nach dem Tode dachte, so daß jeder Mensch "seine Hölle noch im Himmel und seinen Himmel noch in der Hölle finden könne"[6]. Im Einflußbereich dieser idealistischen Strömung gelangte im 19. Jh. der evangelische Theologe *Dan. Fr. Schleiermacher* aufgrund seiner pietistischen Gefühlstheologie zu der Auffassung, daß die Annahme einer ewigen Unseligkeit gegen die göttliche Liebe verstoße und die Ohnmacht der Gnade Gottes beweisen würde[7], was nicht sein könne. Im 20. Jh. nahm auf etwas anderen Grundlagen der sonst Schleierma-

---

[3] DS 411

[4] W. BIEDER, *Hölle*, in: Ev. Kirchenlexikon II, Göttingen 1958, 194

[5] *Schreiben der Kongregation für die Glaubenslehre zu einigen Fragen der Eschatologie* vom 17. Mai 1979

[6] G. E. LESSING, *Die Erziehung des Menschengeschlechtes* (Sämtl. Werke, I), Berlin 1906; vgl. P. LORENZ, *Lessings Philosophie*, Leipzig 1909, 60

[7] D. F. SCHLEIERMACHER, *Der christliche Glaube*, 6. Aufl., Berlin 1884, § 18, 237

cher gegenüber kritische *K. Barth* diesen Gedanken auf und erklärte, daß Christus durch seinen Tod und seine Auferstehung alle Verworfenheit, alle Sünde und jeden Sünder schon an sich gezogen habe[8]. Er sei der einzige Verworfene geworden, so daß nach ihm die Verwerfung unmöglich geworden sei. So sehr er damit die Allversöhnungslehre auch favorisiert, so möchte er sie doch - merkwürdigerweise - von der Kirche selbst nicht ausdrücklich gelehrt wissen; denn mit einer solchen sicher vorgetragenen Lehre würde die Freiheit Gottes in der Gnadenverteilung eingeschränkt, als ob Gott jeden Menschen erretten müsse.

Hier ragt in den Gedanken offensichtlich etwas Zwiespältiges hinein, was in der Interpretation zu dem Grundsatz führte: "Wer die Wiederbringung nicht glaubt, ist ein Ochs; wer sie aber lehrt, ist ein Esel"[9]. Aber es ist wohl nicht zu verkennen, daß auch in dieser Anweisung ein Widerspruch steckt: denn wie kann etwas geglaubt werden, was nicht zugleich Gegenstand der Verkündigung und der Lehre ist; es müßte sich denn um einen rein privaten, esoterischen Glauben handeln, den die Kirche sich in Wahrheit nicht zu eigen macht.

Eine Überbrückung dieses Zwiespaltes versuchte der mit *K. Barth* anfangs verbundene, später aber eigene Wege gehende evangelische Theologe *E. Brunner*[10]. Sein Vermittlungsvorschlag ging dahin, die beiden Ansichten über das Ende, nämlich: "Himmel und Hölle" und die andere Ansicht von "Himmel allein", also von der Allversöhnung, nebeneinander zu stellen und beide miteinander gelten zu lassen. Der Christ sollte also sowohl an die endgültige Trennung von Beseligten und Verworfenen glauben können als auch an die Beseligung aller. Man fragt sich unwillkürlich, wie das ernstlich zusammengehen soll. Zur Begründung dieses "Sowohl - als auch" wird angeführt, daß die Menschen Gott fürchten; die für die Allversöhnung sprechenden Aussagen stünden dafür, daß die Menschen Gott lieben sollen. Beide "Stimmen" sind sogenannte "Bewegungsworte", die das christliche Leben für beide Möglichkeiten offen halten und mit Furcht und Liebe zu Gott erfüllen sollen.

Der Begriff der "Bewegungsworte" ist ein anschaulicher Beweis für den sog. anthropozentrischen Charakter der modernen Eschatologie, nach dem alle eschatologischen Daten und Fakten nur innerhalb der menschlichen Existenz gedeutet werden dürfen; hier werden sie identisch gesetzt mit der Gottesfurcht und der Gottesliebe des Menschen. Streng genommen ist hier nicht einmal die Existenz des Himmels sicher auszumachen. Im übrigen gibt *Brunner* selbst zu, daß diese Theorie vom "Sowohl - Als auch" nicht widerspruchsfrei ist, ja daß ihr sogar Unlogik anhaftet. Für die Theologie als Glaubenswissenschaft ist es ein bedenkliches Zeichen, wenn sie sogar offene Widersprüche in ihre Lehre aufnimmt, was aber heute gar nicht so selten ist. Von einer theologischen Wissenschaftstheorie her müssen solche Aussagen ausgeschlossen werden.

---

[8] K. BARTH, *Die kirchliche Dogmatik* II/2, 2. Aufl., Zürich 1946, 162
[9] J. M. LOCHMANN, *Dogmatik im Dialog*, Gütersloh 1973, 314
[10] E. BRUNNER, *Das Ewige als Zukunft und Gegenwart*, Zürich 1983, 198

Während man von der zeitgenössischen evangelischen Theologie sagen kann, daß sie, gleichsam wider Willen, bei der Allversöhnungslehre gelandet ist, liegen die Verhältnisse auf seiten der katholischen Theologie etwas anders, womit noch nicht gesagt ist, daß sie wesentlich anders geartet wären. Das kann ein Blick auf die katholisch-theologischen Neuinterpretationen zeigen.

2. Die katholisch-theologischen Neuinterpretationen

Die Entwicklung ging dabei von der Anerkennung der Realität der Hölle, die ja mindestens in der Existenz der gefallenen Engel gegeben ist, zur Annahme einer bloßen Möglichkeit für die Menschen. *O. Karrer* sprach schon in den dreißiger Jahren von einer "abstrakten Möglichkeit", von der man erwarten könne, daß sie niemals eintrete[11]. Wohl in der Überzeugung, daß die Rede von der abstrakten Möglichkeit der Hölle dem Gewicht der biblischen Aussagen nicht gerecht wird, ging man zu der bestimmteren Aussage über, daß es sich hier um eine "reale Möglichkeit" handele, was so auch der Deutsche Erwachsenenkatechismus[12] übernahm, ohne allerdings zu klären, was eine "reale Möglichkeit" ist. Man gibt dem Eigenschaftswort "real", d. h. "wirklich", eine moralische Deutung bei und versteht das "real" als "ernsthaft", als "streng gemeint" oder als "den Menschen innerlich betreffend". Aber das ist wiederum nicht so streng gemeint, daß man an ein wirkliches Eintreten dieser Möglichkeit glauben müßte.

Als weitere Begründung des Zweifels bezüglich der Existenz der Hölle wird das Argument herangezogen, daß seitens der Kirche von keinem Menschen jemals eine Verwerfung festgestellt worden sei. Das gelte auch im Falle des Judas, selbst wenn Jesus von ihm sagt, es wäre "besser, wenn er nicht geboren wäre" (Mt 26, 24; Mk 14, 21), und wenn die Schrift ihn den "Sohn des Verderbens" nennt (Joh 17, 12).

Auf dieses Argument ist aber zu erwidern, daß die Nichtverurteilung eines einzelnen Menschen durch die Kirche mit der gläubigen Vernunft einleuchtend zu erklären ist. Gerade weil die Kirche glaubt, daß es Verworfene geben wird, kann sie diese nicht verurteilen, weil sie nicht zum Leib Christi gehören und so dem Urteil der Kirche nicht unterstehen. Darum urteilt und verurteilt die Kirche, anders als im weltlichen Gerichtswesen, Sünde überhaupt nur, wenn sie der Sünder bekennt. Wenn aber weiter eingewandt wird, daß die Kirche auf der Gegenseite ja einzelne Menschen heiligspreche, so geht das eben nur, weil diese zu ihr gehören und weil darüber hinaus die Kirche in den Wundern Kriterien für die Heiligkeit bestimmter ihrer Glieder hat. Die Unseligen wirken keine Wunder.

---

[11] O. KARRER, *Im Ewigen Licht*, München 1934, 88
[12] Das Glaubensbekenntnis der Kirche, Kevelaer 1985, 423

Die Ansicht von der bloßen Möglichkeit einer Verwerfung erscheint allerdings anderen Theologen wieder so offen und unbestimmt, daß sie sich mit ihr nicht zufriedengeben können. Sie vermissen in dieser Anschauung vor allem den mangelnden Bezug auf den Heilswillen Gottes, der eine viel optimistischere Lösung des Problems ermöglicht. In dieser Richtung wurde vor allem *K. Rahner* initiativ, der aufgrund einer Reflexion über die biblischen Aussagen von Himmel und Hölle zu dem Ergebnis kam, daß die Schrift keine "Reportagen" über Zukunftsereignisse bieten wolle, sondern nur den Entscheidungscharakter der irdischen Existenz signalisieren möchte. Sie würde deshalb nur von der Möglichkeit der Hölle sprechen, nicht von ihrer Existenz[13]. Wenn man diesen Grundsatz konsequent anwendet, müßte man allerdings sagen, daß diese Texte auch nichts über die Realität des Himmels sagen können, weil das dann auch wieder Reportage wäre.

Die Zuversicht über die Existenz des Himmels und seine alleinige universale Geltung holt dann der Autor aus anderen biblischen Quellen[14]; vor allem steht hierfür die Aussage in 1 Tim 2, 4 über den Willen Gottes, der auf die Rettung aller geht. Dieser Wille ist aufgrund dieser und vieler anderer Texte nicht zu bezweifeln. Trotzdem ist diese Stelle niemals im Sinne einer wirklichen Rettung aller gedeutet worden. Die frühere exegetische Forschung, die sich noch nicht vom Vorverständnis moderner Ideologien bestimmen ließ, hat aus diesem Wort kaum einmal die Wiederbringung aller herausgelesen, sondern, hart am Text bleibend, erklärt, daß Paulus oder der Paulusschüler hier vor allem den Willen Gottes zur Wahrheitserkenntnis aller meine[15]. Man muß den Satz als ganzen zitieren. Er heißt nämlich: "Er will, daß alle Menschen gerettet werden und zur Erkenntnis der Wahrheit gelangen", unter welcher die christliche Glaubenswahrheit zu verstehen ist. So betrachtet, geht es dem Verfasser dieses Briefes entscheidend um die Bekehrung möglichst vieler zum christlichen Glauben, die im Willen Gottes gelegen ist. Selbstverständlich bleibt der allgemeine göttliche Heilswille davon unangetastet, aber er ist gebunden. Daß alle wirklich gerettet werden, liegt gänzlich außerhalb der Absicht dieser Aussage.

Diese Auffassung ist im Ganzen der Hl. Schrift verankert, die von der Bergpredigt an bis hin zu den Parusiereden den Gewinn des Heiles immer an Bedingungen knüpft, nämlich an den Glauben und an die Umwandlung des ganzen Lebens.

Die Verfechter der Hypothese vom unbedingten göttlichen Heilswillen nehmen die Frage nach dem menschlichen Mitwirken wie auch die Frage nach der Realität der Sünde nicht ernst. Sie decken solche Fragen zu mit der Behauptung, daß der Mensch sich entscheiden muß, aber daß am Ende die Gnade Gottes auch

---

[13] K. RAHNER, *Hölle*, in: Sacramentum mundi II, Freiburg 1968, 736
[14] K. RAHNER, *Allgemeiner Heilswille,* in: Sacramentum mundi II, 656-664
[15] So K. STAAB - J. FREUNDORFER, *Die Pastoralbriefe*: Regensburger NT (hrsg. von A. Wikenhauser und O. Kuß) VII, Regensburg 1950, 184

über die Sünde triumphieren wird. Hier aber könnte man die Gegenfrage stellen, die die gewisse Unlogik der Hypothese aufdeckt: "Wie kann ich mich ernstlich entscheiden, wenn ich zugleich damit rechne, daß es keinen Unheilszustand geben wird, daß sich die Sünde nicht zur Verwerfung auswachsen wird?" Was hier nahegelegt wird, ist die Lehre von einer Scheinentscheidung und einem Scheingericht. Gelegentlich bekennt ein Theologe, der diese Hypothese selbst vertritt, daß sie auf "ungesicherter Basis" steht[16].

Immerhin ist zu erkennen, daß sich diese von der katholischen Theologie entwickelte Theorie von der evangelischen Lehre über die Wiederbringung aller unterscheidet. Man könnte die entsprechende evangelische Lehre auf die Kurzformel bringen: "Allversöhnung als Glaubensgewißheit", während man katholischerseits von einer "Allversöhnung als Hoffnung", als "Hoffnungsgegenstand" oder als "Hoffnungsziel" sprechen könnte. Dabei wird sich freilich sofort die Frage stellen, ob die Unterschiede zwischen den beiden Einstellungen groß sind.

In den letzten Jahren ist diese Anschauung von der Hoffnung auf Errettung aller und von der faktischen Nichtexistenz eines Verworfenseins vor allem von *H. Urs v. Balthasar* entwickelt worden[17]. Er geht nach Durchsicht der Hl. Schrift von der Annahme aus, daß die Schrift zwei Aussagereihen kennt, die gleichberechtigt nebeneinander einhergehen: die Aussagen, die von Himmel und Hölle, also für einen doppelten Ausgang der Geschichte sprechen, und die andren Worte, die einen einzigen Zielzustand, nämlich den Himmel, für alle verkünden[18]. Diese Gegensätzlichkeit sei von uns nicht aufzulösen oder zu einer Synthese zu bringen. Wer das täte und etwa einen Ausgleich dieser Gegensätze im Sinne der Zweiheit von Himmel und Hölle versuchen wollte, würde sich über die Hl. Schrift stellen und beanspruchen, mehr zu wissen als das Wort Gottes sagt. Daher ergeht an die Vertreter eines Glaubens an die Verwerfung der Vorwurf, daß sie ein Wissen usurpierten, das es gar nicht geben könne. Die so Kritisierten werden erwidern, daß sie das gar nicht wissen, sondern daß sie daran aufgrund der Hl. Schrift, also des Wortes Gottes glauben.

Der Autor aber hält an dieser angeblichen Gegensätzlichkeit in der Schrift fest und gibt ihr einen positiven Sinn. Er besteht darin, daß die Gläubigen auf die Allbeseligung hoffen dürfen, ja sogar hoffen müssen. Freilich soll diese Hoffnung kein Wissen sein, so daß die Furcht vor einem möglichen Verworfensein bleibt. Diese Hoffnung ist aber nicht nur das Sich-Ausstrecken des Gläubigen nach dem eigenen Heil, sondern besonders auch das Hoffen auf das Heil aller Menschen, auf die Wiederbringung aller.

An dieser Stelle werden dann, auch von anderen Theologen, die diesem Erklärungsversuch anhängen, Überlegungen über die Hoffnung für andere not-

---

[16] H. Kessler, *Erlösung als Befreiung*, Düsseldorf 1972, 95
[17] H. Urs von Balthasar, *Theodramatik* IV: Das Endspiel, Einsiedeln 1983; ders., *Was dürfen wir hoffen?* Einsiedeln 1986; ders., *Kleiner Diskurs über die Hölle*, ²Ostfildern 1987
[18] H. Urs von Balthasar, *Was dürfen wir hoffen?*, 24-37

wendig. Als entscheidende Beweisstelle wird ein Text aus der theologischen Summe des *Thomas von Aquin* angeführt, in dem *Thomas* sagt, daß man für andere, mit denen man in der Liebe verbunden ist, die ewige Seligkeit erhoffen könne[19].

Damit ist aber nichts gesagt, was gegen den Glauben an eine Verwerfung gerichtet ist; es ist nur zum Ausdruck gebracht, daß man in der Verbundenheit der Liebe für den geliebten Menschen dasselbe erhoffen kann wie für sich selbst, genauso wie man für ihn beten kann. Gewiß wird ein solch betendes Hoffen auch nicht ohne jede Wirkung sein. Aber selbstverständlich ersetzt ein solches Hoffen für den anderen nicht dessen eigenes Gutsein und Streben. Damit ist in keiner Hinsicht auch nur angedeutet, daß *Thomas* der Hoffnung für den anderen zutraut, sie könnte alle Menschen vor dem Unheil retten. Das schließt er sogar direkt aus, wenn er in der unmittelbar anschließenden Frage[20] von den Verdammten spricht und von ihnen sagt, daß sie keine Hoffnung haben. Im übrigen ist eine übertriebene Hoffnungsspekulation im Syllabus Pius' IX vom Jahre 1864 abgewiesen worden, wenn es als Irrtum bezeichnet wird, daß "man gute Hoffnung hegen muß für das ewige Heil all jener, die sich überhaupt nicht in der wahren Kirche Christi befinden[21]". Damit wird diesen eine Heilsmöglichkeit nicht abgesprochen, aber doch auch festgestellt, daß man mit der übernatürlichen göttlichen Tugend der Hoffnung nicht das Heil aller erwirken kann.

Allerdings versucht der Autor, die Bedeutung dieser Hoffnung noch durch ein anderes Argument zu untermauern, nämlich durch die Begründung mit dem "Höllenabstieg" Christi. Dieser vermag, in einer freilich neuen Interpretation, infolge der absoluten Gottverlassenheit, die Christus mit diesem Ereignis bezeugt, die Gottverlassenheit der Sünder zu unterfangen, sie aufzuheben[22] und so ihre Verlorenheit wieder zum Heile zu wenden.

Diese Erklärung hat aber neben der Schwierigkeit, daß hier eine Veränderung von schon in der Ewigkeit weilenden Sündern vorausgesetzt wird, noch eine andere Unklarheit bei sich. Wenn nämlich der Abstieg des Erlösers in das Totenreich, der hier als förmlicher Abstieg in die Verdammnis gedeutet wird, wirklich eine Auflösung der Hölle bewirkt, dann ist das eine sichere Realität und nicht mehr Gegenstand einer mit Ungewißheit einhergehenden Hoffnung; d. h. der Autor geht zwar von dem Grundsatz aus, daß wir kein Wissen von dem haben können, was mit den Sündern nach dem Tode geschieht. Aber, wenn der Abstieg Christi als ein solches Ereignis der Befreiung und Umwandlung der Hölle verstanden werden muß, dann ist doch jedes Nichtwissen behoben und die Hoffnung zur völligen Gewißheit gebracht. Der Zug der Gedanken, der mit dem Zugeständnis des Nichtwissens und einer unsicheren Hoffnung beginnt, erreicht

---

[19] THOMAS VON AQUIN, *S. th.* II. II. q. 17 a. 3
[20] THOMAS VON AQUIN, *S. th.* II. II. q. 1 a. 18
[21] DS 2917
[22] H. URS V. BALTHASAR, *Mysterium Salutis* II, Einsiedeln 1969, 227-255

danach eine solche Rasanz, daß er vor dem Einmünden in die Allversöhnung nicht mehr aufzuhalten ist und sich am Ende gerade das einstellt, was am Anfang streng getadelt wurde, nämlich ein Wissen um das Endgeschick der Menschheit.

Wenn man das Anliegen des Autors dennoch aufnehmen und rechtfertigen möchte, kann man das tun durch Berücksichtigung der Aussagen, in denen davon gesprochen wird, daß das Ganze nicht eine theoretische und systematische Lehre sein will, sondern nur ein existentieller Anruf zum Ernstnehmen des Endgeschickes[23]. Wenn man unter der "existentiellen Aussage" die Betroffenheit vom Ernst der Endereignisse verstehen darf, den Wunsch, gegen die Gefahr der Verlorenheit anzugehen, die Sehnsucht, Menschen vor dem Verderben zu retten und die Demut, das Geheimnis als solches der Weisheit Gottes anzuvertrauen, dann wäre dem Konzept ein positiver Aspekt abzugewinnen. Dann müßten diese Aussagen aber deutlicher mit der Klammer des Hypothetischen und des Versuchscharakters versehen sein.

Wer jedoch das Geheimnis in seiner inhaltlichen Wahrheit und als Lehre ernst nimmt - dies ist für die Theologie Pflicht -, der steht zuletzt vor der schwierigen Aufgabe, das Mysterium zwar nicht zu begreifen, aber doch ein gewisses Verständnis davon zu gewinnen.

3. Das Hell-Dunkel des Geheimnisses

In der heutigen Diskussion um das Geheimnis des doppelten Ausgangs der Menschheitsgeschichte hört man viele Schreie der Entrüstung über die Verwerfung und über die Existenz der Hölle, beispielhaft von dem vielzitierten Literaten *Léon Bloy* vorgetragen in dem Satz: "Der Ausschluß einer einzigen Seele aus dem wunderbaren Konzert der Welt ist unvorstellbar, wäre eine Gefahr für die universale Harmonie"[24]. Dieser Ausruf ist deshalb schon nicht ganz realistisch, weil er gar nicht mehr registriert, daß es ja eine gefallene Welt der Engel gibt, über die man in diesem Zusammenhang wenig reflektiert, wenn man sie nicht gar umdeutet und ins Unpersonale abschiebt.

Aber ist es doch nicht so, daß es gar keine Stimmen gäbe, die sich der Angleichung an den Zeitgeist und die angeblich epochale Bewußtseinsverschiebung widersetzen und den Gedanken an einen unseligen Ausgang der Geschichte für manche Menschen nicht auch erwägen würden?

Ein interessantes Beispiel bildet der dem modernen Rationalismus und Relativismus aufgeschlossene evangelische Theologe *E. Troeltsch* († 1923). Er kann sich zwar als liberaler Denker nicht vorbehaltlos für die Existenz einer Hölle aussprechen. Aber im Blick auf die reale Situation der heutigen Menschenwelt

---

[23] H. Urs von Balthasar, *Theodramatik* IV, 272 f.
[24] L. Bloy, *Meditation d'un Solitaire en 1916* (Oeuvres IX, Mercure de France) 240

und der Gewalt des Bösen in ihr kommt er doch zu der ihm notwendig erscheinenden Annahme, daß es sogenannte "Nichterwählte" gibt. Er beschließt diesen Gedanken mit dem Eingeständnis: "Wir kennen die Zwecke, die Gott mit den Nichterwählten verfolgt, nicht, wie wir den Weltzweck überhaupt nicht kennen"[25]. Das ist zwar zuletzt ein agnostizistisches Eingeständnis, das aber in dem einen Punkt der Nichterwählung einen Realitätssinn beweist.

Noch eindeutiger in die Richtung einer begründeten Annahme, ja sogar einer ethischen Forderung nach einem doppelten Ausgang der Geschichte weist der amerikanische Soziologe *P. L. Berger*, der im Hinblick auf die Greuel der Konzentrationslager feststellt: "Taten, die zum Himmel schreien, schreien auch nach der Hölle", und weiter erklärt: "Die Weigerung zu verdammen ... wäre nicht nur ein Prima-facie-Beweis für falsch verstandene Gerechtigkeit, sondern etwas viel Schlimmeres: eine verhängnisvolle Verletzung der Humanitas"[26].

Es ist bemerkenswert, daß ein Soziologe in dieser schwierigen Frage einen Grundsatz heranzieht, der auf der Größe und Würde des Menschen, d. h. in theologischer Wendung, auf dem Geheimnis des Menschen beruht. Der Theologe wird das würdigen, aber hinzufügen, daß es bei dieser Frage auch um das Geheimnis Gottes geht; denn selbstverständlich muß der Schöpfer und Erlöser der Welt etwas mit dem doppelten Ausgang der Geschichte zu tun haben, der ja sogar seinen Plan mit der Welt zu zerstören scheint. Denn hier dürfen wir das biblische Wort mit allem Nachdruck zur Geltung bringen, daß er von sich aus und allem menschlichen Tun zuvor das Heil aller Geschöpfe will. Der doppelte Ausgang, konkret: die Verwerfung, ist deshalb ein göttliches und ein menschliches Geheimnis zugleich. Es besteht in dem von uns schwer durchsichtig zu machenden Zusammenspiel von göttlichem Gnadenwillen und menschlicher Freiheit, von Gottes richtender Heiligkeit und menschlicher Sünde, von Gottes liebender Barmherzigkeit und menschlichem Vertrauen auf sie.

Das Zusammengehen dieser Momente, des göttlichen und des menschlichen Faktors, wird von vielen heute als ein Widerspruch empfunden und das Problem nach dem Prinzip des geringsten Widerstandes gelöst, nämlich mit der Auslieferung der strengen Wahrheit von Himmel und Hölle an die bequeme, schmeichlerische Suggestion von der Allversöhnung. Man sieht nicht, daß man damit auch Gott und den Menschen verkleinert und herabzieht; denn der Gott, der nur barmherzig und allerlösend wirken kann, ist ein schwacher, vermenschlichter Gott, und der Mensch, der, ob Gerechter oder Sünder, schließlich von der Gnade ergriffen werden muß, ist ein willenloses Werkzeug in der Hand einer übermächtigen Gewalt. Der Ernst seines irdischen Lebens, der Entscheidungscharakter seiner Existenz kann nicht mehr gehalten werden, wenn alles schon auf den glücklichen Ausgang hin vorentschieden ist.

---

[25] E. TROELTSCH, *Glaubenslehre*, München 1925, 383
[26] P. L. BERGER, *Auf den Spuren der Engel. Die moderne Gesellschaft und die Wiederentdeckung der Transzendenz*, Frankfurt a. M. 1970, 96-98

Das ist bei der Anerkennung der Wirklichkeit einer Verwerfung anders. Gott bleibt der liebevolle Herr, der das Heil jedes Menschen will und ihm dazu die nötige Gnade schenkt, auch außerhalb der Kirche. Aber der Mensch muß mit dieser Gnade mitwirken und sich in ihr frei für das Gute und für Gott entscheiden; und dies verhindert Gott nicht, weil er sonst die Freiheit, die mit dem Wesen der menschlichen Person gegeben ist, wieder aufheben würde.

Hier verengt sich das Problem und konzentriert sich auf das Verhältnis von Heiligkeit Gottes und Sünde. Man ist erstaunt, wie wenig die Vertreter der Allbeseligungslehre von der Sünde, dem Geheimnis des Bösen sprechen. Freilich erscheint dies gänzlich dem Zeitgeist angepaßt, der, weil er das Sündenbewußtsein verloren hat, auch an eine Unseligkeit nicht mehr glauben kann. Wenn man dagegen die Sünde als Verweigerung der Liebe Gottes, als Selbstverschließung des Menschen aufgrund seiner endlichen Freiheit ernst nimmt, wird man verstehen, daß in der Sünde nicht nur etwas ungeheuer Tragisches zustande kommt, sondern auch etwas Transzendentes, Zeitloses, in etwa sogar schon Ewiges. Die Entscheidung gegen den ewigen Gott hat selbst eine Erstreckung in die Ewigkeit hinein. Das erkennt der zitierte Soziologe, wenn er es auch als Nichttheologe nicht angemessen formulieren kann. Er sagt mehr im Genre des Poetischen: "Taten, die zum Himmel schreien, schreien auch nach der Hölle".

Hier ist der tiefe Gedanke getroffen, daß genauso, wie jede Wahrheit und jede Guttat eine grundsätzliche, zeitlose, ewige Erstreckung hat, so auch jede Lüge, jede Untat, jede Sünde eine Ewigkeitsdimension besitzt, und zwar deshalb, weil sie vor dem ewigen und heiligen Gott geschieht. Natürlich hat der Mensch die Möglichkeit, diese Untat in seinem Leben wiedergutzumachen. Daran zeigt sich von neuem die Größe der Gnade Gottes. Wenn er das aber nicht tut, dann tritt der Ewigkeitsbezug der Sünde in Kraft. So läßt sich auch verstehen, daß die Hölle nichts anderes ist als die festgehaltene, die ausgewachsene Sünde; daß sie nicht ohne den freien Willen des Betreffenden zu denken ist. Diese bleibende Entscheidung des bösen Willens kann die Heiligkeit Gottes nicht neben sich dulden und gutmütig übersehen. Sie muß sie verurteilen, sonst würde sich der heilige Gott selbst widersprechen.

Zuletzt zieht sich das Problem auf die Frage nach der liebenden Barmherzigkeit Gottes und nach dem dem Menschen doch naturgegebenen bleibenden Vertrauen auf sie zurück. Freilich dürfen wir Gottes Barmherzigkeit nicht gegen seine Heiligkeit und Gerechtigkeit ausspielen. In Gott sind alle Eigenschaften eins und durchdringen einander. So hat er ja dem Verlorenen in dessen Leben seine Güte und Barmherzigkeit tausendfach bezeugt. Nachdem der Mensch sich aber endgültig gegen Gott entschieden und von Gottes barmherziger Liebe abgewandt hat, kann sich ihm diese göttliche Liebe nicht mehr von ihrer lichten, wärmenden Seite zeigen. Der in der Sünde Verhärtete aber hat seinerseits kein Verlangen mehr nach der Barmherzigkeit Gottes und keine Hoffnung mehr. Wir aber dürfen freilich hoffen, aber nicht auf die Auflösung der Unseligkeit, sondern darauf, daß Gott hier auf Erden möglichst vielen die Gnade der Bekehrung schenke. Dafür dürfen wir sogar missionarisch und stellvertretend einstehen. Aber wir können selbst mit unserer stellvertretenden Sühne den anderen nicht den Akt des Glaubens und der Hoffnung ersetzen.

So bleiben wir letztlich vor dem Geheimnis der Unseligkeit ohne letztes Begreifen stehen; denn die angeführten Gedanken bringen die eine Frage nicht zum Schweigen, warum Gott nicht allen Menschen eine siegreiche Gnade schenkt. Aber diese Frage beantworten zu wollen, hieße, Gott zu begreifen. Dem steht das vom hl. *Augustinus* häufig gesprochene Wort gegenüber: "Wenn du es begreifst, ist es nicht Gott". Es ist interessant, und es zeugt von der Verwickeltheit und Subtilität der Auseinandersetzung, daß sich *H. Urs v. Balthasar* für seine Theorie auch auf dieses Wort des hl. *Augustinus* beruft, den er im übrigen für die ganze falsche Höllenauffassung in der Geschichte der Kirche verantwortlich macht. Aufgrund dieses Zitates könnte man meinen, daß sich am Ende die Kontrahenten im Geheimnischarakter dieser Frage doch wieder träfen. Aber das wäre ein Trugschluß; denn beide meinen, genau besehen, ein anderes Geheimnis: *H. Urs v. Balthasar* meint das Geheimnis der entleerten Hölle oder der Allversöhnung; wir meinen mit der Tradition der Kirche das Geheimnis, daß es neben dem Heil auch das endgültige Unheil gibt.

Die Situation des Nicht-Begreifens und doch Annehmens stellt sich für den Gläubigen nicht nur bezüglich der Verwerfung. Sie ist ähnlich gelagert in bezug auf das Leid der Welt, das wir in seiner Mächtigkeit auch nicht begreifen können, ohne deshalb an Gott zweifeln zu dürfen. Es ist generell die Situation des christlichen Glaubens, der in der Vorwegnahme des Geheimnisses besteht, das Gott erst in der Ewigkeit vom Hell-Dunkel ins klare Licht heben wird. Deshalb kann der Gläubige gegenüber der Lehre von einem doppelten Ausgang der Menschheitsgeschichte manche Dunkelheit empfinden, die z. B. auch *Kardinal Newman* empfand, der aber doch an dieser Wahrheit als Glaubenswahrheit nicht zweifelte, wie sein Ausspruch zeigt: "Wir wollen die Wahrheit (von der Hölle) annehmen als einen Akt des Glaubens gegen Gott und als eine feierliche Warnung an uns"[27].

---

[27] J. H. NEWMAN, *Predigten* (Gesamtausgabe Weingarten, IX), Stuttgart 1958, 94

Der übernatürliche Heilswille Gottes und die Vollendung des Menschen

Prof. Dr. Lucas Francisco Mateo-Seco, Universidad de Navarra

ÜBERSICHT[1]:

1. Fragestellung
2. Entfaltung des Themas
    a) Die beseligende Gottesschau als Schau
    b) Gottesschau, Gotteskindschaft und Einwohnung der Trinität
    c) Die christologische Dimension der Gottesschau
    d) Das Verlangen des Menschen nach dem Unendlichen
    e) Der menschliche Geist
    f) Der Himmel als ungeschuldete Fülle des Menschen
    g) Auferstehung des Leibes und Fülle des Menschlichen
3. Schlußüberlegung

1. Fragestellung

Das mir übertragene Thema - *"Der übernatürliche Heilswille Gottes und die Vollendung der Menschen"* - steht zwischen der theologischen Anthropologie und der Eschatologie. Es bedeutet auch eine Einladung, näher zu untersuchen, wie jetzt und heute im Menschen die Spur gegenwärtig ist, die in seinem ganzen Sein die göttliche Berufung zur Gottesschau hinterlassen hat und den einzigen Sinn seiner Existenz ausmacht. Diese Spur findet sich in seiner natürlichen Wesenskonstitution - ich meine damit die Seele, diesen "Keim" der Ewigkeit, dessen Träger sie ist, wie das Konzil sagt[2]; sie findet sich auch in der Sehnsucht nach dem Unendlichen, die im menschlichen Herzen aufblüht, entsprechend dem bekannten Satz des heiligen Augustinus[3]: *Gott, Du hast uns auf Dich hin geschaffen, und unruhig ist unser Herz, bis es ruht in dir.* Unser Thema erfordert

---

[1] Übersetzung des Referates aus dem Spanischen durch Prof. *J. Stöhr*
[2] VATICANUM II, *Gaudium et Spes*, 18
[3] AUGUSTINUS, *Conf.* lib. 1 c. 1

daher eine Untersuchung der theologischen Konstitution des Menschen, das heißt des Wesens des Menschen, insofern es für eine so innige Einheit mit Gott geschaffen ist, wie sie in der Gottesschau geschenkt wird.

In der Unruhe des menschlichen Herzens kommt der innerste Kern des Geheimnisses des Menschen zum Ausdruck; dem Menschen stellt sich die höchste Frage über sich selbst. Papst *Johannes Paul II.* nennt in der bekannten Ansprache an die spanischen Theologen (1. 11. 1982) unter den grundlegenden und entscheidenden Themen, die er ihnen dringend zur Erforschung empfiehlt, gerade das Geheimnis des Menschen, der "in der unüberwindlichen Spannung zwischen seiner Endlichkeit und seinem unbegrenzten Streben in sich selbst die unvermeidbare Frage nach dem letzten Sinn seines Lebens trägt"[4], das heißt, nach dem theologischen Sinn seiner Existenz. Dieser theologische Sinn ist so grundlegend menschlich, daß der Mensch, wenn er sich von Gott trennt, sich in ein sinnloses Sein verwandelt.

Das Thema meines Vortrages kann man auch aus einer anderen Perspektive betrachten: wenn man den Himmel als transzendente Verwirklichung der Sehnsüchte des Menschen betrachtet. Diese Perspektive ist wirklich besonders wichtig, denn von daher wird deutlich, daß der Himmel nicht etwas dem echt Menschlichen "Fremdes", sondern ganz eng damit verbunden ist. Das Übernatürliche steht über dem Natürlichen, ist ihm aber nicht äußerlich oder gar fremd. Im Menschen gibt es eine authentische Fähigkeit, vom Übernatürlichen her angesprochen zu werden. *Johannes Paul II* mahnt auch die Theologen in der bereits zitierten Ansprache, "in den wesentlichen Strukturen der menschlichen Existenz die transzendenten Dimensionen zu suchen, welche die grundlegende Fähigkeit des Menschen konstituieren, von der christlichen Botschaft her angesprochen zu werden und sie als heilbringend zu verstehen, das heißt, als Antwort ungeschuldeter Fülle auf die grundlegenden Fragen des menschlichen Lebens"[5].

Beide Perspektiven - die des Menschen als theologisches Wesen und die der Gottesschau als gratuite Erfüllung der menschlichen Wünsche - vereinen sich in Christus, in dem der Mensch erwählt wurde vor der Erschaffung der Welt (Eph 1, 4), in dem er berufen ist von Ewigkeit her, durch den er in der Zeit erlöst wurde, in dem wir die Adoptivkindschaft empfangen und in dem der Mensch im Jenseits verherrlicht werden wird. Das Mysterium des Menschen erhellt sich im Mysterium des menschgewordenen Wortes, denn Christus "zeigt gerade in der Offenbarung des Mysteriums des Vaters und seiner Liebe dem Menschen deutlich sein Menschsein und enthüllt ihm seine höchste Berufung"[6].

---

[4] JOHANNES PAUL II, (1. 11. 1982), *Ansprache in Salamanca*
[5] Ebd.
[6] VATICANUM II, *Gaudium et Spes*, 22

2. Entfaltung der Thematik

a) Die beseligende Gottesschau als Schau

Der göttliche Heilswille erreicht seine Vollendung darin, daß der Mensch nach seinem irdischen Pilgerweg dazu gelangt, das ewige Leben zu genießen. Wir können uns hier nicht länger damit befassen, die Lehre der Heiligen Schrift über das Leben in der Seligkeit darzulegen und den Reichtum zu entfalten, der schon in dem Ausdruck "Ewiges Leben" enthalten ist. Im Johannesevangelium wird es beschrieben mit den Worten: "Darin besteht das ewige Leben, daß sie Dich erkennen, den allein wahren Gott, und den Du gesandt hast, Jesus Christus" (Joh 17, 3). Vom Anliegen unseres Themas her gesehen genügt es, wenn wir einen Augenblick bei den metaphysischen Erfordernissen der Gottesschau verweilen.

Ich meine damit die für die Gottesschau erforderlichen Voraussetzungen, insofern sie menschliches Erkennen der Gottheit ist. Dieses Erkennen kann allein in einer intuitiven, direkten und unmittelbaren Schau bestehen. Der Theologe weiß, daß diese Frage klar in der Heiligen Schrift zum Ausdruck kommt; er weiß zudem, daß die eigentliche Gotteserkenntnis nur in einer unmittelbaren und intuitiven Schau möglich ist. In der Tat, Gott kann durch keinen Begriff dargestellt werden. Denn er steht jenseits jedes Begriffes. Da er vollkommen konkret und unendlich einfach ist, kann er nur direkt geschaut werden, das heißt, ohne irgendein Mittleres. Jedes andere Erkennen, das an die menschliche Erkenntnisweise angepaßt ist, das heißt, an ein Erkennen "per speciem", wäre nicht eigentliche Erkenntnis der Gottheit, denn es gibt kein erschaffenes Erkenntnisbild, welches das ungeschaffene Sein angemessen ausdrücken könnte. Infolgedessen ist es notwendig, daß die Gottesschau im Menschen in einer Weise geschieht, die höher steht als die gewöhnliche Weise menschlichen Erkennens[7].

Thomas von Aquin behandelt diese Frage recht ausführlich, und auf seine ganze Abhandlung beziehe ich mich. Was unser Thema betrifft, so genügt es anzumerken, daß die menschliche Gotteserkenntnis in der Gottesschau ein Erkennen ist, das auf eine viel höhere Weise geschieht - auf eine in gewissem Sinne entgegengesetzte Weise - gegenüber der üblichen menschlichen Erkenntnisweise. In der Gottesschau ist es nicht der Mensch, der das Bild des erkannten Gegenstandes "erarbeitet", sondern der erkannte "Gegenstand", Gott, ist es, der auf eine solche Weise gegenwärtig ist, daß eine unmittelbare Schau von Angesicht zu Angesicht zustandekommt. Der heilige *Johannes vom Kreuz* hat es mit der schönen Formulierung zum Ausdruck gebracht: "Gott läßt das menschliche Erkennen aus seinen natürlichen Angeln und Bahnen herausspringen. Im Him-

---

[7] THOMAS VON AQUIN, *S. Th*. I, q. 12, a. 1 c.

mel ist die Seele wie ein Kristall inmitten des Lichtes, der ohne aufzuhören, Kristall zu sein, ganz und gar vom Licht durchdrungen wird"[8].

Die Idee der Vermählung und Umgestaltung des Menschen in Gott ist untrennbar von der Gottesschau. Mehr noch, diese Schau entsteht gerade durch die Umgestaltung des Menschen in Gott, das heißt, durch die Erhebung des Menschen zu einer "Gleichheit", die es möglich macht, daß Gott sich ihm ohne Vermittlung irgendeines Bildes vergegenwärtigt. Es handelt sich somit um eine wirkliche "Vergöttlichung", wie es verschiedentlich in der Heiligen Schrift heißt. Diese "Vergöttlichung" übersteigt alles Menschliche und ist eine völlig ungeschuldete Gabe von seiten Gottes; denn es kann keine geschaffene Natur geben, die in sich dem ungeschaffenen Sein so gleichartig wäre, wie es eine direkte und unmittelbare Schau erfordert. Der Begriff "übernatürlich" ist somit nicht etwas, das in der Theologie nebenbei entstanden ist, sondern kommt von der ganz grundlegenden Unterscheidung zwischen dem Sein Gottes und dem der Kreatur her.

Aus der Sicht der beseligenden Gottesschau erweist sich die Unterscheidung "natürlich - übernatürlich" als naheliegend. Außerhalb Gottes kann keine Erkenntniskraft mit einer solchen ontologischen Qualität existieren, daß sie sich durch sich selbst in einer so innigen Einheit mit Gott verbinden könnte, wie sie zwischen dem Erkenntnisakt und dem Bild, in dem man sich erkennt, besteht. Diese Einheit kann allein Frucht einer ungeschuldeten Gabe sein.

Es handelt sich um eine Gabe, die den geschaffenen Geist umgestaltet, damit er durch die Gnade das sehen kann, was er nicht durch sich selbst schauen kann. Es ist wichtig, dies zu betonen: Vorausgesetzt, daß es in der Gottesschau keine *objektive* Vermittlung durch irgendein Bild geben kann, das zwischen der Wesenheit Gottes und dem menschlichen Erkennen stünde, ist es notwendig, daß es eine *subjektive* Vermittlung gibt, das heißt eine Gabe, welche die Erkenntnis über sich selbst erhebt. Das Wesen Gottes ist es, das, weil es unendlich intelligibel ist, die Schau seiner selbst zustande bringt, indem es sich durch sich selbst direkt mit dem menschlichen Erkennen vereint[9]. Auf diese übernatürliche Gotteserkenntnis folgen dann logisch eine übernatürliche Liebe und eine übernatürliche Freude.

Wer in den letzten Jahren die Unterscheidung "natürlich-übernatürlich" unterschätzt oder verworfen hat, wird wahrscheinlich seine Haltung neu überdenken, wenn er mehr Gewicht auf die eschatologische Vollendung legt, in welche die Berufung des Menschen mündet: die Vermählung mit Gott.

---

[8] JOHANNES VOM KREUZ, *Cantico espiritual* 17,3

[9] THOMAS schreibt: "requiritur ergo ad videndum Deum aliqua Dei similitudo ex parte potentiae visivae, qua scilicet intellectus sit efficax ad videndum Deum (...) Dicendum ergo quod ad videndum Dei essentiam requiritur aliqua similitudo ex parte visivae potentiae, scilicet lumen gloriae, confortans intellectum ad videndum Deum" (*S. th.* I, q. 12, a. 2, c)

b) Gottesschau, Gotteskindschaft und Einwohnung der Trinität in der Seele.

Bei den Theologen besteht Übereinstimmung darüber, daß das Gnadenleben als Vorwegnahme des Lebens im Himmel zu verstehen ist, oder daß - anders gesagt - der Himmel als Fülle des Lebens der Gnade, das schon auf Erden begonnen hat, anzusehen ist. Man kann dasselbe bestätigen, wenn man auf andere Aspekte des neuen Lebens in Christus achtet: Ich meine damit die Gotteskindschaft und die Einwohnung der Trinität in der Seele. Gerade weil die beseligende Gottesschau die Fülle der Gnade ist, kann man sagen, daß in ihr auch die Gotteskindschaft und die Einwohnung der Trinität im Menschen zur Vollendung kommen. Die unaussprechliche gnadenhafte Gegenwart Gottes in der Seele hört auf, nur im Glauben bejaht oder dunkel durch die mystischen Gnadengaben erfaßt zu werden, um sich in der beseligenden Gottesschau mit ihrer ganzen umgestaltenden Kraft zu offenbaren.

Das ewige Leben ist eine authentische interpersonale Beziehung des Erkennens und der Liebe zwischen Gott und dem Menschen, oder besser gesagt, zwischen den drei göttlichen Personen und der menschlichen Person, denn der Mensch wird in den Lebensstrom des innergöttlichen Lebens hineingenommen. Wohnt die Trinität in der Seele des Gerechten, so besagt dies: Der Mensch hat Bezug auf Gott in dessen Personverschiedenheit, insofern er zum Sohn gemacht wurde im ewigen Sohn durch den Heiligen Geist.

Der Himmel ist die volle Entfaltung dieser personalen Nähe Gottes zum Menschen. Er ist Leben bei Gott, ewiges Leben, gegenseitiges interpersonales Sichbesitzen durch die wechselseitigen Beziehungen des Erkennens, der Liebe und des Verkostens. Diese persönliche Beziehung mit den drei göttlichen Personen, welche, da sie göttlich sind, auch als Personen unendlich sind, bringt die Fülle des Seins und der Freude hervor. Da es feststeht, daß die menschlichen Kräfte, um die beseligende Gottesschau zu erreichen, erhoben werden müssen, ist es klar, daß die Schau Gottes von Angesicht zu Angesicht ohne diese Seinsfülle unmöglich wäre, und zugleich wird deutlich, daß in dieser Schau, in der die Liebe zur Fülle gelangt, auch die totale Umgestaltung des Menschen in Gott stattfindet, die Fülle der Vergöttlichung des Menschen.

c) Christologische Dimension der Gottesschau

Wir haben die Gottesschau von einer spekulativen Perspektive her dargelegt, denn die Charakteristiken dieser Schau zeigen mit großer Kraft die völlige Intimität, die zwischen Gott und dem menschlichen Erkennen gegeben sein muß, damit diese Gottesschau zustande kommt. Infolgedessen läßt sich leichter die Übernatürlichkeit der Erlösung, zu der Gott ruft, verdeutlichen: denn eine Intimität dieser Art kann nur eine Gabe im ganz eigentlichen Sinne (en sentido reduplicativo) sein. Aber dieser Aspekt ist nicht der einzige, der bei der Gottesschau bedacht werden kann. Das menschliche Heil - auch in seiner Fülle, das heißt im Himmel - findet mit Christus, durch Christus und in Christus statt. Das Gleichnis vom Weinstock und den Rebzweigen, das Christus so wunderbar verwendet, um seine Beziehung zu den Jüngern zu beschreiben (vgl. Joh 15, 1-12), macht aufmerksam auf die Weise, in der sich das menschliche Heil verwirklicht. Diese Erlösung geschieht in einer so lebendigen Einheit mit Christus, wie sie zwischen Weinstock und Rebzweigen gegeben ist.

Die Theologen betonen mit Recht, daß diese Beziehung im Himmel bestehen bleibt. Es gibt in der Tat keinen Grund, sie für die ersten Stufen des Gnadenlebens anzunehmen und sie dann zu leugnen, wenn es darum geht, sie in ihrer Fülle im Himmel zu verstehen. Das ewige Leben besteht im "Sein in Christus" (Phil 1, 23; 1 Thess 4, 18) und erfolgt durch unsere Einbindung in ihn. Dies will besagen, daß Christus seine Mittleraufgabe im Himmel im vollen Sinne weiterführt. Wenn man von beseligender Gottesschau spricht, ist es wichtig zu betonen, daß Christus auch in ihr weiter als Mittler und Offenbarer des Vaters wirkt.

Einige Autoren verstehen diese Mittlerschaft Christi bei der Gottesschau so, als ob diese Schau als ersten Terminus das Verbum habe und im Wort und durch das Wort die Schau des Vaters und des Heiligen Geistes stattfände; denn die Person des Wortes zu schauen, bedeute das Wesen Gottes selbst zu sehen. So könne man, wie sie meinen, besser verstehen, warum der Hebräerbrief das Ewige Wort "Abglanz der Glorie des Vaters, Bild seines Wesens" nenne (vgl. Hebr 1, 3); auch würde so konkreter und deutlicher, daß die Gottesschau eine interpersonale Beziehung sei. Infolgedessen werde die Verherrlichung des Menschen in und durch den verherrlichten Christus geschehen: Die Glorie seiner Menschheit würde uns in die Glorie seiner Gottheit führen[10].

Auf diese Weise könnte man auch die Offenbarungsfunktion des menschgewordenen Wortes in einem stärkeren und zeitübergreifenderen Sinn verstehen. Während seines irdischen Lebens übte Christus diese Funktion durch sein menschliches Wort aus. Die Worte Jesu waren in menschlichen Bildern und Begriffen Ausdruck für die absolut einfache Wahrheit des Verbum. Nun aber kommt die Offenbarung zu ihrer Vollendung in der beseligenden Gottesschau, in der Gott sich dem Menschen ganz direkt offenbart - ohne Vermittlung von Bildern, Begriffen oder menschlichen Worten. Wird dann diese volle Offenbarung neben Christus geschehen? Es scheine logisch, so argumentieren sie, daß diese höchste Offenbarung des innersten Lebens Gottes nicht nur nicht neben Christus geschehe, sondern daß sie gerade durch und in Christus stattfinde, wodurch auch gerade die Allegorie vom Weinstock und den Rebzweigen erfüllt werde[11].

---

10   Vgl. C. Pozo, *Teología del más allá*, Madrid 1968, 160-162
11   Vgl. J. Alfaro, *Cristo glorioso, Revelador del Padre*, Gregorianum 39 (1968) 222-270

In dieser Frage berühren wir das, was - wie mir scheint - hinter den christologischen Kontroversen der ersten Jahrhunderte steht, insbesondere das, was die energische Reaktion der Kirchenväter gegen *Arius* und *Eunomius* erklärt. Ich beziehe mich auf den Begriff der Mittlerschaft Jesu Christi. Sowohl *Arius* und *Eunomius* wie auch *Athanasius, Basilius, Gregor von Nyssa* oder *Gregor von Nazianz* sahen klar, daß Christus der einzige Mittler zwischen Gott und den Menschen ist, gemäß der Lehre des heiligen *Paulus* (vgl. 1 Tim 2, 5). Nicht darin lag das Problem, sondern in der Weise, in der nach ihrer Meinung Christus seine Mittlerschaft ausübt; denn die Weise, in der Christus Mittler ist, ist entscheidend für den Augenblick, in dem man die christliche Spiritualität leben will.

In der Tat begreift *Arius* und noch deutlicher *Eunomius* das Verbum als ein Zwischenwesen, einen Deuteros Theos. Infolgedessen würde die Mittlerschaft, die Christus ausübt, der Natur eines Zwischenwesens zwischen Gott und der Welt entsprechen. Ein derartiger Mittler würde Gott den Menschen und die Menschen zu Gott insofern näher bringen, als sowohl Gott wie die Menschen über ihn hinweggehen und ihn verlassen würden, um sich so miteinander zu verbinden. So geschieht es z. B. bei der Stufe einer Treppe: Wer zum nächsten Stockwerk will, muß die Stufen hochgehen und darüber hinweg; nur wenn man darüber weggeht, erreicht man das Ziel. So kann man sagen, daß der Mittler des *Eunomius* oder *Arius* nur eine äußerliche Mittlerschaft ausüben kann, während Christus seine Mittlerschaft ausübt, indem er uns mit sich selbst in einer Einheit verbindet, die derjenigen der Rebzweige mit dem Weinstock gleicht.

Hier darf daran erinnert werden, mit welchem Nachdruck *Augustinus* darauf hinweist, daß Christus der Weg ist, gerade weil er das Ziel ist[2]. Christus ist der Weg, weil er zugleich die Wahrheit und das Leben ist. Es handelt sich also nicht um einen Weg, der zu einem von ihm selbst verschiedenen Ziel führt. Der Pilger, der diesen Weg geht, wird ihn nicht verlassen müssen, um das Ziel zu erreichen, sondern er findet dieses Ziel gerade im Inneren des Weges. Das war der Grund, warum die Kirchenväter so heroisch in Nizäa, Konstantinopel, Ephesus und Chalcedon für den Christusglauben gekämpft haben. Die ganze christliche Spiritualität - die ganze Liebe der Christen zu Christus - stand hier auf dem Spiel.

In der Tat hängt die christliche Spiritualität, so wie sie geprägt worden ist seit den glühenden Briefen des *Ignatius von Antiochien* und dem Gebet beim Martyrium des *Polykarp* bis zu den Kommentaren des *Origenes* und *Gregor von Nyssa* zum Hohenlied - die ja ganz klar zur mystischen Theologie gehören - von der Natur des Mittlers ab. Nur wenn Christus vollkommener Gott und vollkommener Mensch ist, kann er zugleich als Weg und als Ziel umfangen

---

[2] AUGUSTINUS, *Tractatus in Joh.*, 69, 2

werden; allein so kann er mit der ganzen Hingabe und völligen Anbetung der höchsten Liebe verehrt werden, die in die "beseligende Ekstase" mündet.

Diese beseligende Ekstase hat kein Ende bei ihrem Wachsen. *Gregor von Nyssa* begreift sie als einen unendlichen Fortschritt der Seele in ihrer Einheit mit der Gottheit. *J. Daniélou* qualifiziert dieses nyssenische Denken mit dem Terminus "epéktasis"[13], der unter den Gelehrten allgemein verbreitet worden ist: Mit diesem Begriff bezeichnet man das unbegrenzte Wachsen in der Schau Gottes[14]. Dieses Wachstum ist in seinen höchsten Stufen, den Himmel eingeschlossen, eine ununterbrochen zunehmende Ekstase. Deshalb lobt *Gregor*, der so sehr die Leidensunfähigkeit und Unveränderlichkeit Gottes preist, begeistert die Eignung der menschlichen Natur zur Veränderung[15]. Diese Natur ist in der Tat in gewisser Weise etwas Unendliches, denn "die Vollkommenheit besteht in Wahrheit darin, niemals Halt zu machen beim Wachsen zum Besseren"[16]. Dieses unendliche Wachsen findet gerade in und durch die Einheit mit Christus statt. Für *Gregor* ist, wie *J. Daniélou* schreibt, "das ganze Leben eine dauernde Umgestaltung der Seele in Jesus Christus unter der Gestalt einer wachsenden Glut, während der Durst nach Gott in dem Maße zunimmt, als eine größere Teilhabe an einer wachsenden Stabilität erreicht wird, wobei man sich jedesmal mehr mit Gott vereint. Der Begriff der Epéktasis bietet uns in seiner Komplexität eine Synthese des ganzen mystischen Denkens *Gregors*"[17]. Es war konsequent, daß die Väter des vierten Jahrhunderts mit soviel Eifer - und mit soviel Sicherheit - die vollkommene Einheit des Göttlichen und des Menschlichen in Christus verteidigt haben. Allein so konnte man begründen, daß es sich um eine mystische Liebe handelt, die ohne Ende wächst.

Diese Einheit der zwei vollkommenen Naturen in der Person der Mittlers bedeutet eine sichere Grundlage für das Erlösungsgeheimnis, wenn man es mit allen seinen Aspekten betrachtet. Nicht nur in dem, was es an Sühne und Genugtuung enthält, sondern auch in dem, was die Wirksamkeit betrifft. Christus ist es, der die Menschen heiligt und auferweckt; er ist es auch, der sie verherrlicht: Die Menschen werden in ihm und durch ihn verherrlicht, indem sie in ihn eingefügt werden wie die Rebzweige in den Weinstock.

Hier setzt die Argumentation von *J. H. Nicolas* an: Die beseligende Gottesschau wird möglich durch die höchste Gabe der Gnade, die lumen gloriae genannt wird. Sie heißt Licht, weil die Trinität dem Geist des Menschen durch dieses Licht sichtbar wird. Aber es handelt sich nicht um ein Licht, das einen

---

13   Vgl. J. DANIELOU, *Platonisme et Théologie mystique*, París 1944, 291-307.

14   Deshalb definiert *Gregor* die Vollkommenheit als ständiges Hinaufsteigen zu Gott. (GREGOR VON NYSSA, *De vita Moysi*, 1, 5; vgl. J. DANIELOU, *Grégoire de Nysse: La vie de Moise*, Paris 1968, 29

15   GREGOR VON NYSSA, *De perfectione et qualem oporteat esse christianum*: PG 46, 286)

16   Ebd.

17   J. DANIELOU, *Platonisme et théologie mystique*, ebd. 306-307

Gegenstand beleuchtet - denn die Trinität ist in sich selbst Licht -, sondern um ein Licht, das den menschlichen Geist befähigt zu sehen. Die letzte Quelle dieser Erhöhung ist offensichtlich Gott selbst; die unmittelbare Quelle jedoch ist der Geist Jesu, erfüllt mit einem Glorienlicht von einer Stärke und Intensität, die einzigartig sind[18].

In jedem Falle scheint es logisch, unserem lumen gloriae dieselbe Beziehung zu Christus zuzuordnen, wie sie die erste Gnade hat, denn das lumen gloriae ist ja deren Fülle. Nun aber empfängt der Mensch die erste Gnade von Christus, insofern dieser das Haupt ist. Darüber hinaus hat die Einwohnung des Heiligen Geistes in der Seele das Ziel, uns Christus gleichzugestalten, denn wir sind von Gott vorherbestimmt, "gleichförmig zu werden mit dem Bild seines Sohnes, damit dieser der Erstgeborene unter vielen Brüdern sei" (Röm 8, 29); somit scheint es gerechtfertigt zu sagen, daß auch wir die Gnade in ihrer Fülle von Christus als dem Haupte empfangen, das heißt, das lumen gloriae.

d) Der Durst des Menschen nach dem Unendlichen

Wir haben die Erlösung des Menschen in ihrem Ziel, das heißt im Leben des Himmels betrachtet, denn dort kommt die Gnade zur Vollendung und mit ihr die Gotteskindschaft und die Einwohnung der Trinität in der Seele. Bei der Betrachtung des Gnadenlebens von dieser Fülle her war es leicht, besonders auch seine übernatürliche Dimension deutlich zu machen. Auch haben wir die christologische Dimension dieser Übernatürlichkeit behandelt und verdeutlicht, daß Christus auch in der beseligenden Gottesschau weiterhin seine Sendung als Mittler und Offenbarer des Vaters ausübt. Dabei ging es uns darum, die Frage nach dem Übernatürlichen aus einem bloß abstrakten Bereich heraus in einen ganz konkreten und zuinnerst persönlichen Bereich hineinzustellen. Wir haben bei dieser Frage die Christozentrik vor Augen gehabt, wie sie sich im ersten Kapitel des Kolosserbriefes findet: "Christus ist das Bild des unsichtbaren Gottes, der Erstgeborene aller Schöpfung, denn in ihm ist alles im Himmel und auf der Erde geschaffen ... alles wurde durch ihn und für ihn geschaffen ... alles besteht in ihm. Er ist vor allem, und alles hat in ihm seinen Bestand."

Nun kommen wir zur Behandlung der Frage, welche Spuren diese Berufung zum Leben des Himmels im Menschen hinterlassen hat. Gemeint ist der Durst des Menschen nach dem Unendlichen, der sich in ihm findet wie ein unaufhebbares Unbefriedigtsein gegenüber dem Begrenzten und zugleich wie eine dauernde Unruhe, die ihn antreibt, jemanden zu suchen, der den Menschen transzendiert und ihm zur selben Zeit nahe und verwandt ist. Die klassische Theologie behandelt dies unter dem Titel: Desiderium naturale videndi Deum, und

---

[18] Vgl. J. H. NICOLAS, *Synthèse dogmatique*, Fribourg 1986, 549

einige Autoren studieren das Problem unter dem Aspekt des "theologischen Sinnes" des Menschen[19].

Bekanntlich bringt *Thomas von Aquin* diese Frage in der Summa theologiae I. q. 12 a 1. Es handelt sich um das "an sit" der Gottesschau, und Thomas argumentiert, nachdem er aufgezeigt hat, daß Gott das höchst Erkennbare ist: Wenn die unmittelbare Gottesschau für den Menschen unerreichbar wäre, würde entweder folgen, daß das menschliche Glück in etwas von Gott Verschiedenem liegen würde, oder daß der Mensch niemals sein Glück erreichen würde. Denn "das letzte Glück der vernunftbegabten Schöpfung liegt in dem, was Prinzip seines Seins ist, denn etwas ist insofern vollkommen, als es mit seinem Prinzip verbunden ist." Infolgedessen, so schließt *Thomas*, bedeutet die Leugnung der Gottesschau einen Widerspruch zur natürlichen Vernunft, denn *im Menschen liegt der natürliche Wunsch, die Ursache zu erkennen*, und wenn "die Erkenntnis der vernünftigen Schöpfung nicht dazu gelangt, die erste Ursache der Dinge zu erreichen, würde ein natürliches Verlangen völlig frustriert bleiben: *remanebit inane desiderium naturae*".

Diese Aussage von *Thomas von Aquin* ist schwierig; seine Kommentatoren haben sich mit dem Problem beschäftigt, wie man dieses natürliche Verlangen nach der Gottesschau mit der Gratuität der Gnade und mit der Übernatürlichkeit der Gottesschau zusammendenken könne. Vielleicht war es *Cajetan*, der am besten klar gemacht hat, in welchem Zusammenhang das Wesen dieses desiderium zu verstehen ist. Nach ihm handelt es sich um ein authentisches desiderium naturae, das heißt, um eine Tendenz, die durch den Schöpfer in die menschliche Natur eingeprägt worden ist. Dieses desiderium "fordert", daß dem Menschen die Möglichkeit gegeben wird, es zu erreichen. Denn wenn diese Möglichkeit ihm verweigert würde, dann würde es sich um ein Naturverlangen handeln, das zur Sinnlosigkeit bestimmt wäre - etwas, das mit einem weisen, guten und vorausplanenden Gott unvereinbar wäre. Um die Gratuität zu wahren, fügt *Cajetan* hinzu, daß es sich um ein *desiderium supernaturaliter naturale* handele, das heißt, um einen Wunsch, der natürlicherweise aus der Tatsache folgt, daß der Mensch schon zur übernatürlichen Ordnung erhoben erschaffen wurde.

Die Formel *Cajetans* scheint nicht falsch, vor allem in ihrer Grundintention. In der Tat vereinbart sie die Realität des menschlichen Wunsches nach dem Unendlichen mit der Übernatürlichkeit der Gottesschau. Die Sehnsucht nach Gott und die Unersättlichkeit des menschlichen Herzens kommen spontan und ununterdrückbar aus dem Innersten des Menschen: Sogar bei einer Verwerfung Gottes zeigt sich der Durst nach dem Unendlichen, das Sichsehnen nach Anbetung. Die Religiosität des Menchen kann in Idolatrie und Egolatrie pervertieren; aber sogar in diesen Perversionen verweist sie noch auf den Durst nach dem Unendlichen, auf den sie sich stützt.

---

19 Vgl. X. Zubiri, *El hombre y Dios*, Madrid 1988, 369-383

So scheint es folgerichtig zu bejahen, daß der Mensch ein theologisches Wesen im eigentlichen (reduplikativen) Sinne ist: nicht nur, weil er als Geschöpf auf Gott hingeordnet ist, sondern auch, weil er für die unsagbare Einheit gemacht worden ist, in der die liebende und beseligende Schau der heiligsten Trinität geschieht. Die theologische Dimension des Menschen ist also ein konstitutives Moment seiner menschlichen Wirklichkeit, eine Dimension, die zu seiner innersten Struktur gehört.

Der Mensch ist wesentlich auf Gott bezogen. Er ist theozentrisch im eigentlichen (reduplikativen) Sinne, denn er trägt in sich die Berufung, die Tendenz zu einer unendlichen Liebe des Unendlichen. Das Unendliche kann ihn nur sättigen, wenn es in der einzigen Weise erfaßt wird, in der das Unendliche in sich selbst erfaßt werden kann: mit der intuitiven Schau von Angesicht zu Angesicht, das heißt, in einer Weise, die gewissermaßen unendlich ist.

Wie man allgemein weiß, zeigt sich der Mensch als ein vernunftbegabtes Sinnenwesen, das heißt, als beseelte und sinnenhafte Materie mit der Fähigkeit zu denken und zu lieben, die das Äußerliche transzendiert. In ihrem Höhepunkt zeigt sich diese Fähigkeit, das Äußerliche zu transzendieren, in dem Wunsch nach Ewigkeit und Unendlichkeit. Von Anfang an hat die Heilige Schrift den Menschen als Bild und Gleichnis Gottes gekennzeichnet, das heißt, als den, der in seiner eigenen Natur etwas Göttliches hat. In Christus offenbart sich das Innerste der Berufung des Menschen: Bild und Gleichnis Gottes gelangen zu ihrer Fülle in der Berufung, Sohn zu sein, im Sohn durch den Heiligen Geist, das heißt, in der Berufung zum ewigen Leben bei Gott (vgl. Joh 17, 3). In dieser Sicht ist das *desiderium naturale videndi Deum* nicht der Wunsch nach etwas Allgemeinem, nach Glückseligkeit abstrakt verstanden, sondern der Wunsch nach etwas ganz Konkretem: die Sehnsucht nach einer so engen Einheit mit dem dreipersönlichen Gott, daß sie das innigste Gespräch von Angesicht zu Angesicht mit ihm erlaubt. Dieser Wunsch kann zudem nur in der Einheit mit Christus seine Erfüllung finden. In dieser Hinsicht betonen die Heilige Schrift und die Kirchenväter sehr ausdrücklich: Wir wurden von Ewigkeit her in Christus erwählt, um heilig zu sein in der Gegenwart Gottes (vgl. Eph 1, 4); wir sind durch ihn und für ihn geschaffen (vgl. Kol 1, 16). Unsere Unendlichkeitsberufung ist Berufung in Christus. Wenn der Theologe Christus gegenwärtig hat, in dem und durch den der Mensch sein Ziel findet, hat er einen leichten Weg, um die übernatürliche Dimension des Unendlichkeitswunsches nicht aus dem Blick zu verlieren, der spontan aus dem Herzen aller Menschen quillt und trotzdem nicht einfach als etwas, das ohne weiteres aus seiner bloßen menschlichen Natur kommt, verstanden werden kann.

Diese Rückbindung des Menschen an Christus ist in unvergleichlicher Form im II. Vatikanischen Konzil verdeutlicht worden - in einem bekannten Abschnitt von *Gaudium et spes*: Das Mysterium des Menschen wird allein im Mysterium des menschgewordenen Wortes deutlich; Christus manifestiert in der Offenbarung des Mysteriums des Vaters und seiner Liebe dem Menschen selbst, was der Mensch eigentlich ist, und entschleiert ihm die Höhe seiner Berufung. Aus diesem Grunde weiß die Kirche sehr gut, daß ihre Botschaft mit den tiefsten Sehnsüchten des menschlichen Herzens übereinstimmt[20]. Wie L. *Scheffczyk* schreibt, hat das menschliche Denken niemals darauf verzichtet, den Menschen als ein für die Offenbarung offenes Wesen zu verstehen. In der Tat ist der Mensch so strukturiert, daß das einzige Ziel der Gnade für ihn als natürliches Wesen vorgestellt und verbindlich gemacht wurde[21].

e) Der menschliche Geist

Die übernatürliche Berufung des Menschen in der Vollendung ihres Zieles gesehen ist auch ein guter Ansatzpunkt, um das Wesen des menschlichen Geistes deutlich zu machen. Ich beziehe mich auf die Frage nach der Geistigkeit der Seele und infolgedessen auf ihre Unsterblichkeit, wie sie der Glauben der Kirche bekennt. Die beseligende Gottesschau fordert eine so enge Einheit mit der Gottheit, daß sie als Grundlage dieser Einheit eine Natur verlangt, die fähig ist, zu ihr erhoben zu werden; das heißt, sie erfordert ein persönliches Sein, fähig zum Erkennen und zum Lieben. Man darf an den alten Grundsatz erinnern, daß die Gnade die Natur nicht aufhebt, sondern sie erhöht. Gerade deshalb muß der Mensch - in seiner eigenen Natur - Träger von etwas Göttlichem sein, das ihm eine gewisse Verwandtschaft mit der Gottheit gibt.

Die Kirchenväter hatten nicht zuletzt die Geistigkeit der Seele vor Augen, als sie die Erschaffung des Menschen nach dem Bild und Gleichnis Gottes erklärten. Nach ihrer Lehre ist es der menschliche Geist, der den Menschen zum Träger einer Art Verwandschaft mit der Gottheit macht. Darüber hinaus gibt die Seele ihm ein höheres Sein, das ihn über das ganze materielle Universum erhebt. Was wir "Würde der menschlichen Person" nennen, gründet vor allem darin. Hier wurzelt die Möglichkeit, erhöht zu werden bis zu einer Erkenntnis, die über jeder geschaffenen Natur steht, und bis zu dieser Liebe, die über jeder geschaffenen Kraft steht. Hier wurzeln auch der Wunsch nach Unsterblichkeit und die Todesfurcht, die im menschlichen Herzen verborgen sind. Wie das Zweite Vatikanische Konzil lehrt, "urteilt der Mensch mit sicherem Instinkt des Herzens, wenn er sich weigert, die Aussicht auf einen totalen Untergang und einen endgültigen Abschied anzunehmen. Der Samen der Ewigkeit, den er in sich trägt, der nicht auf die bloße Materie zurückgeführt werden kann, erhebt sich gegen den Tod."[22] In diesem Samen der Ewigkeit, der den Menschen mit Gott verwandt macht, gründen "die transzendenten Dimensionen, welche die grundle-

---

[20] VATICANUM II, *Gaudium et Spes*, 21-22
[21] L. SCHEFFCZYK, *Dios uno y trino*, Madrid 1973, 37
[22] VATICANUM II, *Gaudium et Spes*, 18.

gende Fähigkeit des Menschen bilden, von der christlichen Botschaft getroffen zu werden, um sie als Erlösungsbotschaft zu verstehen"[23].

Die Eschatologie erleuchtet die Protologie; die Erlösung gerade auch im Zustand ihrer himmlischen Vollendung erleuchtet auch die Erschaffung des Menschen - gerade deshalb, weil die Erlösung eine Erneuerung und eine Neuschöpfung ist, und weil die Schöpfung schon ein Anfang der Erlösung ist[24]. Wenn der Seinsgrund des Menschen in der Berufung zur innigst möglichen Intimität mit Gott besteht, dann muß auch gerade seine Natur so strukturiert sein, daß sie imstande ist, erhöht und umgestaltet zu werden, entsprechend den metaphysischen Erfordernissen dieser Einheit. Das heißt, der Mensch muß in seiner eigenen Natur etwas tragen, das ihm eine enge Verwandtschaft mit der Gottheit gibt, die ihn befähigt, Akte des Erkennens und der Liebe zu verwirklichen, und die ihn deshalb als Person konstituiert. Die beseligende Gottesschau ist in der Tat nichts anderes als eine interpersonale Beziehung mit Gott auf der höchsten Ebene der gegenseitigen Kommunikation unter Personen.

f) Der Himmel als ungeschuldete Vollendung des Menschen

Betrachten wir nun die Frage aus der Perspektive des Himmels, insofern er die "Antwort ungeschuldeter Fülle auf die fundamentalen Fragen des menschlichen Lebens"[25] bildet. Da der Himmel die Vollendung des Menschlichen ist, müssen in ihm das Sein des Menschen und die Wünsche und Sehnsüchte, die zu seiner Wesensstruktur gehören, ihre volle Erfüllung finden. Der Himmel bestimmt sich als das Miteinander aller Güter und Werte, ohne Beimischung irgendeines Übels.

Zu diesen Gütern gehört die Gemeinschaft des Erkennens, des Lebens und der Affekte unter den Seligen. Sie bilden die triumphierende Kirche, so wie sie in den majestätischen Visionen der Apokalypse beschrieben ist. Die beseligende Gottesschau - diese unsagbare Gemeinschaft Gottes selbst mit jeder Seele - ist zuinnerst personal zwischen Gott und jedem Menschen und ist dennoch nicht etwas, das ihn von seiner wesentlichen Bezogenheit auf die anderen Menschen loslöst. Die beseligende Gottesschau geschieht in Christus, und die Heiligen freuen sich über ihr Miteinandersein in einer so engen Gemeinschaft, wie sie für uns unvorstellbar ist; in dieser Gemeinschaft der Seligen wird Gott *alles in allen* sein (vgl. 1 Kor 1, 15. 28).

Wir können hier nicht alle Aspekte des Lebens im Himmel aufzählen, bei denen deutlich wird, wie sich dort alle Sehnsüchte des menschlichen Herzens

---

[23] Vgl. Anm. 2

[24] L. SCHEFFCZYK unterstreicht häufig die Kontinuität zwischen Schöpfung und Erlösung (vgl. ders., in: M. SCHMAUS/ A. GRILLMEIER, Handbuch der Dogmengeschichte, II, 2a). Vgl. auch L. SCHEFFCZYK, *El hombre actual ante la imagen bíblica del hombre*, Madrid 1967, 42-59

[25] Vgl. Anm. 2

endgültig vollenden - in einer Fülle, die sie zugleich übersteigt. Verweilen wir aber dennoch bei einem wichtigen Aspekt, der dazu hilft, die eschatologische Gemeinschaft der Heiligen mit Gott in ihrer Totalität zu verstehen. Ich meine die Auferstehung des Leibes.

g) Auferstehung des Leibes und Fülle des Menschen

Die Auferstehung der Toten bildet nach dem heiligen *Paulus* den letzten Abschnitt des Sieges Christi über die Macht des Bösen; denn mit der Vernichtung des Todes ist der letzte Feind Gottes besiegt (vgl. 1 Kor 15, 26). Die Auferstehung ist Sieg über den Tod und zugleich Erlösung unseres Leibes (vgl. Röm 8, 23).

Die Lehre von der Auferstehung - zusammen mit derjenigen der Menschwerdung - hilft den Theologen aller Zeiten, die Versuchungen zu überwinden, welche die verschiedenen Spiritualismen für den menschlichen Geist bedeuten: Gnostizismus, Doketismus, Dualismus. Die Auferstehung des Leibes lehrt darüber hinaus, daß der Mensch nicht eine Seele ist, die ihren Körper gebraucht (*anima utens corpore*), sondern eine sinnenbegabte Materie, belebt durch einen Geist, der die Materie transzendiert. Der lebendige Leib gehört zur Integrität des Menschen, auch im Himmel; die Erlösung des Menschen besteht daher nicht in der Befreiung von der Materie, sondern in der Erlösung des Fleisches durch die Auferstehung. Die Auferstehung des Fleisches, die in den Offenbarungsquellen bezogen ist auf den Augenblick, in dem der Triumph Christi seinen Höhepunkt erreicht und die Erlösungsgeschichte vollendet wird, macht umgekehrt auch die Unsterblichkeit der Seele deutlich.

Wie *Christoph von Schönborn* bemerkt, geht die Tatsache, daß die Theologen neu die Unsterblichkeit der Seele als ein für das heutige Denken wiedergewonnenes Thema behandeln, großenteils auf die Erfordernisse zurück, die die Auferstehungslehre mit sich bringt. In der Tat erscheint es ohne Unsterblichkeit der Seele, d. h. ohne einen Teil des Menschen, der den Tod überlebt, unmöglich, daß der auferstandene Mensch überhaupt noch im geringsten identisch wäre mit dem Verstorbenen, so daß man ernstlich von Auferstehung sprechen könnte.

Der Grund findet sich in der Bedeutung der persönlichen Geschichte für die Identität des auferstandenen Subjektes mit dem Verstorbenen. Diejenigen, welche von einem Ganztod des Menschen sprachen (Ganztodtheorie[26]) und zugleich die Auferstehung des Leibes als eine Art Neuschöpfung aus dem Nichts annehmen wollten, sahen sich vor die Unmöglichkeit gestellt, die erforderliche Identität zwischen dem verstorbenen und dem auferstandenen Menschen aufzuzeigen. Das Problem beruht bekanntlich darauf, daß die persönliche Geschichte zur In-

---

[26] Vgl. dazu auch A. ZIEGENAUS, *Hoffnung angesichts de Todes*, in: ders. (Hrsg.), *Zukunft der Menschen*, Augsburg 1979, 75-78

tegrität des Menschen gehört, obwohl logisch die Ereignisse seines Lebens in gewissem Sinne zufällig sind. Es ist z. B. klar, daß jemand Priester sein kann oder nicht; aber wenn wir einmal bejaht haben, es zu sein, dann wird unser Sein so geprägt, daß wir nicht dieselben wären, wenn wir nicht Priester wären. Und das hilft zu verstehen, daß ohne Fortdauer der Seele die Auferstehung des Leibes unmöglich ist. In der Tat, nur wenn die Seele als Trägersubjekt der persönlichen Geschichte des Menschen weiterlebt, ist es möglich, daß sich diese Geschichte nicht mit dem Untergang des Subjektes in das Nichts verflüchtigt; und infolgedessen ist allein so die Identität zwischen dem verstorbenen und dem auferstandenen Menschen möglich[27].

Aber wenn die Auferstehung des Leibes die ontologische Konstitution des Menschen und die Endgültigkeit seines Leibes und seines Geistes in entscheidender Weise verdeutlicht, dann verdeutlicht sie vor allem auch die christologische Dimension seiner Verherrlichung und deshalb auch die Übernatürlichkeit des letzten Zieles des Menschen. Wir kennen alle die Überzeugungskraft, mit der *Thomas von Aquin* die Beziehung zwischen der Auferstehung des Leibes und der Auferstehung Christi feststellt: Die Auferstehung des Herrn ist die Wirk- und Vorbildursache der Auferstehung der Gerechten[28].

Dies schließt offensichtlich ein, daß die auferstandenen Leiber mit dem auferstandenen Herrn so verbunden bleiben, wie eine Wirkung mit ihrer Wirkursache und mit ihrer Exemplarursache verbunden ist. Der Herr ist wirklich und wahrhaftig *Erstgeborener unter den Toten* (vgl. Kol 1, 18). Aber er ist auferstanden von den Toten als *Erstling der Entschlafenen* (vgl. 1 Kor 15, 20). Denn er selbst wird *unseren schwachen Leib umgestalten zu seinem verherrlichten Leib kraft der Macht, die er hat, sich alle Dinge zu unterwerfen* (Phil 3, 21). In dieser Frage hat uns der heilige *Paulus* eine entscheidende Lektion guter Theologie gegeben, wenn er die Eigenschaften des Auferstehungsleibes im Anschluß an das, was vom Auferstehungsleib des Herrn bekannt ist, geschildert hat (vgl. 1 Kor 15, 33-54).

Von dieser Sicht her scheint es logisch, daß sich auch im Bereich der Eschatologie das entwickelt, was wir als christologische Konzentration bezeichnen können, das heißt einegrößere Aufmerksamkeit auf die enge Beziehung zu legen, die zwischen den eschatologischen Wahrheiten und dem christologischen Dogma besteht. Der Himmel zeigt sich uns dann nicht nur als Gemeinschaft mit Gott, sondern auch als vollkommenste Gemeinschaft mit Christus. Es handelt sich um eine Gemeinschaft, die sich auch auf die leiblichen Aspekte des Gerechten erstreckt, denn auch in seinem verherrlichten Leib erfüllt sich auf unsagbare Weise das Gleichnis vom Weinstock und den Rebzeigen (vgl. Joh 15, 1-8) und manifestiert sich seine ganz enge Beziehung mit Christus als Haupt.

---

[27] Vgl. C. VON SCHÖNBORN, Internationale Katholische Zeitschrift Communio 12 (1990) 32-49
[28] THOMAS VON AQUIN, *S. th.* III, q. 56, a. 1

Von daher ist, wie es in dem jüngsten Dokument der *Internationalen Theologenkommission* über die Eschatologie heißt, die Auferstehung des Herrn sozusagen der Raum unserer zukünftigen Auferstehung in der Glorie. Von daher muß auch unsere leibliche Auferstehung als ein ekklesiales Ereignis[29] verstanden werden, denn Christus wird uns auferwecken als Haupt der Kirche.

Der Mensch erreicht die Fülle seines Seins gerade in dieser engsten Einheit mit Christus als Haupt; in ihm, mit ihm und durch ihn tritt er darüber hinaus in Gemeinschaft mit Gott und mit allen Heiligen ein. Der Mensch wurde in die Existenz gerufen, um zu dieser Fülle der Glorie zu gelangen, zur Fülle des Erkennens und der Liebe. Diese Berufung ist in die Wesensstrukturen seiner Existenz eingeprägt und zeigt sich im ununterdrückbaren Wunsch, das zu erkennen und zu lieben, was über aller Erkenntnis steht.

3. Schlußbetrachtung

Mir scheint es gerade heutzutage sehr wichtig zu sein, die theologische Bedeutung der spontanen, allgemeinen und grundlegenden Erfahrung hervorzuheben, mit der die Menschen sich als über allen anderen irdischen Geschöpfen stehend erfassen. So geschah es auf dem Zweiten Vatikanischen Konzil. Diese Superiorität des Menchen gründet in seinem Personsein, das untrennbar ist von der Berufung zur innigsten Gemeinschaft mit Gott, und manifestiert sich in seinem angeborenen Sehnen nach dem Unendlichen. Dieses Sehnen ist nicht nur der Grund dafür, daß der Mensch die Idee eines totalen Annihilierens seiner Person verabscheut und verwirft, sondern auch dafür, daß er dunkel spürt, daß allein das Unendliche sein ganzes Herz zur Ruhe bringen kann[30]. Die christliche Offenbarung hat konkret verdeutlicht, zu was für einem Ziel der Mensch berufen ist: zur Schau Gottes in der Glorie. Und sie hat dabei betont, daß diese Fülle sein Herz sättigt und zugleich unendlich übersteigt. Denn sie besteht in einer so engen Verbindung mit Gott, daß man sie zurecht "Vergöttlichung" nennen kann. Diese "Vergöttlichung geschieht durch Christus, in Christus und mit Christus - in einer Lebenseinheit mit ihm, die der des Weinstocks mit den Rebzweigen entspricht. Es geht um eine Einheit, die das menschliche Sein zu seiner Fülle führt und zugleich über seiner Natur steht.

---

[29] CTI, *Alcune questioni actuali reguardante l'escatologia*, n. 1, La Civiltà Cattolica (1992) 464
[30] CTI, ebd. n. 5. 1

Jenseits des Todes: Die Auferstehung des Leibes und die Eigenschaften des Auferstehungsleibes

Prof. Dr. Johannes Stöhr, Bamberg

1. Die wichtigsten Ansätze in der biblischen Theologie

Von Anfang an war man sich bewußt, daß der Auferstehungsglaube ein wesentliches Element des Glaubens aller Christen ist[1]; sie gehört zu den Fundamenten christlicher Unterweisung (Hebr 6, 2). Die Auferstehung ist dabei eindeutig als Auferstehung des Fleisches verstanden. "Caro salutis est cardo" (Das Fleisch ist der Angelpunkt des Heils) (*Tertullian*[2]). So drückt es auch der neue *Katechismus der Katholischen Kirche* aus: "Wir glauben an Gott, den Schöpfer des Fleisches; wir glauben an das Wort, das Fleisch geworden ist, um das Fleisch zu erlösen; wir glauben an die Auferstehung des Fleisches, in der sich die Schöpfung und die Erlösung des Fleisches vollenden[3]". Damit ist natürlich nicht gesagt, daß die Auferstehung nur einen Teil des Menschren betreffe. Der Christ wird von einer großen Hoffnung bewegt: "Dein Angesicht, Herr, will ich schauen"; ohne Auferstehungshoffnung wäre "unser Glaube sinnlos" und wir wären "bejammernswerter als alle Menschen" (*1 Kor 15, 19*).

Von Anfang an ist der Auferstehungsglaube aber auch auf Unverständnis und Widerstand gestoßen (vgl. *Apg 17, 32; 1 Kor 15, 12-13*). Die rationalistischen *Sadduzäer* glaubten nicht an die Auferstehung (*Mt 22, 23; Mk 12, 18; Lk 20, 27; Apg 23, 8*). Sie näherten sich Jesus, um ihm eine Falle zu stellen. Nach dem Gesetz des Moses (*Dt 24, 5 ff.*) sollte ein Mann, der ohne Söhne starb, durch seinen Bruder ersetzt werden, der die Witwe heiraten mußte, um für Nachkommenschaft eines Sohnes zu sorgen. Die Sadduzäer versuchten, mit einem entspr. theoretischen Problembeispiel - dem Fall einer Frau, die nacheinander Witwe von mehreren Brüdern wurde - die Auferstehung der Toten lächerlich zu machen (*Mk 12, 18-27*). Bei seiner Antwort bekräftigt Jesus erneut die Tatsache der Auferstehung und bezieht sich auf verschiedene Texte des AT. Er verweist dann auf die Eigenschaften des Auferstehungsleibes und entkräftet das Argument der Sadduzäer. Der Herr wirft ihnen vor, daß sie weder die Schrift noch

---

[1] TERTULLIAN: "Fiducia christianorum resurrectio mortuorum; illam credentes, sumus." (*De resurrectione mortuorum* 8, 1; CChr 2, 921).

[2] TERTULLIAN, *De resurrectione mortuorum*, 8, 2 (CChr 2, 931; PL 2, 806; Corpus Vindobonense 47, 32). Vgl. *De virg. vel.* 1 (CSEL 76, 79); *De praescr. haer.* 13 (SChr 46, 106)

[3] KATECHISMUS DER KATHOLISCHEN KIRCHE, Nr. 1015

die Macht Gottes anerkennen: Der Gott Abrahams, Isaaks und Jakobs ist ein Gott der Lebendigen (*Mt 22, 23-33; Mk 12, 18-27; Lk 20, 7-40*).

Schon Isaias hatte prophezeit (*Is 26, 19*): "Die Gebeine derer, die sterben, werden auferstehen, die einen zum ewigen Leben, die anderen zur Strafe." Die Mutter der Makkabäer-Söhne ermutigte ihre Söhne im Augenblick des Martyriums und erinnerte sie daran, daß ihnen der Schöpfer des Universums in seiner Barmherzigkeit das Leben zurückgeben werde (*2 Makk 7, 23*). Für *Job* ist dieselbe Glaubenswahrheit Trost in seinen schlechten Tagen. "Ich weiß, daß mein Erlöser lebt und daß er mich am jüngsten Tage auferwecken wird aus dem Staube; in meinem eigenen Fleische werde ich Gott schauen" (*Job 19, 25-26*, nach dem Vulgatatext; vgl. Ez 37, 1-10).

Joh 11, 24 bezeugt Martha ihren Glauben an die allgemeine Auferstehung; *Apg 4, 2* bekennen ihn Petrus und Johannes im Tempel; *Apg 17, 31 f.; 18, 26. 28* usw. bekennt ihn Paulus auf dem Areopag, vor den Sadduzäern und vor König Agrippa. *Joh 5, 25-29* bezieht sich auf *Dan 12, 2*: "Es wird die Stunde kommen, da alle, die in den Gräbern ruhen, die Stimme des Gottessohnes hören werden und die, welche Gutes getan haben, zur Auferstehung des Lebens, die Schlechtes getan haben, zur Auferstehung der Verdammnis erstehen". Ausdrücklich ist hier die Rede von denen, die in den Gräbern sind, d. h. von den Toten. Zugleich ist die Universalität dieser Auferstehung erklärt (v. 28). *Joh 6, 54* heißt es: "Wer mein Fleisch ißt und mein Blut trinkt, hat das Leben, und ich werde ihn am jüngsten Tage auferwecken." Die Auferstehung geschieht also "am jüngsten Tage", zum "ewigen Leben".

Paulus spricht in seinen Briefen ausdrücklich wohl nur von der Auferstehung der Gerechten. Doch in der Apostelgeschichte gibt es weitere Zeugnisse der mündlichen Predigt Pauli, und dort ist die Rede von der allgemeinen Auferstehung. Wahrscheinlich sind die jeweiligen Zuhörer oder die Adressaten der Briefe dafür der Grund. Paulus betont immer wieder den Parallelismus mit der Auferstehung Christi: Unsere Auferstehung hat den Sinn, eine Art Verlängerung der Auferstehung Christi zu sein, der der Erstgeborene unter den Toten ist (*Kol 1, 18*). In diesem Parallelismus findet man auch die Antwort auf das Problem der Beziehung zwischen dem jetzigen Körper und dem Auferstehungsleib. Paulus stellt sich ausdrücklich die Frage: Wie werden die Toten auferstehen, mit welchen Leibern? (*1 Kor 15, 35-37. 42. 52-53*): "Nun könnte einer fragen: Wie werden die Toten auferweckt, was für einen Leib werden sie haben? Was für eine törichte Frage! Auch das, was du säst, wird nicht lebendig, wenn es nicht stirbt. Und was du säst, hat noch nicht die Gestalt, die entstehen wird; es ist nur ein nacktes Samenkorn. ... Was gesät wird, ist verweslich, was auferweckt wird, unverweslich. ... Die Toten werden zur Unvergänglichkeit auferweckt. ... Denn dieses Vergängliche muß sich mit Unvergänglichkeit bekleiden". Die Antwort gipfelt also in einer Feststellung der Identität, die bei aller Veränderung gleichbleibt (v. 53 ff.). Die Umgestaltung ist offensichtlich, aber das Subjekt ist dasselbe, d. h. dieser sterbliche und verwesliche Leib, der zu einem unsterblichen verwandelt wird.

Mit der Auferstehung Christi ist in gewissem Sinne auch schon ein Anfang für unsere Auferstehung gegeben, wenigstens in dem Sinne, daß die Auferstehung Christi nicht ein in sich isoliertes Faktum ist, sondern offen in bezug auf uns: Er hat uns mit sich auferweckt (*Eph 2, 5 f.*; ähnlich *Kol 3, 1-4*). *Röm 6, 3-11* entfaltet diesen Gedanken: Der alte Mensch stirbt der Sünde, wird im Wasser begraben und steht auf zu neuem Leben durch die Taufe. Im letzten Teil dieser Perikope oder auch *Röm 8, 17* und *Phil 3, 10* bringt Paulus den Gedanken, daß eine Seele für den Christen notwendig ist, d. h. zur Teilnahme am Leiden Christi, um mit ihm auferstehen zu können. *1 Thess 4, 14-17* nennt als Zeitpunkt der Auferstehung den Tag der Parusie.

Somit spricht das Neue Testament von der Auferstehung auf zwei verschiedene Arten: Einmal von der allgemeinen Auferstehung und dann von der Auferstehung der Gerechten. Jede dieser Redeweisen unterscheidet sich nicht nur im Bezug - entweder auf alle oder auf die Gerechten - sondern sie impliziert auch einen je verschiedenen Kontext: Die erste Aussage versteht sich als Bedingung, die dem Endgericht vorausgehen muß, und hat deswegen eine neutrale Bedeutung. Die zweite Redeweise bezeugt die Auferstehung als eine Realität, welche höchster Gegenstand der christlichen Hoffnung ist und Anteil an der Auferstehung Christi bedeutet.

2. Die Bezeugung der allgemeinen Auferstehung des Leibes in Tradition und Lehramt

Die Auferstehung des Fleisches gehört zu den grundlegenden Artikeln des *Credo*[4]; die Tauf- und *Glaubenssymbole* seit dem 2. Jahrhundert bis heute enthalten ausnahmslos das ausdrückliche Glaubensbekenntnis an die Auferstehung der Toten; sie ist in den ältesten Formen der Symbola ausdrücklich formuliert, z. B. im *Apostolicum*, der *Fides Damasi*, dem *Symbolum Quicumque* usw. Es handelt sich um ein unfehlbares Dogma. Denn *wenn es keine Auferstehung der Toten gibt, ist auch Christus nicht auferstanden. Wenn aber Christus nicht auferstand, ist eitel unsere Predigt, und eitel ist auch unser Glaube* (1 Kor 15, 3-14). Die Tatsache der Auferstehung wird mit gleichbedeutenden Formulierungen für den Tag der Parusie, den letzten Tag, den Tag des Gerichtes bzw. das Ende der Welt vorausgesagt[5]. Wenn die Kirche an die Auferstehung der Toten glaubt, so meint sie damit, daß diese Auferstehung sich auf den ganzen Menschen bezieht, d. h. auch auf seinen Leib.

---

4   Symbolum "Quicumque"; DS 76 [D 40]; Benedikt XII, Konstitution *Benedictus Deus* (DS 1002 [D 531])

5   Letzteres z. B. in der *Kirchenkonstitution* des Vatikanum II (Kap. 7, Nr. 48) und im *Glaubensbekenntnis des Gottesvolkes von Papst Paul VI* (Art. 21)

Die Auferstehung ist ein außerordentlich häufiges Thema schon in der gesamten präkonstantinischen christlichen Literatur; es gibt kaum ein Werk, in dem davon nicht die Rede ist[6]. Schon die Apologeten des 2. Jahrhunderts haben eigene Traktate darüber. *Theophilos*[7] bringt eine Vielzahl von Vergleichen aus der Natur, z. b. dem Wechsel der Jahreszeiten, von Tag und Nacht, vom Entstehen einer Pflanze aus dem Samen. Eine besonders bedeutende Schrift zum Thema ist die erste Apologie "Über die Auferstehung der Toten", verfaßt von *Athenagoras* (161-180). Er widerlegt wie *Justin*[8] die Einwände von der Allmacht Gottes her und argumentiert, daß zum Wesen des Menschen Leib und Seele gehören und nur eines davon noch nicht der ganze Mensch sei; Gericht und Vergeltung gelten aber dem ganzen Menschen, nicht bloß der Seele oder dem Leib: "So muß unter allen Umständen eine Auferstehung der Entseelten oder auch ganz aufgelösten Leiber stattfinden, und es müssen dieselben Menschen wieder in der Doppelnatur des Wesens auftreten"[9]. *Basilius* bringt einen vergleichenden Hinweis auf die Verwandlungsvorgänge einunddesselben Wesens vom Ei zum Vogel oder von der Raupe zur Puppe und zum Schmetterling.

Die *Kongregation für die Glaubenslehre* veröffentlichte am 17. 5. 1979 eine authentische Erklärung[10]. Sie billigt die Heranziehung moderner Sprech- und Erklärungsweisen, stellt jedoch die Grundwahrheiten heraus: "*Die Kirche glaubt, indem sie am Neuen Testament und an der Überlieferung treu festhält, an die Seligkeit der Gerechten, die einmal bei Christus sein werden. Ebenso glaubt sie, daß eine ewige Strafe den Sünder so trifft, daß er der Anschauung Gottes beraubt wird und daß die Auswirkung dieser Strafe das ganze Sein des Sünders erfaßt*". Das Dokument der Glaubenskongregation erinnert daran, "*wie notwendig*" - bei allem Bemühen um leichtere Verständlichkeit des Glaubens - "*die vollkommene Treue gegenüber den fundamentalen Glaubenswahrheiten ist*". Die Verantwortlichen sollen vor allem auf das achten, "*was im allgemeinen Bewußtsein der Gläubigen eine allmähliche Verfälschung und eine fortschreitende Auflösung*" notwendiger Wahrheiten verursachen könnte. Zu diesen bedrohten Wahrheiten gehört aber "*der Glaubensartikel über das ewige Leben und damit alles, was sich nach dem Tode ereignen wird*". "*Die Darlegung dieser Lehre*", so betont die Kongregation, "*darf nichts verkürzen, sie darf auch nicht unvollkommen oder unsicher erfolgen, wenn sie nicht zugleich den Glauben und das Heil der Gläubigen gefährden will*". Die Gläubigen werden unter anderem ver-

---

[6] A. STUIBER, *Refrigerium interim. Die Vorstellungen vom Zwischenzustand und die frühchristliche Grabeskunst,* Bonn 1957, 101

[7] THEOPHILOS, *Ad autolyc.* 1 c. 13 (PG 6, 1041 s.)

[8] JUSTIN, *Apol.* 1 c. 18 (PG 6, 356-357)

[9] ATHENAGORAS, *De resurr. mort.* c. 4, 10, 13-15, 25 (PG 6, 980, 992, 1000, 1005. Vgl. J. AUER, "*Siehe, ich mache alles neu". Der Glaube an die Vollendung der Welt,* Regensburg 1984, 111)

[10] *Schreiben der Kongregation für die Glaubenslehre zu einigen Fragen der Eschatologie,* in: Deutsche Bischofskonferenz (Hrsg.), Verlautbarungen des Apostolischen Stuhls, 11, S. 5

wirrt, *"weil sie die gewohnte Sprechweise und die ihnen vertrautem Begriffe nicht mehr wiederfinden"*[11].

Die *Liturgie* erinnert bei vielen Gelegenheiten an die tröstliche Wahrheit der Auferstehung: *"In Christus leuchtet die Hoffnung der glückseligen Auferstehung. Deshalb tröstet uns die Verheißung künftiger Unsterblichkeit, wenn auch die Sicherheit des Sterbens uns traurig macht. Denn das Leben derer, die an dich glauben, o Herr, wird nicht beendet, sondern verwandelt, und wenn wir unsere irdische Herberge verlassen, erwerben wir eine Wohnung im Himmel"*[12]. Gerade bei Todesfällen sind diese Glaubenswirklichkeiten Grundlage für echten Trost und christliche Hoffnung, wenn man sie aufmerksam betrachtet.

3. Folgerungen für die theologische Würdigung des Leibes

Im Lichte dieser kirchlichen Lehre wird deutlicher, daß der Leib nicht nur ein Instrument der Seele ist, obwohl er von ihr die Fähigkeit zu handeln erhält und mit ihr zur Entfaltung der Person beiträgt. Er hat eigenständige Bedeutung. Durch den Leib ist der Mensch in Kontakt mit der irdischen Wirklichkeit, die er beherrschen, bearbeiten und heiligen soll, wie es dem Willen Gottes entspricht (*Gen 1, 28*); durch ihn soll er auch in Kontakt mit der anderen Menschen treten und mit ihnen in der sozialen Gemeinschaft zusammenarbeiten. Auch dürfen wir nicht vergessen, daß der Mensch die heilsnotwendige sakramentale Gnade leibhaftig vermittelt erhält; die Heiligung des Leibes ist ihm eigens aufgetragen: *"Wißt ihr nicht, daß eure Leiber Glieder Christi sind?" (1 Kor 6, 15)*.

Die Christen sind Menschen aus Fleisch und Blut mit allen entsprechenden Hinfälligkeiten; doch die Gnade übt ihren Einfluß bis hin in die Leiblichkeit aus, indem sie diese in gewisser Weise vergöttlicht, und zwar als Vorgeschmack und Angeld der Auferstehung. Das Bewußtsein dieser Letztbestimmung des Leibes gehört untrennbar zum Christentum. Die leibliche Auferstehung ist ja auch eng verbunden mit der Parusie Christi (*1 Thess 4, 16*).

Der Lohn Gottes wirkt sich auf den verherrlichten Leib aus, indem dieser unsterblich wird. Denn die Hinfälligkeit ist Zeichen der Sünde, und die Schöpfung ist dem *"Verfall unterworfen aufgrund der Sünde"* (Röm 8, 20). Alles, was das Leben bedroht, hindert oder schwächt, wird verschwinden. Johannes erklärt in der Apokalypse, daß die Auferstandenen in der Glorie *"keinen Hunger und keinen Durst leiden werden, weder Hitze noch Schmerz"* (*Apok 7, 16*). Diese Leiden, die hier aufgezählt werden, setzten den Israeliten ganz besonders während ihrer Wanderung durch die Wüste zu (*vgl. Ps 121, 6; 91, 5-6; Eccli 43, 4*). So leiten uns der Glaube und die Hoffnung an, das leibliche Leben nicht zu verachten, sondern im Gegenteil als gut zu schätzen und den eigenen Leib zu ehren,

---

[11] Ebd., S. 3
[12] MISSALE ROMANUM, *Praefatio de defunctis*

als von Gott geschaffen, da er am jüngsten Tage wieder auferstehen wird (*Vaticanum II*)[13].

Diese *rechte Wertung des Leibes* ist aber weit entfernt von ängstlicher Sorge und übertriebenem Körperkult, wie er heute so häufig ist. Alle Sorge um Gesundheit usw. muß verbunden sein mit dem Bewußtsein der Auferstehung, bei der es sich um eine Auferstehung zum Leben handeln soll und nicht zum Verderben. Höher als die Gesundheit steht die liebende Annahme des Willens Gottes in Bezug auf unser irdisches Leben. Die Schwierigkeiten und Bedrängnisse, die zu erleiden sind, sollen in übernatürlichem Geiste angenommen werden.

4. Verschiedenartige Einwände und einige Antworten der alten Kirche

Die *Gründe für eine Leugnung* der *leiblichen* Auferstehung waren im Laufe der Geschichte sehr vielgestaltig: manichäischer Dualismus oder Verachtung der Materie als grundsätzlich schlecht und heilsunfähig (wie bei den Gnostikern, Manichäern, Priszillianern, Katharern und Albigensern), pantheistische und monistische Vorstellungen, die Materie und Geist nicht unterschieden, oder ein Rationalismus, der Unerfahrbares nicht als wirklich annimmt (wie bei den Sadduzäern (*Mk 12, 18*), den spöttischen Athenern (*Apg 17, 32*), Philo, Kelsos, Porphyrios und der atheistischen Aufklärung des 18. und 19. Jahrhunderts). Auferstehung wurde auch nicht selten durch Seelenwanderung ersetzt, im Sinne einer fortschreitenden Befreiung vom Leibe.

Die Unsterblichkeit der *Seele* dagegen bedeutete für das griechisch-philosophische Denken an sich kein Problem[14] (vgl. *Platons* Phaidon), und auch die Juden wußten, daß der Tod kein absolutes Ende des Ich ist[15] - sie wurde erst bei neueren protestantischen Denkern in Frage gestellt (*E. Brunner, W. Eichrodt, K. Barth* oder in der *Ganztodtheorie*). Viel schwieriger zu verstehen ist demgegenüber die *leibliche* Auferstehung. Der neue *Katechismus* zitiert dazu *Augustinus*: "In nichts anderem widerspricht man meinem christlichem Glauben so sehr wie in bezug auf die Auferstehung des Fleisches"[16].

Für die *platonische* oder *neuplatonische* Vorstellung des Menschen als im Leibe gefangener Seele ist der christliche Glaube absurd: Seine Auferstehungshoffnung sei nur Hoffnung auf eine Rückkehr ins Gefängnis. Nach *Plato* ist ja die Verbindung von Leib und Seele unnatürlich; schließlich präexistiere die Seele schon. Das neuplatonische Ideal bestand darin, die Seele von der Materie

---

[13] *Gaudium et Spes*, 14

[14] Vgl. AUGUSTINUS, *De immortalitate animae* (PL 32, 1021-1034); Q. HUONDER, *Das Unsterblichkeitsproblem in der abendländischen Philosophie*, Stuttgart 1970

[15] Vgl. unten Anm. 17-20

[16] AUGUSTINUS, *Enarr. 2 in Psalm 88*, n. 5 (PL 37, 1334). KATECHISMUS DER KATHOLISCHEN KIRCHE, n. 996

völlig zu befreien[17]. *Plotin* schämte sich, in einem Leibe zu leben, und *Porphyrius* meinte, daß sich jeder, der sich bemühen wolle, das Göttliche in uns zu erreichen, zum göttlichen Universum aufsteigen müsse[18]. Wie auch *Augustinus* berichtet, hat er nach allgemeiner Auffassung behauptet, daß die Seele aus dem Körper flüchten müsse, um glücklich zu sein[19]: Der Grund ausbleibender Vollendung liege in der Zuneigung der Seele zum Materiellen[20].

Demgegenüber weisen die Kirchenväter darauf hin, daß Gott als Schöpfer der Welt auch die Auferstehung bewirken könne. Erschaffen sei mehr als auferwecken (*Tertullian*[21]). Diese Macht Gottes sei durch die Wunder Christi erwiesen. *Augustinus* bezieht sich ausdrücklich auf die Leiber der Verstorbenen, wenn er feststellt: Gott weiß, wie er das, was er geschaffen hat, auch auferwecken kann[22]. *Gregor der Große* wiederholt den Gedanken Tertullians und stellt die Erschaffung aus dem Nichts als größere Wirklichkeit der Möglichkeit einer bloßen Rekonstruktion des Menschen aus dem Staube entgegen[23]. Schon im zweiten Jahrhundert werden häufig bildhafte Vergleiche angeführt: die Sonne, die am folgenden Tag wieder aufgeht, die Blumen, die wieder grün werden, der Same, der nach dem Aussäen in die Erde Frucht bringt. Im Gegensatz zum Platonismus oder Stoizismus finden wir also bei den Kirchenvätern eine deutliche Neubewertung des Leibes.

Besonders bedeutsam sind auch die Zeugnisse der altchristlichen *Archäologie*. Bei den Grabinschriften erscheinen immer wieder die Worte: Dormitio, Dormitorium, Depositio, d. h. der Leichnam wird verstanden als ein Depositum, das Christus zum Leben mit Gott erwecken werde. Die *Ikonographie* erinnert oft an die Auferstehung des Lazarus. Auch die christliche Begräbnisweise, d. h. die Ablehnung der Einäscherung, betont die Ehrfurcht vor dem Leib, der die Auferstehung erwartet.

Luther distanzierte sich von der theologisch-kirchlichen Erklärung des Schriftwortes und reduzierte die Eschatologie; so lehnte er z. B. das Purgatorium ab, weil er alles seiner Lehre von der Rechtfertigung als einem fo-

---

[17] Vgl. ORIGENES, *Contra Celsum* 8, 51 (PG 11, 1592). Vgl. DAZU C. POZO SJ, *La teología del Más Allá*, Madrid 1968, 105

[18] PORPHYRIUS, *D. Plotini Vita* II; Plotins Schriften, ed. R. Harder, t. 5, Hamburg 1958, p. 2, 4

[19] AUGUSTINUS, *De civitate Dei*, 22, 26 (PL 41, 794)

[20] Der Tod könne daher zur Erlösung des Philosophen werden, der sich schon innerlich-seelisch von der Seele getrennt habe (dazu R. SCHENK, *Die Gnade vollendeter Endlichkeit. Zur transzendentaltheologischen Auslegung der thomanischen Anthropologie*, Freiburg-Basel-Wien 1989 (Freiburger Theologische Studien, 135)[S. 443-516: Eschatologie], S. 444)

[21] TERTULLIAN, *De resurrectione mortuorum* 6, 10 (CChr 2, 934)

[22] "Multa itaque corpora christianorum terra non texit: sed nullum eorum quisquam a caelo et terra separavit, quam totam implet praesentia sui, qui novit unde resuscitet quod creavit". (AUGUSTINUS, *De cura pro mortuis gerenda* 2, 4 (PL 40, 594)

[23] "Longe minus est Deo reparare quod fuit quam creare quod non fuit. Aut quid mirum si hominem ex pulvere reficit, qui simul omnia ex nihilo creavit?" (GREGORIUS MAGNUS, *Homiliae in Evv.* 1. 2 hom. 26 n. 12 (PL 76, 1203)

rensischen Für-Gerecht-Halten unterstellt. Deshalb mußte er schließlich[24] in bezug auf den Zwischenzustand der Seele auf die alte Theorie vom Seelenschlaf (*Tatian*) zurückgreifen, die sowohl biblisch wie philosophisch viel problematischer ist als die Annahme des Fegfeuers. *Calvin* läßt noch betonter als Luther die Frage nach der Ewigkeit der Höllenstrafe als angeblich unbeantwortbar stehen.

Typisch für die *Aufklärungszeit* war, daß man alles geschichtlich Endzeitliche, besonders das Weltgericht, nach dem Vorbild von *Kant* in das Gewissen als *"den inneren Gerichtshof"* verlegte und immer mehr eine Verdiesseitigung der Endzustände behauptete[25].

Im theologischen *Existentialismus* erfolgte schließlich eine gänzliche Verlagerung der Eschata in das Diesseits. *D. Sölle*[26] lehnt in ihrer "nichttheistischen Theologie" ausdrücklich jede postmortale Existenz des Menschen ab. *F. Buri* fordert aufgrund der historisch-kritischen Forschung und der Anpassung an das moderne Weltbild eine konsequente Ausscheidung der Eschatologie aus der Theologie und dem Glauben überhaupt[27]. So erhalten schließlich auch die Ausdrücke Himmel und Hölle einen rein immanentistischen Sinn: Himmel oder Paradies sei nur ein Hinweis auf innerweltliche utopische Vollendungsmöglichkeiten, Hölle sei eine Formel für soziale Entartungserscheinungen, von denen *Th. W. Adorno* in der negativen Dialektik spricht. Auch der eschatologische Entwurf *J. Moltmanns* - der sich übrigens klar für eine "Zwischenzeit" zwischen der Auferstehung Christi und der allgemeinen Auferstehung ausspricht[28] - ist entschieden innerweltlich gehalten.

Oft wird die Auferstehung dann nur als die auf Vollendung der Welt drängende Hoffnungskraft, als entelechiale Kraft der Weltgeschichte wie des einzelnen verstanden. Hoffnung oder Impulse auf dem Wege wären aber müßig ohne Kenntnis des Zieles[29]; Auferstehung ist keine ins Unbestimmte schießende Kraft auf dem Weg, die das Ziel im Dunkeln läßt, ist keine "Vollendung in einem unendlichen dynamischen Prozeß "[30].

---

[24] LUTHER leugnete nicht den Zwischenzustand; auch verstand er den Tod als Trennung des Leibes von der Seele, doch neigte er zur Lehre vom Seelenschlaf (Brief an Amsdorf, 13. 1. 1522; WA, Briefwechsel, 2, 422)(Zitiert nach: COMMISSIO THEOLOGICA INTERNATIONALIS, *De quibusdam quaestionibus actualibus circa eschatologiam*, 4. 2 [Gregorianum 73 (1992) 411]

[25] I. KANT, *Kritik der praktischen Vernunft*, hrsg. von Vorländer, 1915, 156 ff. (zitiert nach: L. SCHEFFCZYK, G. GRESHAKE, *Ungewisses Jenseits?*, Düsseldorf 1986, 50)

[26] D. SÖLLE, Stellvertretung, ³Stuttgart 1966, 196 (zitiert nach L. SCHEFFCZYK, *Auferstehung, Prinzip christlichen Glaubens*, Einsiedeln 1976, 285)

[27] F. BURI, *Theologie der Existenz*, Stuttgart 1954, 317 (zitiert nach L. SCHEFFCZYK, G. GRESHAKE, *Ungewisses Jenseits?*, Düsseldorf 1986, 51)

[28] J. MOLTMANN, *Der "eschatologische Augenblick*, in: J. Rohls, G. Wenz, Vernunft des Glaubens (Festschrift zum 60. Geb. von W. Pannenberg), Göttingen 1988, 584

[29] Vgl. L. SCHEFFCZYK, *Auferstehung*, 283 f.

[30] So in: *Neues Glaubensbuch*, hrsg. von J. FEINER und L. VISCHER, ¹⁰Freiburg 1973, 534 (nach L. Scheffczyk, ebd., 288)

Viele Einwände müssen hier unberücksichtigt bleiben - sie betreffen allgemeine Grundfragen der theologischen Wissenschaftslehre oder den Offenbarungsbegriff überhaupt. Dazu gehört z. B. die Behauptung, Offenbarung gehe aus dem zwischenmenschlichen Wortgeschehen hervor oder sei gar keine Mitteilung von Wahrheit, sondern nur Interpretation der Lebenserfahrung (*E. Schillebeeckx*[31]), sage nichts über die Zukunft, sonst wäre sie nur Wahrsagerei, oder sie besage nichts anders als die fragwürdige anthropologische Archetypenlehre (*E. Drewermann*). Jeder, der unvoreingenommen die Hl. Schrift liest, findet schon dort die Widerlegung für ähnliche Konstrukte.

Nicht wenige Schwierigkeiten erklären sich also aus dem Fehlen allgemeinerer Voraussetzungen. So sind die Diesseits-Eschatologien von *Teilhard de Chardin* und *E. Bloch* rein geschichtsimmanent: Am Ende stehe die evolutionäre Weltvollendung mit Gott als Ziel. Auch *K. Rahner* verwechselt verschiedentlich die immanente Vollendung des Menschen mit seiner transzendenten Vollendung[32]. Wieder andere können sich die Verewigung eines aktiven irdischen Lebens letztlich nur als reizlose Langeweile vorstellen. Auch die pseudomystischen Träume von einer irdischen Zukunftskirche als amorpher, konturloser jesuanischer Sozialgemeinschaft, die im krassesten Widerspruch zum Wesen der gegenwärtigen katholischen Kirche steht (*W. Bühlmann OFMCap, P. M. Zulehner*), können hier unbeachtet bleiben[33].

D. Wiederkehr[34] versuchte, die Eschatologie aus ihrer angeblichen Isolierung herauszuholen, hat aber alle klassischen Themen der persönlichen wie der kollektiven Eschatologie fast ganz außer Acht gelassen. Die Auferstehung des Fleisches scheint ihm nur *"Symbol der menschlichen Ganzheit"*[35] zu sein.

Man kann die herausfordernde Wahrheit der Letzten Dinge nicht so vermitteln, daß die geoffenbarte Wirklichkeit reduziert oder preisgegeben wird; sie erfordert ein tieferes Verständnis der Wirklichkeit des barmherzigen und heiligen Gottes und des Auftrages Christi, der nicht nur Erlöser, sondern auch Richter der Menschheit ist. Der Protestant *E. Brunner* hat mit gutem Grund gesagt: "Eine Kirche, die nichts über das Zukünftig-Ewige zu lehren hat, hat überhaupt nichts zu lehren, sondern ist bankrott"[36].

---

[31] Vgl. J. STÖHR, *Überlegungen zu einigen neueren Theorien nicht-begrifflicher Erfahrung der Offenbarung*, in: L. Elders SVD, (Hrsg.), La doctrine de la révélation divine de saint Thomas d'Aquin. Actes du Symposium sur la pensée de s. Thomas d'Aquin tenu a Rolduc (4./5. 11. 1989), Libreria editrice Vaticana 1990, 250-278

[32] K. RAHNER, *Schriften zur Theologie*, VIII, 598

[33] Vgl. Näheres bei L. SCHEFFCZYK, *Aspekte der Kirche in der Krise*, Siegburg 1993, 169 ff.

[34] D. WIEDERKEHR, Perspektiven der Eschatologie, Zürich/Einsiedeln/Köln 1974, 17

[35] Ebd., S. 87

[36] E. BRUNNER, *Das Ewige als Zukunft und Gegenwart*, Zürich 1953, 237 (zitiert nach L. SCHEFFCZYK, *Auferstehung*, 285)

5. Die Opposition gegen den Seelenbegriff: Ganztod-Theorie und These einer Auferstehung im Tode

Die Vorstellung einer nach dem Tod vom Leib getrennten Seele, der anima separata (Hinweise darauf schon in Weish und Apg 6, 9)[37], wird zu Unrecht heute manchmal mit Skepsis betrachtet. Dies geschieht zum Beispiel in der evangelischen "Ganztod-Theorie" oder in der Lehre vom "Seelenschlaf", im holländischen "Katechismus"[38] sowie in der auch von katholischen Autoren vertretenen Meinung einer "Auferstehung-im-Tode". Sie gehen einher mit einer mehr oder weniger deutlichen Ablehnung des sogenannten "Zwischenzustandes" der leibberaubten Seele[39].

Wenn viele neuere *protestantische* Theologen die Unsterblichkeit der Seele ablehnen, so stützen sie sich dabei auf einen pauschal gezeichneten Unterschied zwischen griechischer und hebräischer Anthropologie: Letztere stelle den Menschen als ganzheitliche Einheit vor, jene teile individualistisch in Leib und Seele auf. Der Hellenismus habe den biblischen Ursprung der Eschatologie verzerrt. Die Lehre vom Zwischenzustand einer leibfreien Seele verdränge die Auferstehung, den Wert des Leibes und der materiellen Welt. *O. Cullmann* behauptet einen Widerspruch zwischen Unsterblichkeit der Seele und Auferstehung der Toten schon im Titel eines seiner Werke[40]; er neigt wie *P. Althaus*[41] zur Annahme einer Art von Seelenschlaf. Die protestantischen Theologen differenzieren zudem zu wenig zwischen Unsterblichkeit und Besitz des Heils. Unsterblichkeit heißt als solche noch nicht ewiges Heil.

---

[37] L. M. CIAPPI OP, *L'anima separata*, Doctor communis 11 (1958) 237-256; C. POZO SJ, *Teología del Más Allá*, Madrid 1968 (BAC 282), c. 2, p. 47-78 (sehr empfehlenswert). Vgl. Anm. 54, 55

[38] HOLLÄNDISCHER KATECHISMUS. *"Glaubensverkündigung für Erwachsene"*, Deutsche Ausgabe Utrecht-Freiburg 1966, 521 (vgl. dazu Näheres bei H. PFEIL, *Unwandelbares im Wandel der Zeit*, Bd. II, Aschaffenburg 1977, 521). Die von Papst Paul VI eingesetzte Kardianlskommssion forderte demgegenüber Verbesserungen: "Es muß auch klar von den Seelen der Gerechten gesprochen werden, die, genügend gereinigt, sich bereits der unmittelbaren Gottesschau erfreuen, während die pilgernde Kirche noch des glorreichen Kommens des Herrn und der endgültigen Auferstehung harrt". (*Ergänzung zur Glaubensverkündigung für Erwachsene*, Freiburg 1968, 13)

[39] So bei G. GRESHAKE, G. LOHFINK, *Naherwartung, Auferstehung, Unsterblichkeit. Untersuchungen zur christlichen Eschatologie*, [4]Freiburg 1982; weitere Vertreter dieser Auffassung nennt G. Greshake in: *Resurrectio mortuorum. Zum theologischen Verständnis der leiblichen Auferstehung*, Darmstadt 1986, 254.
Vgl. dazu die Kritik von F. HOLBÖCK, *Seele, Unsterblichkeit, Auferstehung*, in: H. Pfeil (Hrsg.), Unwandelbares im Wandel der Zeit, Bd. II, Aschaffenburg 1977, 15-49; A. ZIEGENAUS (Hrsg.), *Zukunft der Menschen. Was dürfen wir hoffen*, Donauwörth 1979, [55-92: Hoffnung angesichts des Todes]): C. RUINI, *Immortalità e Risurezione*, Rassegna di Teologia 21 (1980) 102-115, 189-206; und auch bei G. B. LANGEMEYER, *Himmel, Hölle, Fegefeuer*, in: A. GERHARDS (Hrsg.), Die größere Hoffnung der Christen. Eschatologische Vorstellungen im Wandel (Quaestiones disputatae 127), Freiburg 1990, 84

[40] O. CULLMANN, *Unsterblichkeit der Seele oder Auferstehung der Toten? Antworten des Neuen Testamentes*, [2]Stuttgart 1963

[41] G. GRESHAKE verweist darauf, daß ALTHAUS seine Auffassung in jüngeren Werken modifiziert habe und einen Zwischenzustand ausdrücklich ablehne (*Resurrectio mortuorum*, Darmstadt 1986, 250)

So kam es auch zur *Ganztod-Theorie*[42] - radikal bei *C. Stange*[43] und *H. Thielicke*[44], die Auferstehung als Neuerschaffung und als schroffen Gegensatz zur Unsterblichkeit der Seele verstehen[45]. Der bekannteste Vertreter ist *P. Althaus*[46]. Er lehnt im Rahmen seiner Absage an den platonischen Dualismus eine unsterbliche Seele ab, weil sie bedeuten würde, daß nur der Leib und nicht der ganze Mensch, der als Sünder dem Tod verfallen sei, sterbe. Er verwirft auch die katholischen Lehren vom Zwischenzustand, individuellem Gericht und Unsterblichkeit.

Dabei wird die Identität zwischen dem Sterbenden und dem Auferstandenen zum Problem: Wenn nämlich der Mensch ganz stirbt, muß er auch ganz neu ins Dasein gerufen werden. *H. Ott* meint deshalb, der Mensch werde durch den Tod vernichtet; bis zur Neuschaffung am jüngsten Tage sei allein Gott "der einzig in Frage kommende Sinn-Träger"[47].

Ein ganz neuer Mensch ist aber ein anderer Mensch. Gleichheit verbürgt noch nicht Identität; ohne Kontinuität in einem Träger ist Identität nicht denkbar.

Die gesamte *dialektische evangelische* Theologie stellte die Diskontinuität sehr krass heraus - jede Art von zeitlichem Nacheinander höre nach dem Tode auf; *K. Barth*[48] meint, der Tod stelle den Menschen außerhalb der Zeit, so daß es dann keinen Abstand mehr gebe zur Parusie.

Auch *H. Haag* hat sehr apodiktisch behauptet, die "Zweiteilung" des Menschen in Leib und Seele sei unbiblisch und die Lehre vom Eigendasein der Seele vom Tod bis zur Wiederbekleidung mit dem Leib am jüngsten Tage sei nicht mehr überzeugend. Tod und Auferstehung seien wie für Christus so auch für alle Christen ein und dasselbe Ereignis[49].

Aus der apriorischen Opposition gegen den Begriff einer anima separata scheint auch die eigenartige Behauptung von *H. Sonnemans* zu kommen, "daß die Seele ihren verklärten Leib in sich trage"[50], oder: "Wir halten es für möglich, daß jeder Mensch von Anbeginn nicht nur seinen irdischen Leib, sondern

---

[42] Dazu A. AHLBRECHT OSB, *Tod und Unsterblichkeit in der evangelischen Theologie der Gegenwart*, Paderbron 1964

[43] C. STANGE, *Die Unsterblichkeit der Seele*, Gütersloh 1925

[44] H.THIELICKE, *Tod und Leben. Studien zur christlichen Anthropologie*, ²Tübingen 1946, 182, 100

[45] Vgl. dazu A. HOFFMANN OP, Die Deutsche Thomas-Ausgabe, Bd. 35, Heidelberg 1958, 469

[46] P. ALTHAUS, *Die letzten Dinge*, Gütersloh ⁸1961, 141 ff.

[47] H. OTT, *Eschatologie*, Zollikon 1958, 53 (zitiert nach G. Greshake, *Resurrectio mortuorum*, Darmstadt 1986, 251)

[48] K. BARTH, *Die Auferstehung der Toten*, ⁴Zürich 1953

[49] Auch nach der verbindlichen amtlichen Erklärung Roms vom Jahr 1979 erfolgte keinerlei Verbesserung dieser z. B. auch von von H. HAAG vertretenen Gegenposition.

[50] H. SONNEMANS, Internationale Katholische Zeitschrift 16, (Mai 1987), 225; vgl. DERS., *Seele - Unsterblichkeit - Auferstehung. Zur griechischen und christlichen Anthropologie und Eschatologie*, Freiburg i. Br. 1984

auch schon seine jenseitige Leiblichkeit besitzt. Zusammen mit "Seele und Geist" bildet er sein unsterbliches Ich"[51]. "Nicht eine unbetroffene Seele wandert ins Jenseits, sondern der Mensch mitsamt seiner Leiblichkeit; Leib, Welt und Geschichte kommen in ihrem ontologischen Sinn zur Vollendung"[52]. Ähnliches sagt G. *Greshake*, der immer noch den Gedanken einer anima separata aufgeben will und auch die Verklärung des irdischen Leibes als eher transitorisches Bidlmaterial" bezeichnet[53]. Wird damit nicht zugunsten einer ad hoc konstruierten Hypothese die Tragweite des Todes für den Leib in Frage gestellt? Wer hat je behauptet, daß die Seele unbetroffen von ihren Diesseitserfahrungen ins Jenseits geht?

Erinnern wir demgegenüber an folgende Grundgegebenheiten: Der für die Frage nach der Seele bedeutsamste Satz aus dem Neuen Testament lautet: "Fürchtet Euch nicht vor denen, die den Leib (Soma) töten, aber die Seele (Psyche) nicht töten können. Fürchtet vielmehr den, der Seele und Leib in der Hölle zugrunde richten kann" (*Mt 10, 28*). "Psyche" muß mit "Seele" übersetzt werden, nicht etwa mit "Leben". Aber auch in der Hölle werden die Seele und der Leib nicht getötet, wie es der Ganztod-Theorie entsprechen würde, sondern schwer bestraft (Apolésai). Das Miteinander von Leib und Seele ist bereits im Konzil von *Chalcedon* (451) formuliert[54]. Auf mehreren Konzilien wie dem *Lateran*-Konzil von 1215 wurde beides neu betont: "Ex anima rationali et humana carne compositus"[55]. Das *5. Laterankonzil* hat 1513 noch einmal den Glaubenssatz von der Unsterblichkeit der Seele eingeschärft[56]. Die Begründung dafür wird ausdrücklich im Matthäus-Text gefunden. Das *Credo des Gottesvolkes* Papst Paul VI bekennt sich zu Gott als dem Schöpfer jeder geistigen und unsterblichen Seele[57].

Auch die *Erklärung der Glaubenskongregation* vom 17. 5. 1979 stellt fest, daß die Kirche auf den Begriff Seele nicht verzichte; sie halte fest an der Fortdauer der Subsistenz eines geistigen Elementes nach dem Tode, das mit Bewußtsein und Wille ausgestattet ist, so daß das menschliche 'Ich' weiterbesteht[58]. Dies entspricht der mit der Ganztodtheorie unvereinbaren alten Formel der *Totenliturgie*: "Vita mutatur, non tollitur".

---

51   E. HOFMANN, *Unser jenseitiger Leib*, ²Leutesdorf 1988, S. 55; H. SONNEMANS, Internationale Katholische Zeitschrift 16, (Mai 1987), S. 215-226; W. BREUNING (Hrsg.), *Seele, Problembegriff christlicher Eschatologie*, (Quaestiones Disputatae 106), Freiburg 1986

52   H. SONNEMANS, ebd., 223

53   G. GRESHAKE, *Resurrectio mortuorum*, Darmstadt 1986, 264 ff., 258

54   DS 301 [NR 178; D 148]

55   DS 801 [D 429]

56   DS 1440 [D 738]

57   PAUL VI, (30. 6. 1968), *Solemnis professio fidei*, (AAS 60 (1968) 433-455), n. 8: "... itemque Creatorem in unoquoque homine, animae spiritualis et immortalis". Ein Verzicht auf den Seelenbegriff wäre mit diesem Bekenntnis nicht zu vereinbaren.

58   SACRA CONGREGATIO PRO DOCTRINA FIDEI, 17. 5. 1979, *De quibusdam quaestionibus ad eschatologiam spectantibus*, 3: "Ecclesia affirmat continuationem et subsistentiam, post mortem, elementi spritualis,

An sich geben ja auch schon überzeugende *philosophische* Überlegungen einen rationalen Zugang zur Geistigkeit und damit Unsterblichkeit der Seele: Sie hat eigenständige Lebensvollzüge, denn sie ist imstande, Unvergängliches sowie unbedingte sittliche Forderungen zu erkennen, sie kann auch nicht in Teile zerfallen; ferner kann die Sehnsucht nach Gerechtigkeit, vollkommenem Lohn bzw. Strafe nicht völlig frustriert werden; auch gibt es ethnologisch eine allgemeine Überzeugung davon, daß mit dem Tode nicht alles aus ist, sondern ein persönliches Weiterleben stattfindet. Allerdings kann die Philosophie naturgemäß keine Gründe für eine übernatürliche Verherrlichung der Seele beibringen.

Zudem ist es widersprüchlich, zu behaupten, daß die Auferstehung für jeden im Tode stattfinde und doch auch für alle zugleich[59]. Eine *Gleichzeitigkeit* unserer Auferstehung mit derjenigen Christi hat seinerzeit E. *Ruffini* im Anschluß an H. *Urs von Balthasar* behauptet[60]. Die Texte des NT geben dies jedoch nicht her. *1 Thess 4, 17* setzt voraus, daß diejenigen, die dann noch leben, nicht sterben werden und deswegen auch nicht auferstehen müssen.

Die für den Protestantismus typische Frontstellung gegen den angeblich das Christentum verfremdenden hellenistischen Leib-Seele-Dualismus und die auch im ökumenischen "Neuen Glaubensbuch" von *J. Feiner und L. Vischer*[61] anzutreffende Lehre von einer **Auferstehung im Tode** hat *G. Greshake* erneuert. Er erklärte schon 1969[62], daß die Zukunft des Menschen nie eine rein geistige, welt- und geschichtslose Seele betreffe, sondern die konkrete Subjektivität, in die auch die Dimension der Materialität eingeschrieben sei; der Mensch bringe in seinen Tod hinein die Ernte seiner Zeit[63]. Gegenstand der Hoffnung sei also die Vollendung der konkreten Existenz, die alle faktischen Mächte überwunden habe und ganz vom Pneuma Gottes erfüllt sei. "Im Tod also geschieht" nach ihm Auferstehung des Leibes[64].

Im Kampf gegen die leibfeindliche Gnosis sei es zu einem allgemein verbreiteten Irrtum gekommen: zur polemischen Übertreibung der numerischen Lei-

---

carens, subsistat. Ad huiusmodi elementum designandum Ecclesia utitur voce "anima", quae Sacarum Scripturarum et Traditionis usu recepta est". (AAS 71 (1979) 939-943). Kard. J. RATZINGER hat bemerkt, die offizielle deutsche Übersetzung sei falsch, da die im lateinischen betonte Unerläßlichkeit des Wortes Seele verdeckt würde. (*Zwischen Tod und Auferstehung*, Internationale Zeitschrift Communio 9 (1980) 209-223)

[59] E. BRUNNER identifiziert unsere Ewigkeit mit der Ewigkeit Gottes, da ihm der Analogiebegriff fehlt: "Unser Auferstehungstag ist für alle derselbe und ist doch vom Todestag durch kein Intervall von Jahrhunderten getrennt - denn es gibt diese Zeitintervalle nur hier, nicht aber dort, in der Gegenwart Gottes, wo 'tausend Jahre sind wie ein Tag' (*Das Ewige als Zukunft und Gegenwart*, Zürich 1953, 169)(zitiert nach C. Pozo SJ, *Teología del Más Allá*, Madrid 1968, 51 Anm. 22)

[60] Dazu C. Pozo SJ, ebd., 101 Anm. 47

[61] J. FEINER, L. VISCHER, *Neues Glaubensbuch*, ²Zürich 1973, 542

[62] G. GRESHAKE, *Auferstehung der Toten*, Essen 1969

[63] Ebd., S. 385

[64] Ebd., S. 385

besintegrität. In diesem Sinne polemisiert er auch gegen *J. Ratzinger* und *A. Winklhofer* mit ihren angeblich physizistischen Interpretationen.

Demgegenüber ist jedoch mit *J. Ratzinger*[65] und den meisten Autoren der Väterzeit und Scholastik daran festzuhalten, daß die Auferstehung an den Reliquien des alten Erdenleibes - soweit sie noch vorhanden sind - nicht vorbeigeht. Darauf deutet auch die Reliquienverehrung der Kirche hin. Der auferstandene Leib bleibt trotz der grundlegenden Verwandlung, die er erfährt, ein wahrer Menschenleib; auch der Unterschied der Geschlechter bleibt bestehen.

Im Gegensatz dazu behauptet *G. Greshake*, daß die Materie in sich unvollendbar sei. Wenn sich im Tod die Freiheit des Menschen verendgültige, so seien in deren konkreter Gestalt der Endgültigkeit Leib, Welt und Geschichte dieser Freiheit aufgehoben[66]. Daher möchte er die Auferstehung im Tod, nicht erst am jüngsten Tage ansetzen. Für Christus und Maria sei die Auferstehung des Leibes schon geschehen. Auch sei die Theorie des *Durandus* immer geduldet worden, wonach die Identität der Materie im Auferstehungsleib nicht in der Selbigkeit des Stoffes bestehe, sondern durch die Identität des Subjektes vermittelt sei. Er führt diese Erklärung weiter, indem er die Aktualisierung der Materie durch das Subjekt nicht einmal als am Ende geschehende Annahme eines neuen Auferstehungsleibes versteht, sondern als ständige Aufnahme der materiellen Weltwirklichkeit in die transzendierenden Freiheitsvollzüge des Menschen.

Die anthropologische Größe "Leib" bedeute immer schon mehr als "individuelle Leiblichkeit". Denn der Leib sei die transzendentale Bedingung dafür, daß der Mensch sich in die Welt hinein "auslege", das heißt, daß er durch den Ausdruck seiner Freiheit immer auch ein Stück Welt gestalte usw.[67]. Die Grenze zwischen dem Leib und der übrigen Welt sei fließend. Es sei nicht leicht zu bestimmen, wo der Leib aufhöre und die Welt beginne[68], denn der Leib sei Medium zwischen mir und dem anderen, das sich von uns selbst unterscheide, aber auch ein wesentliches Element unseres Selbstseins ausmache. Die Auferstehung des Menschen sei nicht ein rein individuelles Geschehen, sondern ein Eingefügtwerden in die Auferstehung Christi[69]. Die Aussagen über die Letzten Dinge seien nur Hoffnungsbilder, bildhafte Verlängerungen des Jetzt, keine Wahrsagungen und keine Zukunftsaussagen: "Aus Bildern und Symbolen wurde so ein verdinglichtes Zukunftsgemälde entworfen, das den kritischen Menschen

---

[65] J. RATZINGER, *Auferstehung des Fleisches*, LThK I, 1051

[66] G. GESHAKE, *Auferstehung der Toten*, S. 387

[67] G. GRESHAKE, *Resurrectio mortuorum. Zum theologischen Verständnis der leiblichen Auferstehung*, Darmstadt 1986, 258

[68] G. GRESHAKE, *Resurrectio mortuorum*, S. 259

[69] "In diesem Prozeß garantiert gleichsam die allen vorgegebene Auferstehung Christi, daß die resurrectio des einzelnen im Tod nicht ein je nur individuelles Geschehen ist. Die resurrectio des einzelnen geschieht vielmehr durch das Aufgenommen- und Eingefügtwerden in den Auferstehungsleib Christi, der selbst so lange unvollendet ist, als nicht der letzte Menschenbruder und die letzte Menschenschwester in ihm eingegliedert sind" (G. GRESHAKE, J. KREMER, *Resurrectio mortuorum*, Darmstadt 1986, 266)

eher befremdet und abstößt als überzeugt und ins Herz trifft, wie es die Frohe Botschaft doch eigentlich tun sollte[70]". Er spricht aber auch wieder von einer "Analogielosigkeit des Kommenden[71]".

G. *Greshake* betont besonders die Inkommensurabilität, das "ganz Neue und Andere" der Auferstehungsleiblichkeit und lehnt es ab, verklärte Leiblichkeit "physizistisch" als Wiederbelebung des Leichnams und damit in *"Verlängerung empirischer Materialität"*[72] zu denken. Er möchte einem umfassenderen Verständnis von Seele Raum brechen, so daß sie Leiblichkeit mit einschließt[73]. Letztlich fehlt ihm das Verständnis des Analogie-Begriffes. Besonders deutlich wird dies bei seiner Umdeutung des Begriffes "Fegfeuer"[74]: Die Ablehnung kitschiger Vorstellungen ist für ihn Grund zu einer völligen Ausdünnung des Begriffes zu einem *"Moment der Gottesbegegnung im Tod"*.

Die widersprüchlichen Aussagen werden der christlichen Überzeugung vom Eingreifen Gottes am Ende nicht gerecht: Er wird uns zeigen, was kein Auge geschaut und kein Ohr gehört hat. Es geht nicht an, die überzeitlich gültigen und damit auch zukunftsbezogenen Aussagen der Offenbarung als Wahrsagerei abzutun. Greshake meint übrigens auch, nicht der Tod selbst sei Folge der Sünde, sondern die Art, wie der Mensch ihn erfahre[75]. Widerspricht nicht im übrigen eine Auferstehung Christi im Tode am Karfreitag der christlichen Ostertradition vom "dritten Tag"?

---

[70] G. GRESHAKE, *Stärker als der Tod*, Mainz 1978, 3, 15. "So entstammen die Aussagen über die letzte Zukunft, wie wir sie in Schrift und Tradition finden, nicht einem wahrsagerischen Blick in die Zukunft. Sie sind vielmehr bildhafte Extrapolationen und Prolongaturen des jetzt den Menschen bestimmenden Glaubens an das Ende der Lebens- und Weltgeschichte, um Verheißung und Hoffnung, die wesentlich zum Glauben gehören, auszudrücken. In diesem Sinn sind die Aussagen über die «Letzen Dinge» Hoffnungsbilder. Mit diesem Ausdruck ist ein Doppeltes gesagt: 1. Es geht nicht um ein Wissen, um ein Vorweg-Wissen der Zukunft, sondern um Hoffnung". ... Ein Zweites aber ist mit der Bezeichnung «Hoffnungsbilder» ausgesagt: Es sind Bilder! Das Bild ist ganz wesentlich mit dem Hoffen verbunden. Zum Erkennen gehört die Formel, die Definition, der feste Satz, die These, das Dogma. Zum Hoffen dagegen gehört das Bild. ..." (Ebd., S. 18-19)

[71] Ebd., S. 67

[72] G. GRESHAKE, *Resurrectio mortuorum*, S. 267. Kennzeichnend für ihn ist eine schroffe Alternative: Entweder anthropomorphistisch-materialistisch-physizistisch oder ganz anders und analogielos.

[73] G. GRESHAKE, *Resurrectio mortuorum*, S. 275

[74] "Von hier aus ist zu verstehen, was bereits angedeutet wurde, daß nämlich Gott selbst, die Begegnung mit ihm, das Fegfeuer ist. Das bedeutet aber: Wir brauchen nicht auf einen eigenen Ort oder gar auf eine eigene Zeit oder auf einen eigenen Vorgang zurückzugreifen, um das zu erfassen, was mit Fegfeuer gemeint ist. Erst recht brauchen wir keine kitschigen Vorstellungen zu entfalten, über die «Armen Seelen». Vielmehr können wir das, was die Kirche lehrt und seit früher Zeit gelehrt hat, als ein Moment der Gottesbegegnung im Tod verstehen". (G. GRESHAKE, *Stärker als der Tod*, 92)

[75] "Wir wissen heute, daß der Tod zur Konstruktion einer evolutiven Welt, aus der heraus auch der Mensch entstanden und in die hinein er gestellt ist, notwendig dazugehört. In einer Schöpfung, die sich evolutiv vollzieht, ist Leben ohne Tod schlechthin undenkbar. Die Vergänglichkeit des Gewordenen ist im evolutiven Prozeß gerade die Vorbedingung zu neuem Leben und neuen Lebensformen. Deshalb kann auch der Tod des Menschen, insofern er zeitliche Begrenzung des irdischen Lebens bedeutet, nicht Folge der Sünde sein, wohl aber die Art und Weise, wie der Mensch ihn erfährt ..." (G. GRESHAKE, *Stärker als der Tod*, S. 56).

G. *Greshake* meint, leibliche Auferstehung bedeute vor allem die Auferweckung der Person. Auferweckung sei Errettung aus dem ewigen Tod durch Christus. Die Bibel spreche über die Existenz nach dem Tode nur in Bildern. Das neue Leben komme den Verstorbenen "nicht aufgrund einer unsterblichen Seele zu, sondern aufgrund der ihnen geschenkten pneumatischen Existenz" aus der Verbindung mit Christus[76].

Alle diese Behauptungen sind zumindest unklar und belegen auch eine Verwirrung in den philosophischen Voraussetzungen. Die Person im klassischen Sinne verstanden bzw. das Ich des Menschen geht ja im Tode gar nicht zugrunde, kann also auch nicht auferstehen. Die Befreiung von der Sündenstrafe geschieht bereits durch die Rechtfertigung, durch die Taufe, bzw. durch die übrigen Sakramente. Über das Leben nach dem Tode finden sich in der Hl. Schrift keineswegs nur bildhafte Aussagen. Aber auch diese sind eben nicht anthropomorph oder nur metaphorisch, sondern analog zu verstehen. Das neue Leben besteht ja gerade in der "Vergöttlichung" (*1 Petr 2, 4*); es kommt aufgrund der neuen der Seele durch das lumen gloriae bzw. die Anschauung Gottes geschenkten Qualität, d. h. also durch die Seele. Dabei trifft es zu, daß nicht schon die Eigenschaft der Unsterblichkeit als solche das neue Leben bedingt.

Die These von einer angeblichen Auferstehung im Tode ist historisch gesehen von bestimmten System-Zusammenhängen und apriorischen Annahmen her konzipiert worden, z. B. von der sogenannten Endentscheidungshypothese her, nach der der Mensch seine volle personale Entscheidung erst in einem zeitlosen Übergangsmoment im Tode treffen könne, oder sie leitet sich von evangelischen Hypothesen der 30er Jahre her, die im Zusammenhang mit der dialektischen Theologie und ihrer Rechtfertigungslehre entstanden. Läßt sich diese These überhaupt außerhalb der genannten fragwürdigen System-Verflechtungen aufrechterhalten?[77] Trotz einiger Wiederbelebungsversuche mit dialektischen Winkelzügen muß sie seit einigen Jahren als endgültig gestorben gelten. Die Internationale Theologenkommission hat sie in einer in unserem Sprachbereich anscheinend nicht bekanntgemachten Erklärung (Dezember 1990) als unvereinbar mit einem legitimen Pluralismus gekennzeichnet[78]. Sie stamme aus fragwürdigen Motiven, bedeute für die Verkündigung einen anstoßerregenden Fremdkörper und sei eine Belastung für den Ökumenismus, da auch Nichtkatholiken die

---

[76] J. KREMER, *Auferstehung der Toten in bibeltheologischer Sicht*, in: G. GRESHAKE, J. KREMER, *Resurrectio mortuorum*, Darmstadt 1986, 159

[77] Vgl. A. ZIEGENAUS, *Auferstehung im Tod: Das geeignetere Denkmodell?*, Münchener theologische Zeitschrift 28 (1977) 109-132

[78] "Cum nova tendentia in quosdam theologos transiret catholicos, Sancta Sedes, epistula ad omnes Episcopos data [CONGREGATIO PRO DOCTRINA FIDEI, Epistula *Recentiores episcoporum Synodi* (17. 5. 1979): AAS 71 (1979) 939-943], illam cum legitimo pluralismo consideravit insonam". (COMMISSIO THEOLOGICA INTERNATIONALIS, *De quibusdam quaestionibus actualibus circa eschatologiam*, 4. 3 [Gregorianum 73 (1992) 412])

Auferstehung mit der Parusie Christi zusammensehen. Sie sei unbiblisch und vom Irrtum des "Atemporalismus" geprägt[79].

---

[79] "2. 1 [...] Huic affirmationi nova contraponitur theoria «*resurrectionis in morte*». In eius forma praecipue diffusa sic explicatur ut non sine gravi realismi resurrectionis appareat detrimento, cum resurrectio asseratur sine relatione ad corpus illud quod vixit et quod nunc astat mortuum. Per resurrectionem in morte, theologi eam proponentes exsistentiam postmortalem cuiusdam «animae separatae» supprimere volunt, quam quasi platonismi considerant reliquiam. Bene intelligitur platonismi timor qui theologos resurrectioni in morte faventes movet; platonismus esset gravissima deviatio a fide christiana. Pro illa enim corpus non est carcer a quo anima sit liberanda. Sed hac praecise de causa, non bene intelligitur, theologos platonismum effugientes corporeitatem finalem seu resurrectionis sic asserere, ut non appareat quomodo adhuc de «hac carne, qua nunc vivimus» (*Fides Damasi*: DS 72), vere agatur. Veteres formulae fidei alia vi de eodem corpore loquebantur resuscitando quod nunc vivit.

Separatio conceptualis inter corpus et cadaver, vel introductio in notionem corporis duorum diversorum conceptuum (differentia in lingua germanica exprimitur verbis «Leib» et «Körper», dum in aliis pluribus linguis nec quidem exprimi potest) vix extra academicos intelliguntur coetus. Experientia docet pastoralis, populum christianum magna audire cum perplexitate praedicationes secundum quas, dum cadaver aliquod sepelitur, affirmatur, illum mortuum iam resurrexisse. Timendum est, ne tales praedicationes influxum in christifideles habeant negativum, quatenus hodiernae confusioni doctrinali favere possunt. In hoc mundo saecularizato in quo fideles a materialismo mortis totalis sollicitantur, gravius adhuc esset eorum augere perplexitates. [...]

2. 2 [...] Iure ergo *Concilium Toletanum XI* non solum profitebatur gloriosam mortuorum resurrectionem ad exemplum Christi resuscitati eventuram esse, sed «exemplo Capitis nostri» [DS 540].

Hic aspectus communitarius resurrectionis finalis in theoria resurrectionis in morte videtur dissolvi, cum talis resurrectio processus potius fieret individualis. Hac de causa, non desunt theologi theoriae resurrectionis in morte faventes, qui solutionem in sic dicto *atemporalismo* quaesierint: asserentes post mortem tempus nullo modo existere posse, hominum quidem mortes fatentur esse successivas, quatenus ipsae ex hoc mundo perspiciuntur; illorum tamen resurrectiones in vita postmortali, in qua nullum temporis haberetur genus, putant esse simultaneas. Hic vero conatus atemporalismi, ut successivae mortes individuales et resurrectio simultanea collectiva coincidant, recursum implicat ad philosophiam temporis a cogitatione biblica alienam. Modus loquendi Novi Testamenti de martyrum animabus illas neque ab omni successionis realitate videtur subtrahere neque ab omni successionis perceptione (cf. Apoc 6, 9-11). Pari modo, si nulla temporalis post mortem haberetur ratio, nec quidem cum illa terrestri mere analoga, non facile intelligeretur cur Paulus Thessalonicensibus de sorte mortuorum quaerentibus, formulis futuris de eorum resurrectione (*anastêsontai*) loquatur (cf. 1 Thess 4, 12-13). Praeterea radicalis negatio onmis notionis temporis pro illis resurrectionibus et simultaneis et in morte effectis, non videtur sufficientem rationem habere de vera corporeitate resurrectionis; verum enim corpus non potest declarari ab omni temporis notione alienum. Etiam beatorum animae, cum in communione cum Christo vere corporaliter resuscitato sint, non possunt considerari sine ulla connexione cum tempore. [...]

4. 3. Saeculo XX, negatio duplicis phasis incepit primo propagari. Nova tendentia apud quosdam theologos evangelicos apparuit et quidem in forma mortis totalis (*Ganztod*, sicut antiquus *thnêtopsychimus*) et resurrectionis in fine temporis explicatae ad modum creationis ex nihilo. Rationes ad quas fiebat appellatio, praevalenter erant confessionales: homo coram Deo nihil proprium praesentare posset, non solum opera, sed neque ipsam naturalem animae immortalitatem; mortis gravitas solummodo sustineretur, si ipsa totum hominem et non solum afficiat corpus; cum mors poena sit peccati et totus homo peccator sit, totus homo a morte affici deberet, quin intelligatur, animam, in qua radix peccati invenitur, a morte liberari. Paulatim quasi programmatice novum schema proponebatur eschatologicum: *sola* resurrectio loco immortalitatis *et* resurrectionis.

Haec prima tendentiae praesentatio difficultates offerebat plurimas: si totus homo morte dispareret, Deus posset hominem prorsus illi aequalem creare, sed si inter utrumque continuitas non habeatur existentialis, ille secundus homo esse non potest idem priori. Hac de causa, novae sunt elaboratae theoriae quae resurrectionem affirmant *in morte*, ne spatium vacuum inter mortem et parusiam exsurgat. Fatendum est, sic thema Novo Testamento introduci ignotum, cum Novum Testamentum de resurrectione semper in parusia Domini, nunquam vero in hominis morte, loquatur (Supra 2 allusio facta est ad praecipuas theo-

Die Tatsache des Erkennens und Wollens der körperlosen Seele nach dem Tode steht theologisch zweifelsfrei fest - ach wenn die Art und Weise des Vollzugs dieser Aktivität sehr diskutiert wird. Zweifellos ist ihr eine intuitive Selbsterkenntnis möglich, ebenso wie eine Erkenntnis durch eingegossene Erkenntnisbilder. Dazu kommt die Erkenntnis durch die in diesem Leben erworbenen species intelligibiles. Im Grunde gelingt auch Greshakes Theorie von der Auferstehung der konkreten Person keine neue oder tiefere Einsicht gegenüber dieser traditionellen Lehre von der Bewahrung der in diesem Leben erworbenen Erkenntnisbilder in der Seele, welche im genannten Sinne die ganze Vergangenheit präsent hat.

Das Wann und Wie der Auferstehung kann nicht univok oder adäquat mit den Vorstellungen unserer irdischen Wirklichkeitserfahrung von Raum und Zeit erfaßt werden. Dennoch aber können wir eine Reihe wahrer und wissenschaftlich tragfähiger Aussagen machen, die weder anthropomorph oder metaphorisch, noch rein "symbolistisch", sondern analog im eigentlichen Sinne gelten. Auch das ewige Leben des Menschen bleibt also in den Kategorien von Raum und Zeit. Die jetzige und die kommende Weltzeit sind in gewissem Sinne inkommensurabel, nicht univok nebeneinanderzustellen; dennoch aber handelt es sich in beiden Fällen um eine Dauer des Nacheinanders von Akten. So hat die Kirche auch ausdrücklich von der Gottesmutter erklärt, daß sie nach Vollendung ihres irdischen Lebens mit Leib und Seele in die himmlische Glorie aufgenommen wurde.

---

rias quibus resurrectio in morte hodie proponitur. Etiam supra 4. 2 pauci recensentur antecessores huius tendentiae qui tempore patristico habentur). [...]

4. 4. Hae omnes theoriae cum testimonio biblico atque cum historia traditionis tam circa eschatologiam ipsam quam circa eius praesupposita anthropologica modo sereno consideratis conferri deberent. Sed praeterea iure quaeri potest, utrum tendentia quaedam facile exspoliari possit ab omnibus motivis quae illi dederunt originem. Id praecipue est attendendum, cum de facto determinata linea theologica ex principiis confessionalibus nata est non catholicis.

Praeterea attendendum esset ad incommoda pro dialogo oecumenico quae ex nova conceptione orirentur. Quamquam nova tendentia inter theologos quosdam evangelicos orta est, ipsa magnae traditioni orthodoxiae lutheranae non correspondet, quae etiam nunc inter fideles illius confessionis praevalens est. Adhuc fortior est persuasio inter christianos orientales seiunctos circa eschatologiam quamdam animarum quae resurrectioni mortuorum praevia est. Hi omnes christiani eschatologiam animarum considerant necessariam, quia resurrectionem mortuorum in connexione cum parusia Christi perspiciunt (Pro christianis evangelicis cf. *Confessio Augustana*, 17: *Die Bekenntnisschriften der evangelisch-lutherischen Kirche*, p. 73). Immo si extra confessionum perspiciamus ambitum, eschatologia animarum bonum religionibus non christianis admodum commune consideranda est". (COMMISSIO THEOLOGICA INTERNATIONALIS, *De quibusdam quaestionibus actualibus circa eschatologiam*, Gregorianum 73 (1992) 405-407, 411-412]

6. Die Identität des Auferstehungsleibes im Lichte des Glaubens und der Theologie

Jede Seele erwartet nach dem Tod die *Auferstehung ihres eigenen selben Leibes* (vgl. *1 Kor 15, 53*: "hoc", "touto"), mit dem sie für die ganze Ewigkeit Gott nahe sein wird oder fern von ihm in der Verdammnis. "Die Auferstehung wird in dem Fleische geschehen, in dem wir jetzt leben" (*Fides Damasi*[80]). "Alle werden mit ihrem eigenen Leib, den sie jetzt haben, auferstehen" (*Lateranense IV*[81]), wie Christus mit seinem eigenen Leib auferstanden ist. Es ist derselbe Leib: Er zeigte ihnen seine Wundmale (Joh 20, 17). *"Seht meine Hände und Füße an: Ich bin es selbst."* (Lk 24, 39); aber dieser Leib ist verwandelt in die *"Gestalt eines verherrlichten Leibes"* (Phil 3, 21), in einen *"überirdischen Leib"* (1 Kor 15, 44). Unsere Leiber haben dann unterschiedliche Merkmale, aber sie bleiben Leiber und sie bleiben orts- und zeitbezogen - so wie auch der verherrlichte Leib Christi (und derjenige Mariens) nach seinem Tode nicht allgegenwärtig und ewig ist wie Gott. Wir wissen nichts Näheres über das Wo, denn auch die Erde wird verwandelt werden. Über den Zeitpunkt wissen wir nur: *"Endgültig am letzten Tag"* (Joh 6, 39-40.44; 11, 24) *"am Ende der Welt"*[82].

Auch die Leiber der Verdammten werden auferstehen, aber nicht als Folge des Gnadenlebens, sondern als Folge des natürlichen Leib-Seele-Zusammenhanges. So sagt der *Römische Katechismus*: Es ist angemessen, daß der Leib, der mitwirkte bei der Sünde, auch mitgestraft werde - ähnlich wie seine Mitwirkung zum Guten belohnt werden wird[83].

Zum Dogma des Glaubens gehört somit, daß wir mit demselben Leib auferstehen, den wir jetzt haben, d. h. es ist nicht nur spezifische bzw. Artgleichheit (menschliche Leiblichkeit), sondern numerische Identität mit unserem irdischen Leib gegeben; die Verstorbenen werden mit "ihren" Körpern auferstehen. Andernfalls gäbe es keinen wesentlichen Unterschied zur Seelenwanderungslehre. Man dürfte nicht mehr von Auferstehung, sondern müßte von der Annahme eines neuen Leibes sprechen (Thomas)[84]. Das *Lehramt*[85] hat diese Tatsache, daß wir im selben Leib, den wir auf Erden haben, auf-

---

[80] DS 72
[81] DS 801 [D 429]
[82] *Lumen Gentium*, 48
[83] CATECHISMUS ROMANUS, p. 1. c. 12. n. 5
[84] THOMAS, *S. th.* III *Suppl.* q 81 a 1
[85] FIDES DAMASI, (DS 71); SYMBOLUM QUICUMQUE: "Ad cuius adventum omnes homines resurgere habent cum corporibus suis" (DS 76, D 40); CONCILIUM TOLETANUM XI (675): "Nec in aera vel qualibet alia carne (ut quidam delirant) surrecturos nos credimus, sed in ista qua vivimus, consistimus, et movemur" (DS 540; D 287); SYMBOLUM LEONIS IX (1053): "Credo etiam veram resurrectionem eiusdem carnis, quam nunc gesto". (684, D 347); PROF. FIDEI WALDENSIBUS PRAESCR. (1208): Credimus ... huius carnis, quam gestamus, et non alterius resurrectionem" (DS 797; D 427); CONC. LATERANENSE IV c. 1, *De fide catholica* (1215): "Omnes cum suis propriis resurgent corporibus, quae nunc gestant" (DS 801, D 429); Conc. LUGDUNENSE II (1274)(DS 854, 859; D 464); BENEDICTUS XII, Const. BENEDICTUS DEUS (1336) (DS 1002; D 531); cf. PAUL VI, Credo populi Dei (30. 6. 1968), n. 38.

erstehen werden, ebenso wie die *patristische* Tradition[86] - bekannt ist besonders das Zeugnis des *Irenäus*[87] - nicht nur allgemein vorausgesetzt, sondern sehr häufig auch mit aller Klarheit ausdrücklich bestätigt[88]. Deshalb bezeichnen die beiden Formulierungen: "Auferstehung der Toten" und "Auferstehung des Fleisches" komplementäre Aspekte derselben Wirklichkeit, d. h. derselben ursprünglichen Tradition der Kirche; eine Beschränkung auf die Formel "Auferstehung der Toten" wäre eine Verarmung der Lehre und könnte einer irrigen Spiritualisierung gerade im Zusammenhang mit den Theorien einer Auferstehung im Tode Vorschub leisten - so lehrt die *Kongregation für die Glaubenslehre* (14. 12. 1983) in ihrer Erklärung zur Übersetzung des Glaubensartikels: Auferstehung des Fleisches[89]. Der *Katechismus der Katholischen Kirche* erklärt eigens sehr präzise die Bedeutung des Ausdrucks "Fleisch"[90].

Das Lehramt hat aber nicht ausdrücklich näher festgestellt, was notwendig ist, um diese Identität zu gewährleisten. Identität des auferstandenen Menschen schließt eine Umgestaltung nicht aus; sie bedeutet auch nicht Wiedergewinnung aller irdischen Moleküle oder biologisch-physiologischen Eigenschaften, sondern Verklärung des Leibes.

Auch wenn der *Unterschied* zwischen dem irdischen und dem verklärten Leib außerordentlich groß ist, sind beide doch eng miteinander verbunden. Die Lehre der Kirche erklärt, warum diese Tatsache einer Auferstehung des je eigenen Leibes und der Verbindung des neuen Leibes mit der Seele angemessen ist. Die Seele ist ja Wesensteil des Menschen, und wenn sie vom Leib getrennt ist, fehlt ihr etwas an der vollkommenen Glückseligkeit, die sie als ganze Person besitzen wird. Wenn die Seele dafür geschaffen ist, mit einem Leib verbunden zu sein, dann würde eine endgültige gewaltsame Trennung ihre eigene Seinsweise verändern. Es erscheint als übereinstimmender mit der Weisheit, Gerechtigkeit und Barmherzigkeit Gottes, daß die Seelen wieder mit dem Leib vereint werden, damit der ganze Mensch, der ja nicht nur aus Seele und auch nicht nur aus Leib besteht, am Lohn oder an der Strafe, die er in seinem Leben verdient hat, teilnimmt. Dennoch ist es Glaubenslehre, daß die Seele unmittelbar nach dem Tod

---

[86] Cf. ROUET, Series 600; F. SEGARRA SJ, *De identitate corporis mortalis et corporis resurgentis*, Madrid 1929, 5-96; *Temeraria? o algo menos?*, EstEccl 10 (1931) 106-136. AUGUSTINUS: "Ista caro resurget, ista ipsa quae sepelitur, quae moritur" (Sermo 264, 6; PL 38, 1217); JOHANNES DAMASCENUS: "Ipsum igitur corpus quod corrumpitur ac dissolvitur, idem, resurget incorruptum" (*De fide orth.*, 4 c. 27)

[87] IRENÄUS nimmt eine "transfiguratio" des Leibes am jüngsten Tage an, «quoniam cum sit mortalis et corruptibilis immortalis fit et incorruptibilis» (*Adversus haereses* 5, 13, 3: SC 153, 172); die Auferstehung geschehe "im selben Leibe, in dem sie starben" (Ibid., 5, 13, 1: SC 153, 162 et 164).

[88] Dazu ausführlicher: COMMISSIO THEOLOGICA INTERNATIONALIS, *De quibusdam quaestionibus actualibus circa eschatologiam*, 1.2.5

[89] SACRA CONGREGAZIONE PER LA DOTTRINA DELLA FEDE (14. 12. 1983), *Traduzione dell'articolo "Carnis resurrectionem" del Simbolo apostolico*, Enchiridion Vaticanum 9 (1983-1985), 494-496; Notitiae 20 (1984) 180-181

[90] KATECHISMUS DER KATHOLISCHEN KIRCHE, 990

Lohn oder Strafe erhalten wird, ohne auf den Augenblick der Auferstehung des Leibes warten zu müssen.

Origenes (gest. 253) wollte zwischen dem in ständigem Wechsel hinströmenden Stoff im menschlichen Körper und der bleibenden Gestalt der menschlichen Leibhaftigkeit unterscheiden[91] und hat dem Auferstehungsleib eine (mathematische) Idealform (Kugel) zugeschrieben[92]. Diese Lehre wurde im Antiorigenisten-Streit als spiritualistisch verworfen. Die Kirche erklärte nämlich demgegenüber: "Entsprechend dem Vorbild unseres Hauptes (Christus) bekennen wir eine wahre Auferstehung des Fleisches aller Verstorbenen. Nicht in einem geistigen oder irgendwie anderen Fleisch (wie einige phantasieren) glauben wir, daß wir auferstehen, sondern in eben jenem Leib, durch den wir leben, bestehen und uns bewegen" (*Toletanum XI* von 675)[93]. Das vierte *Laterankonzil* (1274) wiederholte dieselbe schon im *Athanasianum* zu findende Lehre: "Alle werden mit ihren eigenen Leibern auferstehen, die sie jetzt im Erdenleben tragen"[94]. Schon *Tertullian* hat die Identität spekulativ vom Begriff der Auferstehung her begründet[95].

Die Materie, aus der sich unser Leib zusammensetzt, ist im ständigem Wechsel begriffen und umfaßt nach einigen Jahren nicht mehr alle dieselben Moleküle. Dieser Tatsache war sich auch *Thomas von Aquin* schon bewußt[96]. Die Identität von Auferstehungsleib und irdischem Leib ist also nicht allein vom Stoff der Materie her bedingt, der ca. alle 7-10 Jahre ein anderer ist, und auch nicht durch einen allkosmischen Bezug der Geist-Seele nach dem leiblichen Tod (*Gregor von Nyssa*)[97]. Seit *Thomas von Aquin* wird diese Identität primär durch die formende Kraft der Geistseele gewährleistet gesehen.

Gregor von Nyssa neigte zur Apokatastasis-Lehre und sah das Ziel der Auferstehung in der Rückführung unserer Natur in jenen Zustand, den sie am Anfang hatte. Demgegenüber ist zu sagen, daß damit die Auferstehung auch der Verdammten oder überhaupt die Geschichtlichkeit des Menschen nicht erklärt werden. Auch der auferstandene Christus trägt die verklärten Wundmale (vgl. Joh 20, 27).

Die nähere theologische *Erklärung der Identität* des Leibes nach dem Tode hängt natürlich auch mit der philosophischen Frage nach dem Individuationsprinzip zusammen; es gibt drei Hauptrichtungen:

1. *Totale materielle Identität*. Zur numerischen Identität sei es erforderlich, daß der Leib bis hin zu allen Molekülen "dieselbe" Materie habe.

---

[91] J. AUER, *"Siehe, ich mache alles neu"*, Regensburg 1984, S. 114
[92] ORIGENES, *In Ps 1* (PG 12, 1092a-1096b). Vgl. DS 407
[93] DS 540 [D 287]
[94] DS 801 [D 429]
[95] TERTULLIAN, *Adv. Marcionem* 5, 9 (PL 2, 491; CChr 47, 601)
[96] THOMAS, *S. c. gent.* IV c. 80. 81 behandelt die verschiedensten Einwände.
[97] Vgl. J. AUER, ebd., S. 117

Im engsten Sinne verstanden läßt sich diese Auffassung schon wegen der starken Veränderlichkeit des menschlichen Leibes nicht halten, wie schon *Thomas* im einzelnen begründet hat[98]. Sie hat schon immer Anlaß zu Einwänden gegen das Dogma gegeben; im Altertum spottete *Porphyrius* mit dem Hinweis auf die Menschen, die gefressen worden seien - von anderen oder von Tieren. Es ist von daher kaum vorstellbar, daß die Seele den vielleicht zerteilten und verwehten selben Leib mit allen Molekülen wieder an sich nimmt.

Allerdings hat kaum jemand irgendwann diese Hypothese so eng vertreten. Vom ständigen Wechsel der materiellen Elemente wußten auch die Vertreter einer individuellen Identität und verstanden sie gar nicht absolut als Summe aller zu einem Leib gehörigen Bestandteile. Auch wollte niemand die individuelle Identität grob sensualistisch denken.

Auch einige gemilderten Varianten dieser Richtung sind wenig präzise: z. B. es handele sich um die letzte Materie, die der Mensch besessen habe, oder es genüge eine partielle Identität des Leibes.

Tatsächlich ist aber die Rede von einer Identität des Leibes auch berechtigt, wenn die Atome und Moleküle sich verändern und ca. alle 7-10 Jahre ganz andere sind.

2. *Identität nur durch das Formprinzip.* Eine genau entgegengesetzte Hypothese meint, es genüge die Identität der Seele. Diese Auffassung wurde im Mittelalter von *Durandus a S. Porciano* (+ 1334) und *Johannes von Neapel* (+ 1336) begründet: Der Leib sei mein Leib nur aufgrund der Tatsache, daß meine Seele sich mit ihm verbinde und ihn als Form individuiere. Am jüngsten Tage werde der Leib aus irgendeinem Stoff durch die Seele wiederaufgebaut. Ähnlich dachten auch *P. Lacordaire OP, H. Schell, F. Hettinger, H. Mazella, L. Billot SJ*[99], *E. Krebs, D. Feuling OSB*. Im strengen Sinne vertreten hat diese Auffassung aber fließende Übergänge zur Lehre von der Seelenwanderung - jedenfalls soweit diese einen menschlichen Leib betrifft.

3. *Substantielle numerische Identität* des Leibes. Die verbreitetste Meinung unterscheidet sich von diesen beiden eher extremen Auffassungen: Die Seele nimmt nimmt nicht alle, aber doch weithin numerisch dieselbe Materie, die sie im irdischen Leben informiert hat, auf - allerdings nicht auf Grund einer natürlichen Kraft des Leibes oder der Seele, sondern weil Gott es so fügt *(Thomas*[100]*; F. Segarra SJ, D. Palmieri SJ, E. Hugon OP, H. Lennerz SJ, M. J. Scheeben, L. Atzberger))*. Z. B. lehrt *J. Ratzinger* keine totale materielle Identität, verweist aber darauf, daß die ganze lehrmäßige und liturgische Tradition der Kirche annimmt, daß der Auferstehungsleib auch die Reliquien umgreife. Tatsächlich

---

[98] THOMAS, *C. gent* IV c. 81
[99] L. BILLOT SJ, *Quaestiones de novissimis*, ⁷Romae 1938 154-163
[100] THOMAS, *S. c. gent.* IV c. 81; *Quodl.* 11 a. 6; *Comp. theol.* c. 154; *Sent.* IV d 44 q 1 a 1 sol 3; *Suppl.* q 79 a. 3, q 78 a. 3

bezieht sich ja die Reliquienverehrung nicht nur auf die vergangene Tatsache, daß die Glieder der Heiligen in besonderer Weise ein Tempel des Heiligen Geistes waren, sondern hat auch Bezug auf die Zukunft und ist untrennbar von der Auferstehungshoffnung. Aufgrund des Parallelismus mit der Auferstehung Jesu muß man, um die Kontinuität zu gewährleisten, bei aller anzunehmenden Vervollkommnung doch auch an einer gewissen morphologischen Ähnlichkeit mit dem sterblichen Leib festhalten.

Die einzelnen Atome und Moleküle als solche stellen keinen Wesensbestandteil des Menschen dar; die Identität der Leiblichkeit hängt nicht an ihnen. Entscheidend ist vielmehr die Formkraft der Seele für die Materie (*Thomas* und schon *Epiphanius*[101]). Identischer Leib ist das, was die Seele als ihren körperlichen Ausdruck verwendet; das bedeutet aber, daß es keine beliebige Austauschbarkeit gibt. So erklärt *J. Ratzinger*: "Die Vorstellung Greshakes, daß die Seele die Materie als "ekstatisches Moment des Freiheitsvollzuges" in sich aufnimmt und sie als Materie im ewig Unvollendbaren dann definitiv hinter sich läßt, ist von Thomas her unvollziehbar"[102].

A. Winklhofer[103] hat zur Erklärung einer substantiellen Identität die Parallele mit der Formkraft Christi für seinen mystischen und seinen eucharistischen Leib herangezogen: Auch in der Eucharistie sei die Substanz des Leibes Jesu präsent, - und zwar auch als Leibhaftigkeit und nicht als reine Geistigkeit - aber getrennt von allen erfahrbaren phänomenologischen Elementen, wie Gewicht, Farbe, Ausdehnung usw. Nach dem Tod vollziehe sich ein Wechsel des akzidentellen Zustandes der Leibessubstanz, bis sie etwa den Zustand der Ausdehnungslosigkeit wie der Leib Christi in der Eucharistie erlangt habe. Doch die "Substanz des Leibes" selbst bleibe erhalten, um die Identität zu gewährleisten - ausdehnungs- und tätigkeitslos (aber keineswegs als Astralleib oder spiritistischer Fluidalkörper) aufbewahrt bis zur Auferstehung am jüngsten Tage.

Aber bei dieser Auffassung scheint der Tod nicht mehr eindeutig als völliges Ende des irdisch-leiblichen Lebens verstanden, und die leibliche Auferstehung scheint in den Bereich der Akzidentien des Leibes verlagert. Die These dürfte auch kaum zu vereinbaren sein mit der Erklärung der Glaubenskongregation, daß die Seele in der Zwischenzeit wirklich ihrer vollen Körperlichkeit entbehrt[104].

---

[101] H. J. WEBER, *Die Lehre von der Auferstehung der Toten in den Haupttraktaten der scholastischen Theologie*, Freiburg 1975, 228-236

[102] J. RATZINGER, *Eschatologie - Tod und ewiges Leben*, Regensburg 1977, ²1978, ⁶1990, 148

[103] A. WINKLHOFER, *Ziel und Vollendung*, Ettal 1951, 102, 84-88, 96; *Das Kommen seines Reiches. Von den Letzten Dingen*, Frankfurt/M. 1959, 342 f.

[104] CONGREGATIO PRO DOCTRINA FIDEI, Ep. *Recentiores episcoporum Synodi*, AAS 71 (1979) 940-942

7. Die Eigenschaften des Auferstehungsleibes

Wir neigen dazu, uns die Seele irgendwie im Inneren des Leibes vorzustellen - fast so wie das Kind, das auf die Frage, warum die Seele unsichtbar ist, geantwortet hat: "Weil der Bauch davor ist!" Tatsächlich wird aber umgekehrt das verklärte Leben des Leibes und der Sinne gleichsam im Inneren der Seele sein - ähnlich wie Gott nicht im Raum, sondern der Raum in Gott ist. Das neue Leben dieses Leibes ist dann nicht irgendwie Ersatz oder Kopie des Irdischen, sondern verhält sich wie die Blüte zur Wurzel, wie der Diamant zur Kohle, der Schmetterling zur Raupe[105]. Nach Paulus stehen sich der jetzige Äon und die kommende Weltzeit, der sarkische und der pneumatische Leib gegenüber wie Adam und Christus (1 Kor 15, 45-49). Die Seligen werden an den Eigenschaften des Auferstehungsleibes Christi teilhaben.

Für die bloße Neugier ist allerdings nichts geoffenbart. Dennoch wird einiges hinreichend deutlich gemacht: *Paulus* unterscheidet in dem entscheidenden Text 1 Kor 15, 39-49 den Auferstehungsleib im Blick auf die Verschiedenheit der Lebewesen auf Erden und der Gestirne am Himmel. Er betont viermal die Identität, aber unterscheidet klar den irdischen Leib und den Auferstehungsleib in Hinsicht auf "Verweslichkeit und Unverweslichkeit, Unansehnlichkeit und Glanz, Schwachheit und Kraft, sarkischen Leib und pneumatischen Leib".

Deshalb konnte die Theologie dem Leib im neuen Himmel und der neuen Erde nicht nur natürliche Vollkommenheiten zuschreiben, sondern im Anschluß an den Paulustext und andere Bibelworte eine vierfache übernatürliche Gottesgabe[106]: 1. **Unverweslichkeit** und **Unsterblichkeit** für alle - keine Zerstörbarkeit und Anfälligkeit für Krankheiten. "So verhält es sich mit der Auferstehung der Toten: Gesät wird in Verweslichkeit, auferweckt wird in Unverweslichkeit. ... dieses Verwesliche muß anziehen Unverweslichkeit" (1 Kor 15, 42. 53); "sie können dann nicht mehr sterben, ... da sie Söhne der Auferstehung sind" (Lk 20, 36; vgl. 1 Kor 15, 54 f.). Durch die Auferstehung Christi hat der Tod keine Gewalt mehr (Röm 6, 8 f.), ist als letzter Feind vernichtet worden (1 Kor 15, 26). Er ist als Defekt der Natur für alle überwunden; bei allen Menschen ist der Leib der Seele in bezug auf diese Auswirkung völlig gefügig. Der umgestaltete Geist teilt dem Leib auf Grund der Verdienste Christi eine unverlierbare Beschaffenheit mit, kraft derer alle Tendenzen zu Trennung, Verfall und Auflösung in ihrer Auswirkung gehindert sind. So wie beim verklärten Auferstehungsleib Christi, dem wir gleichförmig werden sollen, bleiben aber "Fleisch und Gebein" (Lk 24, 39), d. h. alle Glieder, Organe usw., die zur Inte-

---

[105] Vgl. auch die Ausführungen von R. GUARDINI, *Die letzten Dinge*, Würzburg 1952, 49-61 über den "geistlichen Leib".

[106] THOMAS, *Suppl.* q 82-85; *C. gent.* IV, 82-88; A. CHOLLET, *Corps glorieux*, DThC III (1907) 1879-1906; A. HOFFMANN OP, *Kommentar in der deutschen Thomas-Ausgabe*, Bd. 35, Heidelberg 1958, 590-613

grität eines menschlichen Leibes gehören[107]; es geschieht keine Umwandlung in eine geistige Substanz[108]. Mißbildungen und Verstümmelungen werden beseitigt sein, da die Erlösung eine Wiederherstellung der paradiesischen Integrität einschließt.

Auch der Leib der *Verdammten* wird trotz des sündigen Zustandes der Seele unsterblich und unverweslich sein[109] - so lehrt die Theologie im Anschluß an Mt 5, 29 f., Joh 5, 28 f., 2 Kor 5, 10. Doch sind seine Qualen schlimmer als Todesleiden - denn würde nur die Seele gestraft, so würde nicht der ganze Mensch bestraft.

Für die Seligen sind mit der Auferstehung auch **Leidensunfähigkeit** und **Schmerzunempfindlichkeit** gegeben[110]: "Sie werden nicht Hunger noch Durst leiden. Sonnenglut und Hitze wird sie nicht mehr treffen ... Gott wird jede Träne von ihrem Auge abwischen" (vgl. Offb 7, 16 f.; Is 49, 10; 25, 8). "Der Tod wird nicht mehr sein, noch Trauer, noch Klage, noch Schmerz wird mehr sein. Denn was einst war, ist vergangen" (Offb 21, 4). Dies bedeutet natürlich keine stoische Empfindungslosigkeit, Müßigkeit oder Langeweile. Die Sinnesorgane bleiben, sind aber nicht mehr der Befriedigung der lebensnotwendigen vitalen Bedürfnisse untergeordnet, sondern so tätig, "wie es dem Stande der Unsterblichkeit nicht widerstreitet" (*Thomas*).

2. Innere **Klarheit** (Doxa) und **Lichthaftigkeit** für die Gerechten (vgl. Dan 12, 3; Phil 2, 15), ähnlich dem verherrlichten Leib Christi (Phil 3, 21) auf Tabor (Mt 17, 2); sie werden "leuchten wie die Sonne im Reiche des Vaters" (Mt 13, 43), ähnlich den Engeln (Lk 20, 35 f.). Die verklärte Seele gibt dem neuvereinten Stoff Anteil an ihrem Lichtglanz. Das Strahlen des Leibes wird den je verschiedenen Grad des Glorienlichtes wiederspiegeln.

3. **Leichtigkeit** und **Behendigkeit** (agilitas) gegenüber aller Trägheit, Unbeholfenheit und Schwerfälligkeit des irdischen Leibes: Der Leib wird auferstehen "in Kraft" (1 Kor 15, 43), er wird vollkommenes Instrument der rein geistigen Seele; unbehindert vermag er allen ihren Tätigkeiten und Bewegungen zu folgen. Zitiert wird dazu oft Weish 3, 7 ("Sie werden gleich Funken im Röhricht

---

[107] THOMAS, *C. gent.* IV, 88. Die *Makkabäischen Brüder* erhoffen die Wiederherstellung ihrer Glieder: Makk 7, 11; 14, 46; Job 19, 23. Die *Origenistische These* eines kugelförmigen, gliederlosen Auferstehungsleibes wurde auf dem Konzil von KONSTANTINOPEL 543 verurteilt (DS 407).

[108] THOMAS, *C. gent.* IV, 84

[109] SYMBOLUM ATHANASIANUM; THOMAS, *C. gent.* IV, 81; *Suppl.* q 86 a 1-3 (vgl. dazu den Kommentar von A. HOFFMANN OP, Die Deutsche Thomas-Ausgabe, Bd. 35, Heidelberg 1958, 606-610

[110] THOMAS: "Wie das Verlangen der Gott genießenden Seele voll erfüllt sein wird in bezug auf die Erlangung alles Guten, so wird auch ihr Sehnen in bezug auf die Entfernung alles Übels erfüllt sein, weil mit dem höchsten Gute irgendwelches Übel nicht zusammen bestehen kann. Und der durch die Seele zur Vollendung gebrachte Körper wird mithin der Seele entsprechend wider alles Übel gefeit sein, und zwar sowohl der Wirklichkeit als auch der Möglichkeit nach. Hinsichtlich der Wirklichkeit, weil in ihnen keine Auflösung sein wird, keine Mißförmigkeit und kein Mangel. In bezug auf die Möglichkeit hingegen, weil sie nicht irgend etwas zu erleiden vermögen, was ihnen beschwerlich wäre. Und deshalb werden sie leidensunfähig sein". (*C. gent.* IV, 86)

umherfliegen") und Is 40, 31 ("Sie heben ihre Schwingen gleich Adlern, sie laufen und werden nicht müde, sie schreiten voran und werden nicht matt"). Doch wird die Bewegung des verklärten Leibes nicht in einem unteilbaren Jetzt geschehen (*Thomas*[111]); es bleibt die zum Wesen des Leibes gehörige kreatürliche Raumgebundenheit, die auch grundverschieden ist von der Ortsgebundenheit der Engel.

4. **Vergeistigung** des Leibes (**Feinheit, subtilitas**; **Durchdringungskraft**)(vgl. 1 Kor 15, 44), ohne hemmende irdisch-materielle Naturschranken - was aber nicht einen ätherischen (wie die Gnostiker annahmen) und nicht einen rein pneumatischen Leib meint (wie die Platoniker sagten), bzw. einen in Geist verwandelten (*Origenes*) oder luftähnlichen[112] Leib, sondern eine vollkommene Beherrschung und Gestaltung des Stoffes durch die Seele und durchdringende Prägung durch das übernatürliche Lebensprinzip - mit der Aufhebung der natürlichen Abhängigkeit z. B. von der Ernährung. Wir sprechen ähnlich von Feinheit des Goldes oder der Seide im Sinne einer völligen Echtheit und Unvermischtheit mit Geringwertigerem; von feinsten Meßgeräten, wenn sie einen möglichst tiefen und umfassenden Bereich erfassen können.

Oft geht die Erklärung davon aus, daß der auferstandene Christus aus dem versiegelten Grab hervorging (Mt 28, 2 ff.), durch verschlossene Türen eintreten (vgl. Joh 20, 19.26), überall und jederzeit anwesend sein konnte. Die Durchdringungskraft (**compenetrabilitas**) wird aber nicht von allen Theologen mit dieser Gabe der subtilitas verbunden. Alle nehmen jedoch eine bleibende Ortsgebundenheit an, insofern auch zwei verklärte Leiber ohne besonderes Eingreifen der göttlichen Allmacht nicht am selben Ort zugleich sein können[113]. Auch machte man sich Gedanken über die Vollständigkeit, Schönheit und Lebenskraft der in diesem irdischen Leben verstümmelten, entstellten oder schwach gewordenen Leiber: ihre vollkommene Integrität werde wiederhergestellt[114].

Wenn die Seele in der Anschauung Gottes Anteil am göttlichen Leben erhält (2 Petr 1, 4) und vom Glorienlicht geprägt wird, ist auch der Leib, den sie gestaltet, durchleuchtet. Die Naturwissenschaften allerdings können zu diesem Thema kaum etwas sagen - auch wenn sie heute die Materie immer mehr als Energie und Strahlung zu verstehen suchen. Doch die Tatsache, daß immer wieder neue, bisher unkannte Eigenschaften sogar des unbeseelten Stoffes entdeckt wer-

---

[111] Ausführlich bei THOMAS, *C. gent.* IV, 84 a 3
[112] Dazu GREGOR, *Mor.* 14, 56; PL 75, 1077D)
[113] THOMAS, *Suppl.* q 83 a 5
[114] AUGUSTINUS: "Resurgent igitur sanctorum corpora sine ullo vitio, sine ulla deformitate, sicut sine ulla corruptione, onere, difficultate; in quibus tanta facilitas, quanta felicitas erit. Propter quod et spiritalia dicta sunt cum procul dubio corpora sint futura non spiritus. [...] tanta erit tunc concordia carnis et spiritus, vivificante spiritu sine sustentaculi alicuius indigentia subditam carnem, ut nihil nobis repugnet ex nobis, sed sicut foris neminem, ita nec intus nos ipsos patiamur inimicos" *Enchiridion*, 23 c. 91 (CChr 46, 98; PL 40, 273)

den (z. B. Quarks, Supraleitung usw.) erleichtert das Verständnis für ganz neue Möglichkeiten bei den Qualitäten des Auferstehungsleibes. Man darf nicht von dem Vorurteil ausgehen, die Eigenschaften des Auferstehungsleibes müßten ausschließlich den uns mit bisher zugänglichen Methoden und Mitteln beobachteten Gesetzen des Stoffes entsprechen. Vielmehr liegt es nahe, bei einer tiefgreifenden Veränderung der Seele im Glorienlicht, die sogar "Vergöttlichung" genannt werden kann, auch einen neuen gestaltenden Einfluß auf den Leib anzunehmen[115].

Die biblischen Berichte von den Erscheinungsweisen des auferstandenen Christus oder auch die Berichte von Bilokationen in Heiligenleben geben uns manche Hinweise auf die Eigenschaften des Auferstehungsleibes. Keine Erklärungshilfe kann jedoch von seiten der Parapsychologie kommen, die in der Regel auch für wissenschaftlich unseriös gehalten wird.

Die Kirche mußte sich schon häufiger gegen einen eschatologischen "Doketismus" wenden, der nur eine spiritualistische Zukunft des Menschen mit Gott annehmen wollte, und die Erlösung der ganzen leibseelischen Natur des Menschen verkünden. Wie die Bibel sind auch die Formulierungen der ältesten Symbola und die frühen Lehräußerungen zur Auferstehung betont realistisch[116]. Das Lehramt mußte u. a. gegen *Origenes* der Realismus des Glaubens gegen die Verstiegenheit akademischer Konstruktionen schützen (*J. Ratzinger*[117]). Wenn man z. B. die Idealkörper rein mathematisch versteht (nach Origenes als kugelförmig), dann wird der menschlich-christliche Sinn des Auferstehungsglaubens verkannt. Die Reaktion gegen derartige Formen des Spiritualismus war aber auch oft ein phantasievoller naturalistischer Realismus, der die zukünftige Leibhaftigkeit allzu diesseitig-empirisch verstehen wollte. Bei diesen Auseinandersetzungen zeigt sich wieder die fast unwiderstehliche Neigung zu den Extremen eines univok-anthromorphen und eines zu einseitig spiritualistisch-symbolistischen Denkens mit äquivoken Begriffen. Entsprechende Irrtümer können wir immer wieder in der Geschichte der Trinitätslehre, Christologie oder Eucharistielehre feststellen. Allein der recht verstandene Analogie-Begriff ermöglicht es, die Einseitigkeiten zu überwinden.

8. Die Existenz der Zwischenzeit

Der Zwischenzustand der leibberaubten Seele wird zu Unrecht heute von vielen mit Skepsis betrachtet. Für viele Protestanten wird der Mensch mit dem Tode total aus jeder Zeit herausgestellt, so daß es keinen Abstand mehr zur

---

[115] Vgl. dazu A. HOFMANN OP, ebd., 605 f.
[116] Vgl. J. N. D. KELLY, *Early Christian Creeds*, ²London 1952, 163-165; VGL. ANM. 6; CONCILIUM TOLETANUM XI (675) (DS 540); VATICANUM II, *Gaudium et Spes*, 39; COMMISSIO THEOLOGICA INTERNATIONALIS, *De quibusdam quaestionibus actualibus circa eschatologiam*, 1.1; 1.2.4; 1.2.5 [Gregorianum 73 (1992) 402, 404-405] mit ausführlichen Begründungen.
[117] J. RATZINGER, ebd., S. 146-147

Parusie gibt - ihnen fehlt der Analogie-Begriff. Die Existenz der anima separata wird sowohl von der bereits erwähnten evangelischen Ganztod-Theologie wie in der Lehre vom Seelenschlaf und auch in der von Katholiken vereinzelt vertretenen Auffassung der "Auferstehung im Tode" praktisch ignoriert oder geleugnet.

Die Kirchenkonstitution des II. Vatikanischen Konzils unterscheidet deutlich das Ende des Lebens mit der Entscheidung über Errettung oder Verdammnis von der endgültigen Auferstehung am "Ende der Welt"[118]. Noch ausdrücklicher findet sich diese Lehre im Credo des Gottesvolkes Papst *Paul VI*[119] und vor allem im Schreiben der *Kongregation für die Glaubenslehre* zu einigen Fragen der Eschatologie vom 17. 5. 1979[120]: "Die Kirche erwartet gemäß der Heiligen Schrift 'die Erscheinung unseres Herrn Jesus Christus in Herrlichkeit'[121], die nach ihrem Glauben jedoch als unterschieden und abgesetzt zu verstehen ist von der Situation des Menschen unmittelbar nach seinem Tod."

Entscheidend ist in diesem Zusammenhang die theologische Begründung der *eschatologia intermedia*: der Existenz eines Zwischenzustandes bzw. einer sogenannten Zwischenzeit zwischen dem Tod und der Wiederkunft Christi.

Zuerst ist bei Christus selbst eine Art "Zwischenzeit" zwischen Tod und leiblicher Auferstehung anzunehmen. So erklärt der *Römische Katechismus*, der im Auftrag des Konzils von Trient herausgegeben wurde: "Nach dem Tode Christi stieg seine Seele hinab "ad inferos" und blieb dort solange, als sein Leib im Grabe lag"[122]. Die These von der Auferstehung im Tod jedoch schließt notwendig ein, daß Jesus schon am Kreuz auferstanden und das Grab nicht leer war. Auch die Fürbitte der Heiligen und der noch auf Erden Lebenden verlöre ihren Sinn, wenn der Zwischenzustand weginterpretiert würde.

Papst *Johannes XXII* hat im Jahre 1334, einen Tag vor seinem Tode, vor den Kardinälen eine Erklärung verlesen, in der er eine Bulle ankündigte, welche einige Unklarheiten in drei Ansprachen, die er 1331/32 gehalten hatte, beseitigen sollte. Papst *Benedikt XII* hat diese Erklärung publiziert[123]. Nach der Konstitution *Benedictus Deus* (29. 1. 1336) kann die Lehre von der unmittelbar nach dem Tod beginnenden Gottesschau und der Zwischenzeit bis zum jüngsten Tage als feierlich definiert gelten[124] in bezug auf letztere sind auch die Verdammten eingeschlossen.

Der Mensch verschwindet mit dem Tod weder zeitweise noch für immer. Er existiert dann auch nicht nur in den Gedanken Gottes weiter, wie einige Prote-

---

[118] *Lumen Gentium*, c. 7 n. 58; noch ausdrücklicher in n. 49
[119] PAUL VI, *Solemnis professio fidei* (30. 6. 1968), n. 28
[120] Anm. 10, 58
[121] *Dei Verbum* I, 4
[122] CATECHISMUS ROMANUS, p. 1 c. 6 n. 1
[123] F. WETTER, *Die Lehre Benedikts XII vom intensiven Wachstum der Gottesschau*, Romae 1958
[124] DS 1000 (D 530); DS 1002 (D 531). Die beseligende Gottesschau wird unmittelbar nach dem Tod und schon vor der allgmeinen Auferstehung geschenkt.

stanten meinten. Diese Annahme wäre ein grundsätzlicher Widerspruch zu den klaren Offenbarungsaussagen vom ewigen Leben.

Erst die Auferstehung am jüngsten Tage bedeutet die totale Überwindung des Todes[125]. Also geschieht sie nicht im Tod, sondern es ist ein Zeitrahmen und - abstand aufeinanderfolgender Akte anzunehmen, eine Dauer in analogem Sinne, d. h. weder genau wie das Nacheinander unserer Zeit, noch wie die Simultaneität der Ewigkeit Gottes[126], noch wie das Aevum der Engel.

Bei *G. Greshake* und besonders *G. Lohfink* fallen individuelle und universale Eschatologie aufgrund des Totalverlustes des Zeitfaktors praktisch zusammen[127]. Bei ihrer Vorstellung von einer Auferstehung im Tode wird somit eine Eschatologia media im Grunde sinnlos. Das Auferstehungsleben erscheint so sehr als raum- und zeitentzogenes Jetzt, daß es seine spezifisch menschliche Realität verliert[128]. Mit der Ablehnung aller Zeit- und Raumkategorien der Apokalyptik wird schließlich das Kommen Gottes nicht mehr am Ende der Geschichte gesehen, da sich die Vollendung der Geschichte an jedem ihrer Punkte ereigne. Das Modell von *G. Lohfink* will schließlich "völlig offenlassen", ob möglicherweise "die Geschichte ein ewiges Auf und Ab, ein für uns unentwirrbares Nebeneinander von Gutem und Bösen, Menschlichem und Unmenschlichem sein wird[129]." Auch der Reinigungsort und die Fürbitte für die Verstorbenen verlieren ihren ursprünglichen christlichen Sinn - ganz zu schweigen von den gesicherten theologischen Erkenntnissen über die anima separata[130].

Dagegen sagt u. a. *J. Ratzinger*: "Daß es weder von der Logik noch von Bibel und Überlieferung her angeht, die Auferstehung in den Augenblick des individuellen Todes zu verlegen, ist in unseren bisherigen Überlegungen hinlänglich deutlich geworden. Erinnern wir uns noch einmal an den Hauptgrund: Eine begonnene Ewigkeit ist keine Ewigkeit; wer also in einem bestimmten Zeitpunkt gelebt hat und zu einem bestimmten Zeitpunkt stirbt, kann damit nicht einfach

---

[125] "Mors omnino destruetur resurrectionis die quo hae animae cum suis corporibus coniungentur" (OssRom 1./2. 7. 1968, p. 2 col.3)

[126] Einige mißverständliche Äußerungen von R. GUARDINI (*Die letzten Dinge*, Würzburg 1952) sind hier zu korrigieren: Das Leben werde nach dem Tode "frei von Zeit, reine Gegenwart" (S. 28); der Mensch stehe "in der reinen Gegenwärtigkeit ewigen Lebens" (S. 35)

[127] G. GRESHAKE, *Auferstehung der Toten*, Essen 1969, 410. Von einer Verklärung des Kosmos nimmt er einfachhin Abstand (vgl. L. SCHEFFCZYK, *Auferstehung, Prinzip christlichen Glaubens*, Einsiedeln 1976, 283 ff.).

[128] Daran ändert auch nichts die Heranziehung des Aevum-Begriffes (bei G. Lohfink) oder die dialektische Rede von einem "dynamischen progressiven Prozeß" (bei G. Greshake). G. LOHFINK spricht dem Auferstehungsleben sogar das totum simul der göttlichen Ewigkeit zu (!) - trotz einer gewissen Distanzierung davon an anderer Stelle und verbaler Kompromißversuche mit J. RATZINGERS vom Memoria-Begriff herkommender Interpretation (in: G. Greshake, G. Lohfink, *Naherwartung - Auferstehung - Unsterblichkeit*, Freiburg 1982, S. 72, 147).

[129] Ebd., S. 74

[130] Vgl. Anm. 37, 39. G. GRESHAKE hält das Fegefeuer nur für "die Extrapolation eines bereits jetzt erfahrbaren Zustandes in die postmortale Zukunft hinein" (in: Zur Debatte. Themen der katholischen Akademie in Bayern 15 (1985), S. 6)

aus der Verfassung «Zeit» in die Verfassung «Ewigkeit», Unzeitlichkeit überwechseln"[131]. "Schon für den biologischen Bereich gilt Zeitlichkeit auf einer anderen Ebene, als es die bloß physikalische sein könnte; die «Zeit» eines Baumes, die sich in seinen Jahresringen ausdrückt, ist Ausdruck seiner besonderen Lebenseinheit und nicht bloß ein Abschnitt in den Sonnenumdrehungen. Die verschiedenen Ebenen der Zeit werden im menschlichen Bewußtsein aufgenommen und transzendiert, das so auf seine eigene Weise «zeitlich» ist. Zeit ist nicht bloß eine physikalische Qualität am Menschen, die ihm dann ganz äußerlich bliebe; sie prägt ihn gerade in seinem Menschlichen, das als menschliches zeitlich ist: im Weg des Erkennens, des Liebens, des Verfallens und Reifens"[132].

9. Abwertung des Leibes auch bei Anti-Platonikern

Die Diskussion entfachte sich vielfach am Begriff des *Platonismus*[134]. Im allgemeinen gibt man sich heute entschieden antiplatonisch, d. h. antispiritualistisch und antidualistisch. Die christliche Theologie sei von den platonischen Überfremdungen zu befreien: Das Leib-Seele-Schema sei hellenistisch und unbiblisch. Zugleich mit derartigen pauschalen Proklamationen findet sich aber - widersprüchlicherweise - gerade bei ihren Vertretern nicht selten eine eigenartige Flucht in den Platonismus.

Man wollte nämlich jeden Leib-Seele-Dualismus als platonisch verurteilen, zugleich aber die Vollendung als eine Entwicklung zu einer immer größeren Vergeistigung darstellen und diesen Zustand dann einfachhin als Auferstehung bezeichnen[135]. So bedeute dann die Parusie nur eine neue Beziehung zum Rest des Kosmos, der sich gleichzeitig verwandle, und keine erneute Verbindung des geistigen Elementes mit dem eigenen Leib.

---

[131] J. RATZINGER, *Eschatologie - Tod und ewiges Leben*, Regensburg 1977, ²1978, ⁶1990, S. 150
[132] J. RATZINGER, ebd., S. 151
[133] O. CULLMANN, ebd., S. 23-31
[134] Vgl. R. SCHENK, *Die Gnade vollendeter Endlichkeit. Zur transzendentaltheologischen Auslegung der thomanischen Anthropologie*, Freiburg i. Br. 1989, 443-516 [446-448]
[135] Bei aller Ablehnung einer "leiblosen Seele" ist Greshakes "Leiblichkeit" so "verinnerlicht", daß sie keine Körperhaftigkeit, keine "sinnenhafte Wirklichkeit", keine sich realisierende Raum-Zeit-Gebundenheit der Materie mehr besitzt (vgl. J. GRESHAKE, *Naherwartung - Auferstehung - Unsterblichkeit*, Freiburg 1982, 171). Er versteht leibliche Auferstehung im Tode als exklusiv geistiges Ereignis ohne Materie und ohne Körperhaftigkeit. *J. Ratzinger* lehnt es mit Recht ab, daß die Leibbezogenheit der getrennten Seele bereits mit dem Tod zur Vollendung gekommen sei - da eben die Auferstehung noch nicht geschehen ist, wie 2 Tim 2, 18 nachdrücklich gegen Irrlehrer betont. *(J. RATZINGER, Zwischen Tod und Auferstehung*, Internationale katholische Zeitschrift Communio 9 (1980) 209-223).
Ein Geist, der seine Leiblichkeit "verinnerlicht" hat, bedarf der Körperlichkeit nicht und sehnt sich auch nicht mehr nach ihr. Er kann nur vollendet sein, indem er die Körperlichkeit abstreift. Was also nach Greshake im Tode geschieht, ist nur Vollendung der Person. So versteht G. GRESHAKE 1 Kor 15 nur als Ablehnung jeder naturalistischen und physizistischen Sicht, nicht aber als Verheißung eines "Geist-Leibes" (ebd., 175 f.). Wie R. SCHENK betont, gleicht er damit den protognostischen Gegnern des heiligen Paulus in Korinth, die ebenfalls die Vollendung des Geistes und die Körperhaftigkeit des Leibes als Gegensatz betrachtet haben. (Münchener Theologische Zeitschrift 34 (1983) 65)

Dies klingt manchmal viel eher platonisch als die christliche Auffassung von den Leib-Seele-Beziehungen. Im übrigen ist nicht gesehen, daß die Vorstellung eines leiblosen Seelenlebens religionsgeschichtlich keineswegs als spezifisch platonisches Gedankengut gelten darf. Es ist nicht richtig, jede Vielschichtigkeit im Wesen des Menschen schon gleich als platonischen Dualismus abzuwerten - *N. Luyten* und *J. Ratzinger* warnen davor[136].

Plotin und die proklisch-dionysische Richtung des Neuplatonismus hatten eine anti-dualistische Tendenz. In dieser proklisch-dionysischen Richtung zeigte sich mehr Skepsis gegenüber der Vollendbarkeit der Seele überhaupt. Man meinte, nicht die ganze Seele, sondern höchstens die quasi-göttliche Seelenspitze vermöge mit Gott bzw. dem Einen vereinigt zu werden. Eine Mitteilung der Gottheit an die individuelle Subjektivität komme kaum in Frage. Auch dem lateinischen *Averroismus* gelang es nicht, die Möglichkeit individueller Unsterblichkeit zu denken.

Lehnt man jeden Dualismus ab, dann muß man auch die These einer prinzipiellen Unvereinbarkeit von Philosophie und Theologie oder gar von Vernunft und Glauben als dualistisch ablehnen. Der Unsterblichkeitsglaube wäre bei dieser These widerlegt, sobald die angeblich philosophische Herkunft nachgewiesen wird. Eine gewisse Form des Leib-Seele-Dualismus im weiteren - und keineswegs falschen - Sinne gehört nun aber schon zu den unentfalteten Vorstellungen des Alten Testamentes: z. B. die Unterscheidung der "Refaim" (Gen 25, 8 ff.; Job 3, 13. 17 f.; 14, 21 ff.) nach dem Tod, oder die Formeln "sich mit seinem Volke vereinigen" (Gen 25, 17; Num 20, 24), "zu den Vätern ruhen gehen" (1 Kön 1, 21; 2, 10 u.ö.), oder die Tatsache, daß Grab und "Scheol" nicht gleichgesetzt sind, oder besonders die nachexilischen Psalmen 16, 49, 73 (bes. Ps 49, 16; 73, 23 f.), und nicht zuletzt die Trostbotschaften der Weisheitsliteratur (Weish 3, 1.4) und 2 Makk 7, 36; 14, 46.

In der christlichen Eschatologie wird einerseits das zu wahrende ewige Leben als Geschenk Gottes herausgestellt, andererseits wird auch der menschlichen Erkenntnis und Freiheit eine Vermittlungsfunktion eingeräumt - und damit steht sie im Gegensatz zu einem falschen Dualismus. Es ist befremdlich, daß gerade die anima separata manchmal als Produkt "des" Dualismus und als Gefahr der Zurückführung des ewigen Lebens auf menschliche Verdienste abgelehnt wird.

Die Theorie einer Auferstehung im Tode ist insofern der Ganztod-Theorie geradezu entgegengesetzt; sie spricht nämlich oft von der Selbsttranszendenz, Selbstvollendung und Reifung der Ewigkeit aus der Zeit und neigt somit zum Pelagianismus[137]. So versucht auch *G. Greshake*, Pelagius zu rehabilitieren[138]. *J. Ratzinger* sieht daher in der Lehre von der Auferstehung im Tode und ihrer

---

[136] R. SCHENK, ebd., 447
[137] R. SCHENK, ebd., 448
[138] G. GRESHAKE, G. LOHFINK, *Naherwartung -Auferstehung - Unsterblichkeit*, Freiburg 1982, DERS., *Gnade als konkrete Freiheit: Eine Untersuchung zur Gnadenlehre des Pelagius*, Mainz 1972

Leugnung aller Körperlichkeit beim Auferstandenen auch ein Element von irrigem Dualismus. Tatsächlich kann G. Greshakes Bestimmung des Platonismus bzw. Dualismus, die er miteinander gleichsetzt, auch als Beschreibung seines eigenen Entwurfs angesehen werden[139].

Obwohl W. *Pannenberg*[140] manchmal ganz ähnlich denkt wie K. Rahner, kritisiert er dessen einseitig positive Auffassung des Todes: Nach *K. Rahner* sei die Auferstehung Jesu nichts anderes als "die Erscheinung dessen, was im Tode Christi geschehen ist". Der späte Rahner wandte sich schließlich der Theorie der Auferstehung im Tode zu und damit auch zur Vorstellung vom Tod als Vollendung. Die Leiblichkeit des Menschen interpretierte er schon 1971 als Gegensatz zur vollendeten Freiheit[141].

10. Das Ungenügen von psychologistischen und subjektivistischen Erklärungen

Unsere Erfahrungskategorien versagen gerade in der Eschatologie; wir sind ganz auf das Glaubensverständnis angewiesen. Immer wieder zeigt sich, daß immanentistische und naturalistische Erklärungen völlig hilflos oder irreführend sind. Um so dringender ist der Rückgriff auf die Bildsprache der Hl. Schrift und die analogia fidei der Theologie, welche sowohl allzu anthropomorphe wie einseitig abstrakt-symbolistische Aussagen vermeiden hilft.

Eine subjektivistische Eschatologie erschwert nämlich das Verständnis der Veränderung des Leibes nach der Auferstehung. Dazu folgende Beispiele:

Der Tod des Sünders wird von manchen als eine Art psychologische Erstarrung der Seele verstanden; sie bleibe fixiert in ihrem Zustand. So sei die Hölle nur Selbstverurteilung des Todsünders, keine Strafe Gottes (*G. Greshake*[142]). Ähnlich sei das Fegfeuer nichts anderes als Selbstverurteilung und Selbstreinigung in dem neu gewonnenen Erkenntnislicht.

Diese Erklärung dürfte nicht ausreichen. Zunächst einmal ist uns der transzendente Endzustand nur sehr dunkel bekannt und somit ein Urteil darüber

---

[139] Vgl. R. SCHENK, ebd., 448

[140] W. PANNENBERG: Der Tod "bedeutet ein Ende für alles, was wir sind." ... "Das Innenleben unseres Bewußtseins ist so gebunden an unsere leiblichen Funktionen, daß es unmöglich für sich allein fortdauern kann". (*Was ist der Mensch? Die Anthropologie der Gegenwart im Lichte der Theologie*, Göttingen 1964, 37.)

[141] K. RAHNER, *Schriften zur Theologie VII*, 275; (Nach R. SCHENK, ebd., 469)

[142] G. GRESHAKE erklärt Hölle als Selbstbestrafung. Er bringt einen Vergleich: Wie ein Heroinsüchtiger meint, sein Glück in der Droge zu finden und sich gerade dabei zerstört, verhalte es sich auch beim Sünder. "Die sogenannte Sündenstrafe ist die immanente Konsequenz der Sünde selbst" (*Stärker als der Tod*, S. 77). Er verweist auf den Widerspruch zwischen dem Pathos von Freiheit und Selbstverwirklichung auf der einen Seite und dem praktischen Leugnen der Freiheit auf der anderen, wenn man meint, daß der Gott der Liebe es schon machen werde, auch ganz ohne unser Zutun. "Denn - dies dürften unsere Überlegungen deutlich gemacht haben - Hölle ist nicht eine Strafe, die Gott von außen her über den Menschen verhängt, sondern eine innere fürchterliche Möglichkeit menschlicher Freiheit selbst" (Ebd. S. 84)

von der Selbsterfahrung her nur durch entfernte Analogien und in äußerst eingeschränkter Weise möglich. Dies gilt umso mehr, wenn man den übernatürlichen Aspekt nicht wahrnimmt. Noch schwerwiegender ist aber der Einwand, daß Gottes Aktivität hier ganz ausgeklammert erscheint. Gewiß aus löblicher apologetischer Absicht. Aber gibt es einen Sinn anzunehmen, daß Gott auf ein Haus, dessen Fenster sicher, endgültig und in alle Ewigkeit fest verrammelt bleiben, ewig weiter dasselbe Licht scheinen läßt? Wird die Selbstverurteilung in ihrem ganzen Umfang und ihrer Schwere nicht erst durch das übernatürliche Licht der Wahrheit Gottes möglich? Und ist der aktive Wille Gottes beim Urteil zweitrangig oder ganz auszuschließen? Die Seele begegnet nicht einfach nur sich selbst, sondern Gott wirkt als Richter.

Nach katholischer Auffassung kann die Vollendung des Menschen nicht allein in der kontinuierlichen Entwicklung seiner eigenen Geschichte bestehen. So wichtig wie die Freiheit für das Heil ist: Die erwartete Vollendung muß mehr sein als das endgültige immanente Ergebnis der eigenen Freiheitsgeschichte; die Ewigkeit kann nicht einfach aus der Zeit herauswachsen. Das Glorienlicht ist nicht nur ein höheres subjektives Licht, sondern objektiv von Gott neu geschenkt; es macht fähig zu sehen, was kein Auge sehen konnte.

11. Auferstehungsleben und Eucharistie

Der neue *Katechismus der katholischen Kirche* weist darauf hin, daß zwar das "Wie" unserer jenseitigen Existenz unser Verstehen übersteigt und nur im Glauben zugänglich ist, daß jedoch der Empfang der Eucharistie uns schon eine Vorahnung von der Verklärung unseres Leibes durch Christus gibt[143]. Dazu wird *Irenäus* zitiert: "Wie das von der Erde stammende Brot, wenn es die Anrufung Gottes empfängt, nicht mehr gewöhnliches Brot ist, sondern die Eucharistie, die aus zwei Elementen, einem irdischen und einem himmlischen besteht, so gehören auch unsere Leiber, wenn sie die Eucharistie empfangen, nicht mehr der Verweslichkeit an, sondern haben die Hoffnung auf Auferstehung"[144]. Wie das Weizenkorn stirbt und zum eucharistischen Brot verwandelt wird, so verhält es sich auch mit unseren Leibern.

Die hl. Eucharistie, nach dem Konzil von *Trient* "Unterpfand der zukünftigen Glorie"[145], heißt von altersher auch medicina immortalitatis (pharmakon athanasías) (*Ignatius von Antiochien*[146]); sie ist Gegengift - antidotum - gegen die Erbsünde und ihre Folgen, gerade auch gegen deren letztlich

---

[143] KATECHISMUS DER KATHOLISCHEN KIRCHE, n. 1000
[144] IRENÄUS, *Adv. haer.* 4, 18, 5
[145] TRIDENTINUM, *Sess.* 13 c. 2 (DS 1638)
[146] IGNATIUS VON ANTIOCHIEN, *Ad Eph.* 20, 2 (vgl. Rouët de Journel, n. 43; J. A. Fischer, Die Apostolischen Väter, Darmstadt 1958, S. 161)

todbringenden Auswirkungen (*Gregor von Nyssa*[147]). So sagt dann auch der hl. *Pfarrer von Ars* ausdrücklich, daß wir umso mehr Glorie für unseren Leib erwarten dürfen, je häufiger und würdiger wir kommunizieren. Die Eucharistie ist deshalb eine anticipatio coeli, ein Angeld auf das ewige Leben - auch des Leibes."Wer Mein Fleisch ißt und Mein Blut trinkt, den werde ich auferwecken am jüngsten Tage" (Joh 6, 54). Nach der Parusie wird für uns im vollkommenen Sinne gelten, daß "der Leib für den Herren und der Herr für den Leib sein" wird (1 Kor 6, 15).

---

[147] GREGOR VON NYSSA, *Oratio catechetica magna*, c. 37 (PG 45, 98 B)

Die Auslegung der Geheimen Offenbarung des Johannes bei Kardinal Journet.

Lic. theol. Richard Niedermeier, Kößlarn

Problemgeschichtlicher Hintergrund der Interpretation Journets[1]

Die Geheime Offenbarung des Johannes, die Apokalypse, gehört auch heute noch zu den schwierigsten Schriften des Neuen Testamentes[2]. Zwar gilt ihre Kanonizität in Geschichte und Gegenwart weitgehend als gesichert[3], doch sind auch kritische Stimmen nicht zu überhören. Mögen die Widerstände gegen sie im altkirchlichen Osten zu einem guten Teil aus der dort zur Zeit *Eusebs* aufkommenden und mit einem "Kulturkatholizismus" verbundenen "politischen Theologie" stammen[4] - so zeigt doch gerade die Zurückhaltung der Reformatoren, besonders *Luthers* und *Calvins*, wie schwer es ist, diese Schrift in den theologischen Rahmen der übrigen neutestamentlichen Schriften einzufügen[5]. So verwundert es nicht, daß auch Standardwerke zur neutestamentlichen Theologie sie hinsichtlich ihrer theologischen Aussagen[6] bisweilen auf eine Randposition verweisen[7].

---

[1] ASSOCIATION DES AMIS DU CARDINAL JOURNET (Hrsg.), *Conférences données par le Cardinal Journet à Genève au Centre Universitaire Catholique du 16 Octobre 1971 au 18 Mars 1972 sur l'Apokalypse de saint Jean*, Genève 1986

[2] L. MORRIS urteilt in seinem jüngst erschienenen Kommentar zur Apokalypse (*"Revelation"* [Tyndale New Testament Commentaries], Grand Rapids 1990, 17), es bestehe allgemeine Übereinstimmung, daß sie eine der schwierigsten Bücher der Bibel sei, voll von einem uns fremden Symbolismus.

[3] Vgl. dazu grundlegend: A. ZIEGENAUS, *Kanon. Von der Väterzeit bis zur Gegenwart* (Handbuch der Dogmengeschichte I, Fas. 3a, 2. Teil), Freiburg, Basel, Wien 1990, 175

[4] Diese Möglichkeit gibt A. ZIEGENAUS zu bedenken, ebda., 175

[5] Glaube und Rechtfertigung als die eigentlichen Themen der christlichen Verkündigung scheinen für die Reformatoren in den paulinischen Briefen und in den Evangelien viel klarer und reicher entfaltet: E. LOHSE, *Die Offenbarung des Johannes* (NTD, 11), Göttingen 1988, 117

[6] Das gilt nicht für die textkritischen und textgeschichtlichen Fragen, für traditionsgeschichtliche, kult- und liturgiegeschichtliche Untersuchungen, sowie Arbeiten zum zeitgeschichtlichen Hintergrund: vgl. A. STROBEL, *Apokalypse des Johannes*, in: TRE 3, 174-189, bes. 180-182

[7] So etwa bei E. LOHSE, *Grundriß der neutestamentlichen Theologie*, 159 f.; auch H. H. SCHELKLE stellt die eschatologische Botschaft der Apokalypse nur im Rahmen der übrigen "spätapostolischen Schriften" dar, so daß der Eindruck entstehen kann, die Geheime Offenbarung würde eher zur bildhaften Ausschmückung beitragen: *Neutestamentliche Eschatologie*, in: Mysterium Salutis V, Köln 1976, 723-778; J. WELLHAUSEN versucht in seinem Kommentar, ihr die dramatische Spitze zu nehmen und drückt ihr deshalb den Stempel "Bilderbuch" auf: *Analyse der Offenbarung Johannis* (Abhandlungen der Königl. Gesell. der Wissenschaften zu Göttingen, Philologisch-historische Klasse, NF, 9, Nr. 4), Berlin 1907, 3; L. MORRIS resümiert: "... a very neglected book...": *Revelation* (Tyndale New Testament Commentaries), Grand Rapids 1990, 3.

Erschwerend für eine rechte Würdigung dieser Schrift war vor allem die Vielzahl von Spekulationen und Prophezeiungen über das kommende Weltenende, die sich alle in irgendeiner Weise auf dieses Buch berufen und ein Wissen um die kommenden Endzeitereignisse für sich in Anspruch nehmen[8]. Die modernen Varianten dieser Spekulationen liefern dabei nicht einmal mehr umfassende geschichtstheologische Entwürfe wie noch der Millenarismus, sondern überbieten sich in immer neuen, schnell zu entlarvenden Versuchen, etwa das Datum des erwarteten Weltunterganges zu bestimmen oder Gegenwartsereignisse in der Geheimen Offenbarung als vorab angekündigt, in ihrem Ausgang schon feststehend, und damit auch wißbar auszugeben. Gerade das wiederholte Scheitern des Unterfangens, diese Schrift auf das Verständnis konkreter Ereignisse hin auszudeuten, ließ bei vielen Gläubigen das geflügelte Wort von der Apokalypse als einem "Buch mit sieben Siegeln"[9] entstehen, um so ihre Verschlossenheit und Unzugänglichkeit zum Ausdruck zu bringen.

Doch es gibt auch ernstzunehmende geschichtsphilosophische und theologische Barrieren: Wird hier nicht - auf geschichtsphilosophischer Ebene - der Mensch als Freiheitssubjekt entwertet? Ist das Weltgeschehen wirklich so eindeutig auf Gut und Böse aufzuteilen, so durchsichtig in seiner heilsgeschichtlichen Bedeutung? Warum gibt es so viel Zweifelhaftes, schwer Einzuschätzendes, über dessen endgültige Qualifizierung wir im Unklaren sind und bleiben? Noch herausfordernder sind indes theologische Infragestellungen, etwa der Vorwurf des Dualismus (gut - böse, hell - dunkel, Himmel - Hölle), der durch keinen Hoffnungsgedanken mehr aufgefangen werde[10]. Widersprüche melden sich auch dort an, wo die Vollendung des Menschen und der Welt rein spiritualistisch gedeutet wird, beispielsweise in der Theorie von der Auferstehung im Tode, die sich schon wiederholt den Vorwurf machen lassen mußte, die Frage nach dem Ende der Geschichte zumindest offen zu lassen; noch mehr aber dort, wo man das Heil des Menschen rein innerweltlich deutet, auf eine Vollendung der Welt setzt, die aus der Orthopraxie erwächst, also allein in die Verfügung des Menschen selbst gestellt ist. Wo immer menschliches Heil evolutionär begründet wird, einen weltimmanenten Ausgang nimmt, läßt sich eine kosmisch-geschichtliche Katastrophe und ein daran anschließender Neuanfang nicht mehr denken. Einige Exegeten haben daher einen Ausweg in der zeitgeschichtlichen Interpretation der Apokalypse gesucht, wobei man die Zukunftsweissagungen entweder generell leugnete (Prophetie wird zur bloßen Darstellungsform für Zeitgeschichte, in diesem Fall etwa für die Polemik gegen den beginnenden rö-

---

[8] E. LOHSE, *Die Offenbarung des Johannes* (NTD, 11), Göttingen 1988, 118: "Darum ist die Offb. Joh. in der Geschichte der Kirche weithin das Buch der Schwärmer und Sektierer geworden."

[9] Mit der Doppeldeutigkeit dieser Redewendung arbeitet auch: P. W. SCHMIEDEL, *Das Buch des Neuen Testaments mit den sieben Siegeln*, Protestantische Monatshefte 7 (1903) 45-63

[10] Vgl. etwa G. BACHL, *Über den Tod und das Leben danach*, Graz, Wien, Köln 1980, 308. Bachl zitiert hier H. URS VON BALTHASAR, der von einer kosmologischen Erstarrung in der Betrachtungsweise des Apokalyptikers spricht.

mischen Kaiserkult zur Abfassungszeit) oder sie lediglich für die unmittelbare Zukunft gelten ließ[11].

Angeregt durch das Vorhaben einer Entmythologisierung der biblischen Botschaft bei *R. Bultmann* wurde ein grundsätzlicher Graben zwischen Eschatologie und Apokalyptik aufgerissen[12]: Die Apokalyptik schien einem bildhaften und damit auch zeitgeschichtlich bedingten Denken zu entsprechen. Daher die Forderung, die künftigen Endzeitereignisse in die Gegenwart der Glaubensentscheidung zu verlagern, also sie ausschließlich existential zu interpretieren[13]. In diesem Sinne konnte *H. Braun* die Naherwartungsaussagen des Neuen Testamentes allein in der Intention begründet und aufgehen sehen, den Menschen zu warnen, sich nicht selbst zu verfehlen, und seine Verantwortlichkeit zu stärken. Daraus ergibt sich natürlich, daß für das aufgeklärte Bewußtsein, das um diese Zusammenhänge weiß, die Apokalyptik als überholt zu gelten hat[14].

Das in jüngster Zeit gewachsene Interesse an der Geschichtlichkeit der Offenbarung (*W. Pannenberg*) und vor allem an einer Theologie der Hoffnung (*J. Moltmann*) hat nur in sehr abstrakter Weise das Apokalyptische (als Gegensätzlichkeit von altem und neuem Äon) aufgewertet, aber damit noch nicht zu einem besseren Verständnis der Johannes-Apokalypse geführt[15].

Vor diesem Hintergrund wird auch die Pastoral hinter der gängigen Aussage der Exegese, die Geheime Offenbarung sei ein Trostbuch für die in der Bedrängnis der Diokletianischen Verfolgung stehenden Gemeinden, ein Fragezeichen hinsichtlich ihrer Aktualität setzen: Kann uns auch heute noch daraus Trost erwachsen? Wird ein Wort nicht leer, eine Hoffnung nicht schal, wenn das Gesagte nicht nur schwer zu verstehen, sondern geradezu utopisch ist? Können der Erwartungshorizont des Lesers und die Aussageabsicht Gottes, von dem die Kirche bekennt, er sei der Inspirator der Hl. Schrift, so weit auseinander treten, daß nur mehr eine abstrakte und unanschauliche Aussage ins Bild gesetzt wird? Haben wir mit der Johannesapokalypse ein Buch vor uns, das vielleicht noch unsere bisweilen sehr düsteren Grundstimmungen um Welt und Geschichte zu treffen vermag, jedoch für das alltägliche Bemühen um den Glauben, um ein an Christus orientiertes Leben keine Bedeutung hat?

Diese knappen Anfragen[16] zeigen, daß es um mehr geht als um rein exegetische Probleme, wie etwa nach der Verfasserschaft, Abfassungszeit und Abfas-

---

[11] Vgl. J. MICHL, *"Apokalypse"*, in: LThK I, Sp 695
[12] Vgl. G. SEEBAß, *Apokalyptik/Apokalypsen VII*, in: TRE 3, 286
[13] Vgl. H. MERKLEIN, *Eschatologie im Neuen Testament*, in: H. ALTHAUS (Hrsg.), *Apokalyptik und Eschatologie. Sinn und Ziel der Geschichte*, Freiburg, Basel, Wien 1987, 27
[14] Nach G. GRESHAKE, G. LOHFINK, *Naherwartung. Auferstehung. Unsterblichkeit*, 4. Aufl., Freiburg, Basel, Wien 1981, 53f.
[15] Vgl. G. SEEBAß, *Apokalyptik/Apokalypsen VII*, in: TRE 3, 286
[16] Eine knappe, aber den Kern der Sache treffende Kritik der neueren Interpretationsversuche gibt A. WIKENHAUSER in: *Die Offenbarung des Johannes*, übersetzt und erklärt von A. Wikenhauser, (RNT, 9), 3. Auflage, Regensburg 1959, 20-22

sungsort oder auch nach der Beziehung zu den anderen johanneischen Schriften. Die an sich wertvollen exegetischen Untersuchungen zur Johannesoffenbarung genügen für sich allein nicht; die Erklärung der zahlreichen fremdartigen Bilder und die Einbeziehung des zeitgeschichtlichen Hintergrundes[17] stellen noch nicht zufrieden. Man erwartet einen hermeneutischen Schlüssel zum Verständnis dieses Textes und sucht zu recht nach einer Mitte und einem Ausgangspunkt für die Interpretation[18].

Im Folgenden wird eine Erklärung der Geheimen Offenbarung vorgestellt, die Kardinal Journet im Rahmen einer neunzehnteiligen Vortragsreihe vom 16. Oktober 1971 bis zum 18. März 1972 in Genf, am Centre Universitaire Catholique unternommen hat.

Es sollen einige wesentliche Aspekte formaler und inhaltlicher Art herausgearbeitet werden, die einen roten Faden durch den immensen Reichtum seiner Ausführungen bilden und zugleich auf die Mitte der Geheimen Offenbarung im Sinne Journets verweisen. Dies erscheint auch insofern als notwendig, als es sich dabei, wie P. *Emonet* im Namen der Herausgeber dieser Vorträge - der Freundeskreis von Kardinal Journet - hervorhebt, um einen "mystischen" Kommentar[19] handelt. Bedeutet dies, daß das ohnehin schon kaum Verständliche auch auf eine unverständliche und unzugängliche Weise erklärt wird? P. *Emonet* weist diesen Verdacht zurück, wenn er diesem Kommentar zwar nicht die Rolle eines exegetischen Werkes, wohl aber das Prädikat einer "theologischen Annäherung"[20] zuspricht. Soll das Wort "theologisch" ernst genommen werden, dann verbindet sich jedenfalls damit auch der Anspruch auf Kommunikabilität, auf ein wissenschaftliches Argumentieren auf der Basis des Glaubens. Dies bedeutet mehr als nur den Ausschluß aller in der Auslegungsgeschichte so oft begegnenden Irrationalismen. Es meint gerade auch, diese Interpretation im Horizont eines umfassenderen theologischen Denkens vorzunehmen. Freilich wird der Charakter des Mystischen nur gewahrt, wenn auch jener Respekt gegeben ist, der es sich verbietet, das Wort Gottes der bloßen Neugier, dem Streben nach detail-

---

[17] H. GIESEN sieht gerade darin die notwendigen Auslegungsprinzipien: *Johannes-Apokalypse* (Stuttgarter Kleiner Kommentar, NT, 18), Stuttgart 1986, 23

[18] Auch A. STROBEL warnt davor, sich bei der Deutung der Apokalypse in zahllosen Einzelheiten zu verlieren; es sei vielmehr das Ganze und Eigentliche zur Geltung zu bringen: ebda., 184. Nach einem theologischen Schlüssel sucht auch H. SCHLIER, *Jesus Christus und die Geschichte nach der Offenbarung des Johannes*, in: ders., *Besinnung auf das Neue Testament. Exegetische Aufsätze und Vorträge II*, Freiburg, Basel, Wien 1964, 358-375. Ebenso mahnt auch der Einleitungstext zur Geheimen Offenbarung in der Neuen Jerusalemer Bibel, neben der geschichtlichen Deutung nicht das Verständnis der "ewigen Werte" in dieser Schrift zu vernachlässigen: *Neue Jerusalemer Bibel*, Freiburg, Basel, Wien 1985, 1783. Nur unter dieser Voraussetzung erscheint H. RITTS Postulat nach einem Verstehen der Gotteserfahrung und nach einer lebendigen Aneignung dieses Textes realistisch: H. RITT, *Offenbarung des Johannes* (Neue Echter Bibel, 21), Würzburg 1926, 5.

[19] ASSOCIATION DES AMIS DU CARDINAL JOURNET (Ed.), *Conférences données par le Cardinal Journet à Genève au Centre Universitaire Catholique du 16 octobre 1971 au 18 mars 1972 sur l'Apokalypse de saint Jean*, Genève 1986, 1

[20] Ebd. 1

liertem und funktionalisierbarem Wissen zu unterwerfen. Dem Mystiker geht es um das Ganze und Höchste, um eine "den ganzen Menschen umgreifende, als unmittelbar erfahrene Gemeinschaft mit Gott"[21], nicht aber um kleinliche Besserwisserei, um einen engstirnigen Rationalismus, dessen Maxime Berechenbarkeit, Technisierbarkeit und Planbarkeit sind. Gerade deshalb darf man von einer mystischen Interpretation erwarten, daß sie Kurzschlüsse vermeidet, den ganzen Menschen von Gottes Wort angesprochen sein läßt, mehr noch, zur Begegnung mit Gott führt und so in der Haltung des Hörens und Schauens aufgeht, die unvereinbar ist mit jedem eigenmächtigen Zugreifen. Allerdings bleibt viel exegetische Feinarbeit ausgespart; auch wird vom Leser abverlangt, daß er sich auch der Person des Interpreten öffnet. Das besagt indes nicht Distanzlosigkeit; wohl aber, daß er sich auf dessen Sicht-weise zumindest versuchsweise einläßt. Dabei werden notgedrungen auch Begrenzungen der Person spürbar, etwa dort, wo die Interpretation durch konkrete Beispiele aus dem Erfahrungsbereich des Interpreten angereichert wird, die eben das Schicksal dieser Person, ihre Interessen, Vorlieben und Neigungen widerspiegeln; auch mag der bei Journet begegnende Enthusiasmus bisweilen Anstoß erregen, da er die Erwartungen an einen wissenschaftlichen Stil, an eine objektive und sachbezogene Grundhaltung zu enttäuschen scheint[22]. Von solchen Vorurteilen wird sich der Leser erst frei machen müssen - wobei ihm der Gedanke helfen mag, daß gerade diese enthusiastisch-affektiven Elemente Journet existentiell mit der Zeit der Johannesapokalypse verbinden -, um einen Sinn zu bekommen für die "kontemplative Theologie"[23] Journets, die auf den "intellectus", den "einfachen Schaublick" als die "vollkommene Gestalt von Erkennen schlechthin"[24], auf ein Trost und Freude spendendes "liebendes Gewahrwerden"[25] des Geliebten zielt. Vor allem bedarf es aber auch, wie Journet dies selbst kurz andeutet [121], des Glaubens, der Demut und der Anbetung, und nicht zuletzt der Gnade, um das Verstehen zu erwirken.

Formale Aspekte der Interpretation Journets

Am Ende des 14. Vortrages [111] gewährt Journet einen knappen Einblick in die Vorgeschichte dieser Vortragsreihe; er spricht die langen voraufgegangenen Studien an, bekennt aber, daß er, würde er sie in einem oder in zwei Jahren wiederaufnehmen, einsehen müßte, vorher nichts verstanden zu haben. Man bleibe, so seine Selbstbescheidung, immer vor einem Geheimnis. Dieses

---

[21] L. REYPENS, *Mystik. V. Religionsphänomenologische und psychologische Deskription*, in: LThK 7, 741

[22] Dies mag vielleicht mit ein Grund sein, daß man in den Literaturverzeichnissen neuerer Arbeiten zur Johannesapokalypse kaum auf den Namen Journets und die von ihm zu diesem Thema gehaltenen Vorträge stößt

[23] So P. EMONET, ebd., 1

[24] J. PIEPER, *Glück und Kontemplation*, 4. Aufl., München 1979, 76

[25] J. PIEPER, ebd., 74

Anerkennen des Mysterienhaften der Johannesapokalypse scheint mir bei Journet das Fundament zu bilden, auf dem die weiteren methodischen Zugänge überhaupt erst erwachsen. Die Offenbarung des Johannes nimmt also an der Unausschöpflichkeit der Hl. Schrift als ganzer teil[26]. Verstehen ist hier immer nur auf dem Weg, bedarf der ganzheitlich personalen Vorbereitung wie der gnadenhaften Hilfe von außen; es ist ein Lebensprozeß, den man im Sinne Journets durchaus mit dem Glaubensweg selbst (Einführung, Vertiefung, Reifung, Vollendung) gleichsetzen kann. Das bedeutet zuerst einmal eine Zurückhaltung in der Interpretation selbst. Journet läßt durchaus andere Ergebnisse als seine eigenen zu, verzichtet auf jeden Ausschließlichkeitsanspruch; so vergißt er etwa bei seiner Deutung des ersten apokalyptischen Reiters als einer Darstellung des Sieges Christi nicht, auch andere qualifizierte Auslegungen zu Wort kommen zu lassen, die darin militärische Invasionen angekündigt sehen [114].

Eine noch bedeutsamere Konsequenz daraus scheint mir jedoch zu sein, daß die Apokalypse als Buch der Hl. Schrift auch in deren Kontext gelesen wird. Dieser Kontext beschränkt sich, wie die Schriftzitate zeigen, nicht nur auf das unter dem Namen Johannes überlieferte Schrifttum und auch nicht auf apokalyptische Texte innerhalb des Alten und Neuen Testamentes. Der Horizont der Apokalypse ist für Journet das Christusgeheimnis selbst, das uns das Neue Testament überliefert und zu dem bereits das Alte Testament hinführt.

"Mysterium" hat aber auch den Sinn, daß Gott selbst sprechen muß, wenn er den begrenzten, durch die Sünde unverständig gewordenen Menschen mit diesem Mysterium konfrontiert. Während seines ersten Vortrages betrachtet Journet daher die Johannesapokalypse gerade als "apokalypsis", als Offenbarung. In diesem Zusammenhang führt Journet in die Grundlagen des Offenbarungsverständnisses ein [3-9]: Es gibt, so führt er aus, verschiedene - freilich nicht einander gleichwertige - Weisen der Offenbarung Gottes, beginnend mit der Schöpfung, die gleichsam Gottes verborgene und schweigsame Stimme enthält [3f.]. Diese Aussage ist in der Theologie nicht neu; ein neuer Akzent wird aber gesetzt, wenn Journet nun nicht, wie man erwarten würde, mit den Abstufungen der Offenbarung (Schöpfung- Alter Bund- Neuer Bund) weitermacht, sondern dieser ersten grundlegenden Stufe verschiedene Sichtweisen zuordnet, die - selbst wiederum in Abstufungen- die Stimme Gottes in der Schöpfung zu vernehmen vermögen: Ein Wissenschaftler wie Einstein entdeckt die göttliche Ordnung; der Blick des Künstlers geht tiefer, obwohl er an der gleichen Wirklichkeit ansetzt. Eine weitere Steigerung ist beim Heiligen gegeben, der "in das göttliche Licht getaucht" [4] ist, und schließlich der Blick Jesu selbst, der - um ein Beispiel zu nennen - die Güte Gottes gerade dadurch belegt, daß er auf die Vögel verweist (Mt 10,31; Lk 12, 27f), die wunderbarer gekleidet seien als Salomon in all seiner Pracht [5]. Die Wirklichkeit der Welt

---

[26] "C'est toujours comme cela avec l'Ecriture Sainte. On reste toujours devant des mystères." [111]

ist, gerade weil sie Schöpfung Gottes ist, transparent; aber dies in dem Maße, wie der Mensch selbst dafür empfänglich, offen ist. Dem Heiligen zeigt sich nicht nur eine andere Welt, die Welt des Glaubens, sondern es zeigt sich ihm die Welt auch anders; sein Zugang zu ihr, sein Blickwinkel ist ein anderer.

Bereits auf der Ebene der natürlichen Offenbarung Gottes durch die Schöpfung lassen sich also folgende wesentliche Momente erkennen, die in ähnlicher Weise auch auf der Ebene der übernatürlichen Offenbarung der Heilsgeheimnisse Gottes wirksam werden:

1. Die Welt, die Dinge in ihr, einschließlich der menschlichen Person selbst bieten aufgrund ihres Geschaffenseins die Möglichkeit, auf den Schöpfergott zu verweisen; sie sind daher in sich schon in irgendeiner Weise durchlichtet; in ihnen ist der unsichtbare Gott bereits verborgen [vgl. 3-4].

2. Bei der Offenbarung geht es letztlich um ein Sehen, Schauen, das freilich mit den leiblichen Augen nur anhebt, jedoch getragen sein muß von den Augen des Glaubens.

3. Das Verstehen dieser Sprache der geschaffenen Wirklichkeit setzt in uns immer schon eine gewisse Empfänglichkeit, man könnte sagen, eine Kongenialität voraus[27]. So muß also eine tiefe Entsprechung zwischen dem Erkannten und dem Erkennenden bestehen.

Diese in neuer Weise durchleuchtete Weltsicht wird nun innerhalb der übernatürlichen göttlichen Offenbarung zum Material des Sprechens Gottes: Gott benutzt, um zu sprechen, nicht nur Begriffe, die er im Menschen hervorbringt; er greift auch auf Bilder aus der Umgebung des Menschen zurück; er bedient sich dessen gesamter "Psychologie", seines Erkenntnisvermögens wie auch seiner sinnlichen Vermögen und äußerer Ereignisse. Dabei legt Journet mit Blick auf das apokalyptische Genre das Hauptgewicht vor allem auf die Rolle der Bilder im Offenbarungsvorgang. Denn gerade durch das Vermögen der menschlichen Imagination sind starke und aussagekräftige Kombinationen möglich, die die äußere Erfahrung nicht zu liefern vermag. So kann Gott beispielsweise zwei sinnenhafte Vorstellungen, etwa die eines Berges und die des Goldes, neu anordnen und so verbinden, daß daraus eine nicht in der realen Welt erfahrbare Vorstellung eines goldenen Berges wird.

Zur Offenbarung wird eine solche Vorstellung aber erst, wenn ihrem Empfänger oder ihrem Interpreten, wenn dem Propheten also ein inneres Licht, eine gnadenhafte Erleuchtung zuteil wird, in der erst der Sinn, die Wahrheit aller materialen Vermittlungen erschlossen wird [7-9][28].

Nimmt man dies ernst, dann bietet sich die Möglichkeit, die Johan-

---

[27] Wo *Journet* auf die Weise zu sprechen kommt, wie Einstein die Größe der Natur erfahren hat, nennt er als eine Bedingung dieser Erfahrung: "...parce qu'il a la meme grandeur." [3]

[28] *Journet* beruft sich hier auf die philosophische Einsicht, daß die Wahrheit nicht im Wort, sondern im Urteil zu finden sei [6]

nesoffenbarung aus dem apokalyptischen Genre als solchem herauszuheben, ihre Einmaligkeit gegenüber den vielen apokryphen Apokalypsen zu unterstreichen, ohne ihre Ähnlichkeit mit diesen unterschlagen zu müssen. Die apokryphen Apokalypsen benutzen zwar oft dasselbe Material an Bildern, können aber keine Inspiriertheit für sich beanspruchen. Diese Unterscheidung von Material und lebendigem, gottgeschenktem Geist, der dieses Material durchleuchtet, es durchsichtig macht für das Wort Gottes, erlaubt, gattungsmäßige Gemeinsamkeiten und individuelle Eigenheiten, ja das Besondere der Johannesoffenbarung zu sehen, das sie über alle anderen Apokalypsen hinaushebt und ihren Standort unter den kanonischen Schriften des Neuen Bundes rechtfertigt.

Journet veranschaulicht dies noch durch einen von P. *Lagrange* entlehnten Vergleich: Es ist ähnlich wie bei der Segnung des Jakob durch Isaak; es waren die Kleider Esaus, die Isaak fühlte, aber es war die Stimme Jakobs, die er hörte [9].

Doch darüber hinaus zeigt sich bereits hier ein weiterer Grundzug, der, wenn auch nicht ausdrücklich von Journet so ausgesprochen, dennoch als methodisches Prinzip die Interpretation begleitet: Wenn, im Falle des Sehers Johannes wie auch des Hörers seiner Botschaft, das Verstehen durch ein inneres Licht erwirkt ist, dann rückt die Kirche ins Blickfeld, die der Ort dieses Verstehens und Sakrament des Hl. Geistes ist, entsprechend der engen Verbindung der Ekklesiologie mit der Pneumatologie[29]. Die inhaltliche Darlegung der Vorträge Journets wird die ekklesiologische Bedeutung der Apokalypse noch mehr ans Licht bringen; vorweg sei jedoch festgehalten, daß sie - von den einleitenden Passagen (Apk 1, 1-8) abgesehen - nicht zufällig mit einem Sendschreiben an die sieben Gemeinden beginnt. Gott wendet sich durch Johannes nicht an eine amorphe Masse von Gläubigen, sondern an die Kirche. Deshalb, so können wir folgern, ist die Apokalypse alles andere als ein Handbuch für irgendwelche Sektierer oder pessimistische Propheten des Weltunterganges in einem postchristlichen Zeitalter. Sie dient nicht in erster Linie dazu, den noch irgendwie christgläubigen Schafen unter den gottlosen Wölfen ein Überleben zu ermöglichen, sondern will die Kirche als Gemeinschaft der Glaubenden aufbauen.

Dies schließt nicht aus, daß auch der Einzelne innerhalb seines je persönlichen Erfahrungshorizontes angesprochen wird. Journet selbst bringt immer wieder die Weite seines eigenen Horizontes ins Spiel; Geschichte und Gegenwart, Literatur und Poesie, Kunst und Philosophie werden transparent auf das Wort Gottes hin.

Dabei zeigt sich eine bemerkenswerte Umkehrung gegenüber vielen anderen

---

[29] Vgl. H. DÖRING, *Grundriß der Ekklesiologie*, Darmstadt 1986, 118; Y. CONGAR OP, *Der Heilige Geist*, 2. Aufl., Freiburg, Basel, Wien 1982, 157 ff.

Deuteversuchen der Apokalypse: dient diese dort als hermeneutischer Schlüssel, um die Gegenwart zu begreifen und die nähere oder gar fernere Zukunft zu prognostizieren, so benutzt Journet historische Ereignisse und Gegebenheiten, um den Sinn der Schrift tiefer zu verstehen. So sind die nichtkanonischen Apokalypsen gerade dadurch gekennzeichnet, daß sie die politische Zukunft, also den politischen Triumph Israels akzentuieren, während das johanneische Werk das apokalyptische Material auf die Ebene des Geistigen erhebt [16 f.]. Damit ist eine einseitige Fixierung auf das Katastrophenhafte überwunden.

Ein solches Durchstoßen zum Geistigen, wie Journet es nahezu kongenial zur Geheimen Offenbarung gelingt, setzt ein wahrhaft teleologisches, also zielgerichtetes und damit geschichtliches Denken voraus. Innerhalb seines dritten Vortrages resümiert Journet die Interpretation der Weltläufe bei den Primitivvölkern und bei Hesiod: Die Vergangenheit sei vollkommen gewesen, jedenfalls besser als die Gegenwart; doch die Zukunft sei eben ein Zugehen auf jene unausweichliche Katastrophe, die - damit vollendet sich dieses Denken im Kreis - chaotischer Urgrund eines neuen Anfangs werden könne [19 ff.].

Nun wird heute bisweilen diese Entgegensetzung von zyklischem und linearem Geschichtsbild als eindeutiges Unterscheidungsmerkmal zwischen dem mythologischen und dem biblischen Denken in Frage gestellt[30]. Wenn Journet indes auf die Anwesenheit der Gnade in der Welt rekurriert und so mit Abraham eine Zielgerichtetheit in der Geschichte anheben sieht [20], dann hat er damit die Tür aufgestoßen zu einem Geschichtsverständnis, dessen Linearität sich nicht bestimmt von der Einmaligkeit irdischer Geschehnisse oder der Handlungen der Menschen, sondern von der Einmaligkeit göttlichen Handelns an der Welt her. Es mag sein, daß wir Menschen in ähnlichen Situationen - im Guten wie im Bösen - uns ähnlich verhalten, daß Geschehnisse im Lauf der Geschichte wiederkehren, allenfalls in veränderter Quantität. Doch weil Gott nicht einfach am Ende der Zeitläufte steht, um gleichsam die Ernte der Zeit in Empfang zu nehmen, sondern durch sein Gnadenhandeln in sie eingreift, weil die Eindeutigkeit seines Willens alles um sich selbst Kreisende, in sich selbst Verschlossene von Welt und Mensch überwindet und sprengt, darum gibt es tatsächlich echten Fortschritt in der Geschichte, gibt es diese Transformation der Welt in eine neue Wirklichkeit hinein.

Für Journet ist Christus selbst der Höhepunkt und die Mitte der Zeit; darum kann sich an ihm der Äonenwechsel vollziehen; darum kann Journet auch in den Bildern der Apokalypse vom Untergang, von den Prüfungen und Katastrophen mehr sehen als nur das Katastrophenhafte, als nur den Abbruch alles Gewordenen, aller Geschichte.

Das eigentlich Bewegende und Bestimmende dieser Geschichte findet sich

---

[30] So etwa bei R. SCHAEFFLER, *Vollendung der Welt oder Weltgericht. Zwei Vorstellungen vom Ziel der Geschichte in Religion und Philosophie*, in: H. ALTHAUS (Hrsg.), *Apokalyptik und Eschatologie. Sinn und Ziel der Geschichte*, Freiburg, Basel, Wien 1987, 73-104; bes. 74

aber nicht in ihr selbst; es ist die Heilsgeschichte, auf die es ankommt, die das eigentliche Drama des Menschen austrägt. Wiederholt und an hervorragender Stelle rekapituliert Journet diese Heilsgeschichte in ihren wesentlichen Kristallisationspunkten: das anfängliche, in der Schöpfung verankerte Heilsein des Menschen, der Fall Adams, die Herausforderung der Liebe Gottes durch den Alten Bund und schließlich das Christusereignis selbst. Mit diesem Drama der menschlichen Geschichte wird auch der Sturz der Engel verbunden zu einer einzigen großen Komposition des Verhältnisses der Schöpfung zu ihrem Schöpfer. Diese Komposition hält sich auch in der Apokalypse durch, wo ja ebenfalls nicht nur vom bösen Tun des Menschen die Rede ist, sondern auch vom Wirken der dahinter stehenden Mächte des Bösen.

Journets Denken basiert aber nicht nur auf der Dynamik und Geschichtlichkeit des Heiles; auch die Offenbarung des Heilswillens und Heilshandelns Gottes zeigt ein Wachsen und Reifen ins Spirituelle, Lichthafte und Universale hinein [12-13]. Es gibt, so Journet, in der Hl. Schrift eine erste Offenbarung, die noch konfus ist und verschiedene Sinne haben kann; solche Texte werden aber an späterer Stelle wiederaufgenommen und auf die eben genannte Weise vertieft. Wie berechtigt dieses Vorgehen ist, zeigt sich unzweideutig etwa am Verständnis des kommenden Messias im Judentum. Dementsprechend ordnet Journet die Geheime Offenbarung apokalyptischen Texten des Alten und Neuen Testamentes interpretativ zu (über die schon genannte allgemeine Einordnung der johanneischen Schrift in den Kanon hinaus), und zwar nicht nur weil eine bloß generische Verwandtschaft besteht, sondern weil eine Pädagogik, eine Führung Gottes in seiner Offenbarung vermutet werden darf, die entgegen den Prinzipien einer profanen Geschichtswissenschaft auch einem später verfaßten Text zumindest die gleiche Authentizität bei der Erschließung eines Geschehnisses oder einer Mitteilung zuerkennen kann wie einem Text, der - hier dem Christusereignis und seiner Botschaft - zeitlich näher steht. Die Johannesapokalypse verliert auf diese Weise zwar nicht ihre Einmaligkeit als Höhepunkt apokalyptischer Rede in der Hl. Schrift, wohl aber ihre Fremdheit, ihren - in den Augen vieler Gläubigen - Adnexcharakter; sie wird enger mit der Person Jesu und seinem Erdenleben verbunden und stellt so selbst eine Klammer dar zwischen dem irdischen Jesus und dem verherrlichten Christus, dem Lamm, das geschlachtet wurde und nun zur Rechten des Vaters sitzt.

Entspricht diesem Wachstum der Offenbarung auch ein sich steigerndes Verstehen des Empfängers der Offenbarung, der sie über die Generationen weitergeben soll? Hinter dieser Frage steckt ein so hochbedeutsames Problem wie etwa das der Dogmenentwicklung, das J. H. *Newman* ausführlich behandelt hat. Journet wendet den Entwicklungsgedanken auch auf die Endzeitproblematik an: Die Jünger hätten die Zerstörung Jerusalems mit dem Ende der Welt noch vermengt [29], also nicht gesehen, daß die Zerstörung Jerusalems ein Zeichen für das Ende der Welt sei, das sich erst später ereignen werde [26]. Zudem erhebe das Prophetische ohnehin nicht den Anspruch, die Geschehnisse in ihren quantitativen Ausmaßen darzustellen. Wichtig ist: Mit Christus ist die Endzeit bereits angebrochen. Dieser Anbruch der Endzeit hat sich bereits in einer Katastrophe ungeheueren Ausmaßes vollzogen, in der Zerstörung des Tempels zu Jerusalem, die zugleich das Ende des Alten Bundes auch nach außen hin manifestiert [34]. Betrachten wir also die Johannesapokalypse, dann haben wir es nicht nur mit Dingen zu tun, die grundsätzlich noch ausstehen, sondern im Gegenteil mit solchen, die grundsätzlich schon im Gange sind, auch wenn ihr Ende noch nicht zu überschauen ist. Journet vergleicht dies einmal mit aufeinander folgenden Wellen, die, wenn sie von ferne auf uns treffen, zuerst nur klein sind, dann aber immer größer werden [42]. So läuft also die Endzeit, in der wir uns immer schon befinden, auf einen Höhepunkt zu, ohne daß wir allerdings etwas über ihre Dauer aussagen können. Die entsprechende Haltung von seiten des Menschen kann daher nur die Wachsamkeit, die ständige Bereitschaft sein [13].

Wir sollten das hier umrissene Geschichtsbild nicht als selbstverständlich nehmen und uns des Unterschiedes zur profanen Geschichtsbetrachtung immer bewußt bleiben: Für profane geschichtliche Ereignisse gilt, daß sie im Lauf der Zeit immer schwächer werden, bis bestenfalls nur mehr ein Historiker die Linien aufzeigen kann, die die Gegenwart mit einem konkreten, aber weit in der Vergangenheit zurückliegenden Ereignis verbinden. Hier hingegen gilt umgekehrt, daß sich ein vergangenes Ereignis immer stärker in der Geschichte durchsetzt, worin sich gerade die Geschichtsmächtigkeit des Herrn erweist, der Alpha und Omega ist, der alles an sich zieht, wenn er zur Rechten des Vaters sitzt.

Welches ist nun der innere Grund dieser Dynamik; dafür, daß die in Christus angebrochene Endzeit nicht einfach ausklingt, sondern zu einem dramatischen Höhepunkt geführt wird? Wir berühren hier schon einen inhaltlichen Aspekt der Interpretation Journets. Fast beiläufig teilt uns Journet an einer Stelle mit, für ihn selbst sei die augustinische Unterscheidung von civitas Dei und civitas terrena zum Verständnisschlüssel der Apokalypse geworden, wobei er die civitas Dei mit der bis in die Selbstverachtung sich konkretisierenden Gottesliebe, die civitas terrena aber mit der in Gottesverachtung ausufernden Selbstliebe verbindet [42]. Es ist also das Drama der Liebe, der Liebe Gottes, der uns zuerst geliebt hat, das diese Bewegung trägt und zu einem Höhepunkt führt. Der Mensch ist nach dem mit seiner Erschaffung verbundenen Empfang der Gaben Gottes von Gott abgefallen, hat sich fremden Göttern zugewandt; doch Gottes unermeßliche Liebe versucht, ihn von diesem Irrweg zurückzuholen [16]; diese Liebe steigert sich bis Gott selbst Mensch wird, um in einer ersten Ankunft des Messias die Welt zu retten [28]. Doch Liebe zwingt nicht, sondern verlangt eine freie Antwort der Gegenliebe. Eine Zurückweisung dieser Liebe ist möglich; auf sie reagiert Gott aber mit noch größeren Einladungen zur Liebe.

So schlägt die Amplitude in diesem Rhythmus von einladender Liebe und ablehnender Verweigerung [16] immer mehr aus: Der je größeren Einladung von seiten Gottes entspricht eine je größere Verwirrung und Verwüstung auf der Seite des Menschen, der glaubt, achtlos daran vorbeigehen zu können [42].

Das Motiv der Katastrophen ist somit eindeutig dem Motiv der Liebe untergeordnet, welches der Geheimen Offenbarung die innere Gestalt gibt.

Dieser Rhythmus, dieses Drama von unendlicher Liebe und ihrer Verweigerung schlägt sich nieder in einer bewegten, lebendigen Sprache, die tiefste Erschütterung über die Irrwege des modernen Menschen zeigt, aber auch umgekehrt diese Liebe bis in die Wortwahl hinein poetisch-hymnisch zu preisen vermag. Diese Sprache ermöglicht es, daß der Zuhörer bzw. Leser in dieses Drama der Liebe auch mit dem Herzen, also mit seiner ganzen Existenz hineingenommen wird; daß er nicht einfach zu einem besseren Verständnis der Heilsgeschichte, sondern der Liebe Gottes als ihrer bewegenden Kraft gelangt; daß er so leichter begreift, daß diese Liebe sich an ihn selbst wendet und seine eigene bejahende Antwort verlangt.

Wenn damit eine eher assoziative Denkform verbunden ist, die mehr ein Entdecken bzw. Aufdecken dieser in der Geschichte wirksamen Liebe sein will als ein ausschöpfendes, Vollständigkeit beanspruchendes Beschreiben, so wird damit der notwendige Raum dafür ausgespart, daß der Angesprochene selbst mit seinen eigenen Erfahrungen eintreten kann. So ist Journets Darstellungsweise sicherlich auch vorbildlich für die Verkündigung: Sie stellt die unverzichtbaren Grundlinien heraus, bringt die eigene Person mit ein, verbindet also das Grundsätzliche mit der eigenen Erfahrung und ermutigt auch das Gegenüber zu einer aktiven Rolle beim Vorgang des Verstehens.

All diese formalen Prinzipien der Interpretation finden ihren Niederschlag im Ablauf der Erklärung selbst: Journet legt zuerst die Kapitel 1 - 5 aus und setzt dann wieder ein mit dem 21. Kapitel. Die Kapitel 6 bis 20 werden erst am Schluß besprochen[31]. Auf diese Weise verhindert er, daß diejenigen Textabschnitte zu sehr in den Mittelpunkt geraten, die das Öffnen der sieben Siegel, also das Geschehen um die apokalyptischen Reiter und ihre Plagen, den Drachensturz und die Tausendjährige Herrschaft beinhalten; jene Texte also, die das Katastrophenhafte betonen und im Laufe der Interpretationsgeschichte allzuoft vom rechten Verstehen der Geheimen Offenbarung eher abgelenkt haben. Schließlich zeigt diese Anordnung auch deutlicher die ekklesiologische Klammer, die zwischen dem Anfangsteil und dem Schlußteil des Buches besteht: Die Sendschreiben an die sieben Gemeinden werden so in Zusammenhang mit der vollendeten liturgischen Gemeinschaft der Heiligen im Himmel gebracht (Kap. 4-5: [77]), und mit der abschließenden Vision des himmlischen Jerusalem

---

31 Man vergleiche etwa A. VÖGTLES Deutung (A. VÖGTLE, *Das Buch mit den sieben Siegeln. Die Offenbarung des Johannes in Auswahl gedeutet*, Freiburg, Basel, Wien 1981), die sich nach der Kapitelfolge richtet

(Kap. 20 - 21: [86 ff.]).

Inhaltliche Aspekte der Interpretation

1. Präsentischer und futurischer Charakter der Hoffnung

Die Darstellung der Prinzipien der Interpretation ließ bereits erkennen, daß präsentische und futurische Eschatologie, die bisweilen auch als Unterscheidungskriterium zwischen Johannesevangelium und Johannesapokalypse dienen, keine absoluten Gegensätze darstellen. Den Aussagen über das Kommende ist die Mahnung vorangestellt, daß die Endzeit "schon jetzt" gegenwärtig ist; mehr noch, daß die Liebe, die jeden Menschen aller Zeiten und Orte sucht und einladen will, in Christus immer schon Wirklichkeit geworden ist. Es sind also die Mysterien des Lebens Christi selbst, die den präsentischen Aspekt der Eschatologie begründen: In seinem Tod und in seiner Auferstehung *ist* der Tod bereits überwunden, *ist* das Tor zur Herrlichkeit des Vaters bereits aufgetan; in ihm *ist* die Liebe des Vaters zum Menschen bereits unüberbietbar geworden. Nirgendwo findet sich bei Journet ein Hinweis darauf, daß diese Liebe Gottes über Christus hinaus noch wachsen würde, daß Gott noch mehr lieben könnte, noch mehr geben könnte als seinen Sohn. Man wird an das Exsultet der Osternacht erinnert: " O unfaßbare Liebe des Vaters: Um den Knecht zu erlösen, gabst du den Sohn dahin"[32]. Die oben beschriebene Dynamik verändert nicht die Liebe, weder quantitativ noch qualitativ; vielmehr wird - und dies gehört zum innersten Wesen der Liebe, daß sie ankommen und angenommen werden will - der Anruf, den diese Liebe an uns richtet, immer drängender. In gleichem Maße steigert sich aber auch die Möglichkeit, mehr noch, auch die Tatsächlichkeit ihrer Ablehnung.

Journet unterstreicht - unter Zuhilfenahme einiger Gedanken des hl. Thomas -, daß dieselbe Liebe, die sich in der Glorie im Himmel findet, schon jetzt, in statu viatoris gegeben sei; daß die gleiche Liebe den Zustand des Hoffens, der Erwartung und den Zustand des seligen Besitzes verbinde [85]. Die Liebe, so wird Thomas weiter zitiert, sei etwas Tieferes als Sehnsucht und Freude; die Sehnsucht bestehe, so lange man etwas nicht besitze, die Freude erst dann, wenn man in den Besitz einer Sache gelangt sei; doch die Liebe sei die tiefe Übereinstimmung eines Seienden mit dem geliebten Sein, die unabhängig von dessen Abwesenheit oder Gegenwart bestehe. Dieser letzte Satz macht deutlich, worum es geht: Liebe kennt keine Entfernungen, überwindet jede Distanz; der Liebende - und daraus rührt wohl die wirklichkeitsverändernde Kraft der Liebe - ist schon beim Geliebten. So ist das Herz des Christen auf Christus gegründet und eins mit ihm [85].

---

[32] *Der große Sonntags-Schott*, hrsg. von den BENEDIKTINERN DER ERZABTEI BEURON, Freiburg, Basel, Wien 1975, 215

Damit wird auch die Eschatologie der Geheimen Offenbarung an die mehr präsentische Eschatologie der übrigen johanneischen Schriften herangeführt: Betonen letztere, daß der Begnadete schon jetzt, wenn auch noch nicht in offenbarer Weise, im ewigen Leben ist, so gilt auch für die Apokalypse, daß die Macht der Gnade, die Macht der Liebe und des Lichtes (wofür das Bild des himmlischen Jersualems steht) - allerdings noch nicht in der Weise der Abwesenheit von Leid und Tränen - *schon jetzt* herabgestiegen ist. Somit *ist* Jesus schon "Sitz Gottes inmitten der Menschen", der Emmanuel, der "Gott mit uns", wenn auch noch in den Dunkelheiten des Glaubens [86 f.].

Erst daraus wird auch die furchtbare Konsequenz, die ein Nein zu Christus nach sich zieht, nämlich der ewige Tod der Verdammnis in Umrissen erkennbar: Der Mensch hat schon jetzt die freie Wahl, zu diesem ewigen Leben ja oder nein zu sagen [89]; er bestimmt - man könnte hinzufügen: im Angesicht dieser nur im Glauben erfaßbaren Wirklichkeit, im Licht des Auferstandenen - seine Zukunft, und nicht im Schatten aller Fragwürdigkeiten und Unsicherheiten des menschlichen Daseins. Das Gegenwärtigsein der Zukunft in Christus läßt ihn zu *der* großen Herausforderung schlechthin werden, an der niemand vorbei kann.

In Christus ist aber auch der Schrecken des Todes schon grundsätzlich überwunden. Der Tod gilt nunmehr als Übergang von der Ebene des Lichtes in meinem Herzen zum Licht des Paradieses [90]. Nicht allein die Reflexion auf das Wesen der Liebe, vielmehr der Blick auf Christus selbst zeigt die neue Existenzweise des Christen: Der Friede, den Jesus schenkt, ist der Friede, den Jesus selbst gerade auch in den Stunden seiner Agonie, der Paradosis seiner Seele in sich trug. Dieser Friede, so Journet weiter, war am Kreuz noch verborgen, wurde aber im Tode offenbar, als Jesus seine Seele in die Hände des Vaters gab [44]. Wir sehen, wie hier der Satz, die Johannesoffenbarung sei ein Buch des Trostes, eine Modifizierung und zugleich auch eine Aktualisierung erfährt: Ein Trostbuch ist sie nicht nur, weil sie inmitten aller Bedrängnisse ein heiles Ende ankündigt, wie etwa auch der Marxismus am Ende aller Leiden des Proletariates eine Art paradiesischen Zustand als Antrieb und Motor gesellschaftlicher Veränderungen verheißen kann, sondern weil sie die reale Gegenwart der Liebe Gottes verkündet; eine Gegenwart, die schon jetzt aus den unerbittlichen Fängen des Todes und damit auch der Angst befreit. Das erwartete Heil ist also in der Weise der unüberbietbaren Liebe Gottes in Jesus Christus schon jetzt gegenwärtig. Dieses "Schon-jetzt" gilt dem verfolgten Christen genau so wie dem, dessen Glaube nicht im Feuer der Verfolgungen geläutert wird; es transformiert die Verzweiflung eines Todkranken genauso wie einer verfolgten Gemeinde in Hoffnung [44].

2. Der Realismus und die kosmologische Weite der eschatologischen Hoffnung

Das 21. Kapitel verheißt mit dem Sieg der Liebe Gottes das Verschwinden des Meeres, das Vergehen von Himmel und Erde. Journet nennt zwei Möglichkeiten der Deutung: Das Meer kann Bild für alle Unsicherheiten und Stürme des Lebens, für alle Mißgeschicke und Wechselfälle sein; es kann aber auch den Aufenthaltsort des großen Drachen bezeichnen [83]. Das Fehlen nicht nur des sittlich Bösen, sondern auch des Übels im physischen Sinne läßt schon eine grundlegende Umgestaltung des Kosmos als des umfassenden Raumes und Horizontes des menschlichen Lebens, alles Geschehens, allen Handelns erahnen. Menschsein vollzieht sich in der Welt nicht einfach wie auf einer Bühne, sondern ist von ihr auch bestimmt, in sie eingewurzelt. Die Rede vom neuen Himmel und der neuen Erde liefert einen Hinweis darauf, daß die Erlösung an der Welt nicht vorbeigeht. Dabei sieht Journet die Vollendung der Welt durch diejenige des ganzen Menschen - einschließlich seines Leibes - vermittelt. Bereits der Verlauf der Geschichte belegt, wie sehr die menschliche Grundhaltung zu Gott im Positiven wie im Negativen den Kosmos beeinflußt. Der zukünftige Kosmos ist der Ort, wo der Mensch mit seinem Leib sein wird [83].

Journet zitiert Röm 8, 22 f., wo vom Seufzen der Schöpfung die Rede ist, und greift auf *Thomas* zurück: Gott habe die Dinge geschaffen, damit sie seien [84]. Diese Gültigkeit des Leibhaften hat ihren letzten Grund in Christus selbst: Christus ist für immer verbum incarnatum, und alle Auferstehungsleiber stehen im Gefolge seines Auferstehungsleibes. Bereits nach 1 Kor 15 steht ja die leibhafte Auferstehung in engstem Zusammenhang mit dem Auferstehungsleib Christi [84]. So setzt nach Journet die eigentliche Rehabilitierung der Materie mit dem Augenblick der Inkarnation ein [85]. Damit gelangt er zu einem echt katholischen Spiritualismus, der Geist und Materie weder ineins fallen läßt noch auseinanderreißt, sondern eine Transfiguration der Materie durch den Geist annimmt, die sich bereits in den Sakramenten - bes. Taufe und Eucharistie - "schon jetzt" zeigt und den Gedanken an ein Verfluchtsein der Materie nicht mehr zuläßt.

In dieser Aufwertung der Materie sieht Journet sogar eine unerläßliche Bedingung für das rechte Verständnis des Geistes, da eine Trennung von Materie und Geist keinen hinreichenden Begriff von der Macht des Geistes mehr zuläßt [85]. Freilich denkt er deshalb noch lange nicht den geschaffenen Geist als eine Über-macht. Es ist die herabsteigende Einwohnung Gottes in der Seele, die den Geist befähigt, das sichtbare Universum zu transfigurieren. Auch dieser Prozeß ist schon jetzt im Gange: Im Entgegengehen der auferstandenen Menschheit auf Christus hin, das sich schon jetzt in der theologischen Tugend der Hoffnung ereignet, wird das ganze Universum mitgezogen und gelangt so zur Begegnung mit dem göttlichen Licht [85]. Am Ende steht die völlige Transparenz des Kosmos für die Strahlen der Glorie Gottes und seiner Macht [83]. In dieser totalen Inbesitznahme des Kosmos durch den Schöpfergott und den Erlöser Christus wird alles Wertvolle und Authentische in der Schöpfung bewahrt und erleuchtet [87 f.].

3. Die ekklesiologische Dimension der Hoffnung

Am Anfang der Geheimen Offenbarung stehen die Sendschreiben an die sieben Gemeinden Kleinasiens. Die Siebenzahl wird als Symbol der plenitudo und damit als Repräsentanz der einen universalen Kirche verstanden. Die Geschichte Israels wie der Kirche belegt Gottes leidenschaftliche Liebe zu einem Volk, das dieser Liebe unwürdig ist. Bemerkenswert die Begründung, die wiederum die Christozentrik dieser Deutung aufleuchten läßt: Gott sieht - auch dies gilt bereits von Israel - in diesem Volk seinen eigenen Sohn [39-41].

Die Botschaft an diese sieben Ortskirchen richtet sich unmittelbar an deren "Engel". Drei gleichermaßen gültige Deutungen legt Journet vor: Die christliche Tradition kenne die Engel als Beschützer einer bestimmten Region; doch sei auch eine Identifizierung mit den Bischöfen möglich, die über die Kirche wachen; schließlich gelten sie auch als Repräsentanten des Geistes dieser Kirche, der in jeder Kirche inkarniert ist und sie regiert [59].

Die genannten sieben Gemeinden erfahren in diesen Schreiben jeweils Lob oder Tadel; allen ist aber eines gemeinsam, nämlich die Situation der Anfechtung, wobei die historischen Hintergründe hier keine zentrale Rolle spielen. Diese Anfechtungen betreffen die Mitte des Glaubens, wenn etwa in der Botschaft an Pergamon vor Konzessionen an das Heidentum gewarnt wird, vor einem falschen Ökumenismus und Irenismus, der die unterschiedlichen Positionen vermischen will [63]. Es wird, wie in der Botschaft an Smyrna, daran erinnert, daß die Sünde zum ewigen Tod führt, und zugleich dazu aufgerufen, auf grenzenloses Vertrauen auf Gott zu setzen [62]. Die Gemeinde von Philadelphia wird darüber belehrt, daß der Glaube in den Prüfungen wachsen muß und daß zur Heiligkeit die Bereitschaft gehört, für Christus zu leiden [67 f.]. Ephesus wird vor falschen Aposteln gewarnt, hinter denen Gnostiker zu vermuten seien [59]; es erhält die Aufforderung, den "Elan", die Begeisterung der ersten Liebe wiederzufinden und sich nicht von der Macht des Bösen, die stärker scheint als die des Guten, beeindrucken zu lassen; darauf zu vertrauen, daß das Gute stärker ist als das Böse, und so ein Sieg des Guten, das jetzt noch verborgen ist, möglich ist [60]. Die Gemeinde von Laodicea zieht sich, verführt wohl von ihrem Reichtum, den Vorwurf der Lauheit zu: "Du bist weder kalt noch heiß. Wärest du doch kalt oder heiß!" [68 f.]. All diese Mahnungen läßt Journet auch noch für uns Heutige gelten [60; 68]. Somit haben also die Worte der Johannesoffenbarung ihren Sinn auf verschiedenen Ebenen haben: Einmal gelten sie für die unmittelbare Zukunft und sprechen so in eine ganz konkrete geschichtliche Situation hinein; doch sie zielen auch auf das, "was nachher kommt" [74]. Dabei verblaßt die Frage nach den Zeitpunkten hinter der Grundsätzlichkeit und Dringlichkeit; mehr noch, sie muß sogar offengehalten werden, wenn der inhaltliche Kern dieses Zurufes durch alle Zeiten hindurch bewahrt werden soll.

Diese ekklesiologische Dimension ist aber auch in den prophetischen Visionen des vierten und fünften Kapitels gegenwärtig; zeigt sich doch hier gerade der "Triumphgang der verfolgten Kirche" [80].

Was aber ist mit "Kirche" gemeint? Die Antwort darauf findet Journet in der Folge des zehnten Kapitels, mit dem eine Art Konzentrierung auf die Rolle der Kirche in diesem grandiosen, von Gott gewirkten Geschehen einsetzt. Da erscheint zuerst einmal die Kirche als lebendiger Organismus, der auch die Heiligen mitumfaßt, die um die Vollendung der Kirche und um die Wiederkunft des Herrn bitten [123]. Die beiden Zeugen des 11. Kapitels, die vom Tier getötet, von Gott aber im Himmel bewahrt werden, versteht Journet als Repräsentation der Laien und der Kleriker [128]. Schließlich ist es vor allem der Bericht über den Kampf der Frau mit dem Drachen im 12. Kapitel, der das Mysterium "Kirche" offenkundig werden läßt: Die Frau stellt die Kirche dar; und doch ist sie zugleich auch Maria, da in ihrer Person sich bereits im Augenblick der Menschwerdung des Herrn die ganze Kirche gleichsam verdichtet habe. Wie bei den beiden Zeugen zeigt sich auch am Geschick der Frau, mit welch fürsorgender Liebe Gott seine Kirche umhegt, wie er sie in den Stürmen der Zeit nicht verloren gehen läßt, sondern ihr den Sieg verleiht [129ff].

Es sind vor allem zwei Aspekte - sieht man vom Volk-Gottes Gedanken einmal ab - unter denen Journet die Kirche betrachtet: Sie ist einmal Leib Christi, also Leib des bereits erhöhten Herrn und damit selbst schon in ihrem tiefsten Grunde an dessen Vollendung teilhabend; und sie ist Braut des Heiligen Geistes. Aufgrund dieser beiden Beziehungen (zu Christus und dem Hl. Geist) kann die Kirche an dem Dialog zwischen der zweiten und dritten göttlichen Person teilnehmen. In dieser innigen Verbindung läßt der Geist die Kirche rufen: "Komm, Herr Jesus"; und er läßt sie auch die Antwort des Herrn vernehmen: "Ich komme bald" [106ff].

Was hier von der Kirche gesagt wird, vertreibt jede Angst um deren Zukunft. Die Kirche ist eine übernatürliche Wirklichkeit; der Sieg Christi über den Tod ist ihr eigener Sieg, und seine bereits erfolgte Vollendung ist das Unterpfand ihrer eigenen.

4. Die Christozentrik der Apokalypse - das Geheimnis der Liebe Gottes

Die dominierende Rolle Christi hebt die Johannesoffenbarung aus dem Genus der apokalyptischen Schriften eindeutig heraus und ordnet sie klar dem Neuen Testament und seiner Botschaft zu [41]: Christus ist das Thema aller Prophetie [40]. Bereits aus Apk 1, 1 entnimmt Journet, daß Christus sowohl das Subjekt als auch der Gegenstand, der Inhalt aller Offenbarung ist [37]. Es geht um das Königreich Christi, der seine Kirche begründet hat und über sie wacht bis ans Ende der Zeiten [42].

Die Zeit selbst ist von Christus her qualifiziert als Zwischenzeit zwischen der ersten und der zweiten Ankunft des Herrn; sie ist ausgespannt zwischen seinem Wirken als Erlöser und als Richter [28]. Als Alpha und Omega [55], als Lamm, das die Siegel öffnen kann, kann nur er den Sinn der Weltgeschichte erschließen [75].

Er hat als der Auferstandene die Schlüssel des Todes - und damit die Sinnhaftigkeit eines jeden menschlichen Lebens - in der Hand [55].

Vor allem aber ist er der zuverlässige Zeuge schlechthin für die Liebe, die Gott seiner Schöpfung gegenüber hegt [40]. Mit Blick auf die Menschwerdung der zweiten Person Gottes und vor allem auf Leiden und Sterben Jesu unterstreicht Journet die - im Vollsinn des Wortes - Leidenschaftlichkeit der Liebe Gottes zu uns [40].

Journet betont, daß seit der Offenbarung in Christus eine neutrale Haltung des Menschen Gott gegenüber nicht mehr möglich ist; denn in ihm habe sich Gott als Liebe in endgültiger und unüberbietbarer Weise kundgetan [82]. Christus, so heißt es an anderer Stelle, sei verbum incarnatum für immer [84] und bleibendes Fundament der Apostel und damit der Kirche überhaupt [94]. Immer wieder wird das Auf-Christus-gegründet-Sein der Kirche hervorgehoben, das natürlich auch den einzelnen Christen einbegreift und somit zur Quelle auch seiner ganz persönlichen Hoffnung werden kann [85]. Christus ist der Emmanuel, der "Gott ist mit uns" und als solcher wird er auch das Zentrum, das Heiligtum des himmlischen Jerusalems [86]. Schon jetzt gilt, wenn auch noch verborgen: Der Schöpfergott und der Erlöser Christus haben den Kosmos total in Besitz genommen [88]; dies ist möglich, weil eben Christus der erhöhte Herr ist, der durch Auferstehung und Himmelfahrt nunmehr auf der anderen Seite der Dinge steht; der, so könnte man von *R. Guardini* her ergänzen, in dieser neuen Daseinsweise dem Menschen aller Zeiten und aller Orte näher ist, unmittelbarer auf ihn wirken kann, als dies während der Begrenztheit seines irdischen Lebens möglich war [vgl. 88].

Diese neue Daseinsweise führt auch zu einer unvorstellbaren Intimität zwischen Christus und seiner Kirche: Die Kirche ist in Christus, und Christus ist umgekehrt auch in der Kirche [54]. In diesem wechselseitigen Ineinandersein läßt sich auch die Kirche selbst und ihr Schicksal in der Zeit neu begreifen.

Wenn Christus der erhöhte Herr ist, der in der Glorie des Vaters lebt, wenn die Kirche in ihm ist, dann hat die Kirche bereits jetzt einen Standpunkt gewonnen, der in allen Verfolgungen nicht mehr genommen werden kann; dann wurzelt sie, deren Blätter im Sturm, im Ansturm des Bösen gebeutelt werden, dennoch in der Ruhe und im Frieden des Himmels [92].

Im christologischen Bild des Lammes sieht Journet jedoch diese alles an sich ziehende Macht des Kyrios ergänzt durch den Aspekt der Zärtlichkeit Gottes, auf die wiederholt hingewiesen wird. Diese Betonung der Zärtlichkeit göttlicher Liebe liegt sicherlich einmal in der Tendenz der Liebe selbst, die nichts gemein haben kann mit Beziehungen, in denen der eine den anderen fast gewaltsam an sich zieht; sie entspricht aber im Kontext der Beziehung zwischen Gott und Mensch auch der Tatsache der unendlichen menschlichen Schwäche gegenüber der göttlichen Allmacht, schafft so erst einen Raum der Freiheit für das Geschöpf, der allerdings - wie wiederholt betont wird - immer die Möglichkeit des Mißbrauches, der Ablehnung dieser Liebe einschließt. Es macht einen Grundzug der Interpretation Journets aus, daß er diese Spannung zwischen Macht und Ohnmacht göttlicher Liebe wahrt und aushält: eine Liebe, die alles Negative überwindet, die alles an sich zieht und somit den Gang der Geschichte zu einem Ende führt, das Gott selbst ist; aber auch eine Liebe, die nicht willenlose Unterwerfung will, die auf die freie und liebende Antwort wartet, die zuläßt, daß sie selbst zurückgestoßen wird. Alles, was hier über diese Spannung gesagt werden kann, wurzelt aber letztlich in der Person Christi selbst: In ihm verkörpert sich in unaufgebbarer Einheit diese Ohnmächtigkeit, sofern er - man vergleiche den Philipperhymnus - sich entäußerte und Knechtsgestalt annahm bis zum Tod am Kreuz - ein Geschehen, das für Journet niemals einfach vorbei sein kann, sondern die Geschichte der Menschheit begleitet; zugleich ist es aber doch auch die letztlich siegreiche Liebe des allmächtigen Gottes, die Liebe des auferstandenen und des erhöhten Herrn[33].

5. Die Vision der Vollendung der Liebe

Am Ende aller Zeiten, wenn Gottes Triumph offenbar geworden ist, vollendet sich das Leben des Christen - sowohl des einzelnen wie auch der ganzen Kirche - im himmlischen Jerusalem. Journet versucht nicht, gewaltsam in dieses Bild von der Stadt Gottes einzudringen, das Unaussprechliche und Unbeschreibbare dem menschlichen Begreifen zu unterwerfen. Dieser Zustand ist ganz von der Wiederkehr Christi bestimmt; sie eröffnet die Gegenwart des dreifaltigen Gottes inmitten des himmlischen Jerusalem, so daß ein irdischer Tempel nicht mehr notwendig ist. Das himmlische Jersualem kennt - und das liegt im Wesen der Liebe - keine geschöpfliche Vermittlung zwischen Mensch

---

[33] Auch H. SCHLIER sieht gerade in der Liebe den Schlüssel zum Verständnis der Geschichte: *Jesus Christus und die Geschichte nach der Offenbarung des Johannes*, 360

und Gott [94] und auch keine kirchliche Hierarchie mehr [95]. Unmittelbar gehen aus der Trinität, aus dem Hl. Geist die Ströme des Lebens, der Gnade hervor.

6. Die Liebe im Widerstreit - Zum Gang der Geschichte

Vor allem aus dem sechsten Kapitel der Apokalypse gewinnt Journet grundlegende Einsichten in den Fortgang der Geschichte. Die Zärtlichkeit göttlicher Liebe läßt ihn allerdings keine romantische Liebesgeschichte für die treue christliche Gemeinde schreiben. Er scheint eher die Erfahrung zu berücksichtigen, daß mit dem Grad des Engagements einer solchen Liebe auch die Brutalität einer möglichen Ablehnung bis zum Kampf auf Leben und Tod wächst. So steigert sich auch für Journet die gewaltige Katastrophe am Anfang der Geschichte (der Sündenfall der Engel und dann des Menschen) erst noch auf zu einem Kampf der Finsternis gegen das Licht - freilich immer unter der wiederholt ausgesprochenen Voraussetzung, daß hier - und darin gründet das eigentlich Dramatische dieses Geschehens - nicht zwei gleichwertige Urprinzipien gegeneinander ringen [112 f.].

Die Größe dieser Katastrophe zeigt sich für Journet nicht zuerst anhand der historischen Geschehnisse, so beredt diese auch für das Wirken des Bösen in der Geschichte Zeugnis geben mögen; vielmehr offenbart sie sich am Einsatz Gottes, am "Heilmittel", wie Journet es nennt, daß nämlich "Gott selbst kommt" [113] - immer schon gedacht als erste und zweite Ankunft Christi -, um in diesen Kampf entscheidend einzugreifen.

Journet scheint diese in der Geschichte wirkenden Mächte der Finsternis nicht als Verfechter eines Gegensinnes zur gottgefügten Geschichte zu verstehen. Was ihr Wirken in der Welt zusammenhält ist das "contra Deum" und nicht das Pro eines eigenen Sinnentwurfes für die Geschichte. Man wird dem auch philosophisch-psychologisch Recht geben, wenn man auf die Unfähigkeit eines etwa absolut egozentrischen Menschen hinweist, einen gemeischaftsstiftenden Sinn zu entwerfen, für andere vor-zusorgen, ihnen einen Raum eigenen Handelns, Gestaltens zu eröffnen. Konsequenterweise wird man bei Journet jeden Versuch vermissen, eine Art Logik des Negativen (die ja immer schon eine solche Sinnhaftigkeit voraussetzen würde) aufzudecken; das Negative erscheint eben nur als Verneinung, als Privation und Rebellion, nicht aber als eigener (nicht-göttlicher) Sinnentwurf.

Gerade für die Seelsorge läßt sich daraus gewinnen, daß es primär immer um den einzelnen Menschen gehen muß. Das Dämonische ist letztlich nicht an einer gottlosen Gesellschaft, sondern an einer gottlosen und verzweifelten Seele interessiert. Damit wird aber nicht nur schon angekündigt, daß dem Bösen keine wirkliche Zukunft beschieden sein kann; es verbieten sich auch Versuche, wie dies etwa unlägst noch ein amerikanischer Präsident getan hat, säkulare Mächte zwischen Gut und Böse aufzuteilen, weil etwa das, was gegen das kommunistische "Reich des Bösen" stehe, doch notwendigerweise selbst nur auf der Seite des Guten zu finden sein könne. Logik, Zielgerichtetheit, ein Plan findet sich dagegen nur auf der Seite Gottes.

Der Plan Gottes ist dabei immer nur ein Heilsplan, nie ein Unheilsplan. Was immer in diesen Kapiteln 6 ff. der Apokalypse gesagt wird, wo vom Zerbrechen der Siegel, den apokalyptischen Reitern, den furchtbaren Plagen der Endzeit die Rede ist - die Liebe Gottes zum Menschen unterliegt keinem Zweifel[34]. Alle Unglücksfälle gehen letztlich aus der Tiefe des menschlichen Herzens hervor, das sich in freier Entscheidung von Gott abgewandt hat und gegen ihn rebelliert. Die Verhärtung liegt auf der Seite des gegen die Liebe Gottes Revoltierenden, nicht auf der Seite Gottes. Dabei beginnt der Mensch, sich selbst zu zerstören, läßt das "Reich des Nichts" in sich eindringen. So kann Journet sogar behaupten, erst im Licht der Geheimen Offenbarung werde sichtbar, was der Mensch selbst als Frucht seiner Sünde in die Welt gebracht habe [119 f.] Der mögliche Einwand, daß damit zwar Krieg, Hunger und die globale Zerstörung der Natur, aber nicht die kosmischen Katastrophen ihre Erklärung finden, muß sich sagen lassen, es handle sich hierbei um grandiose, spektakuläre, ja bis ins Poetische reichende Bilder, die jedoch in den Hintergrund treten müßten vor der spirituellen Katastrophe der Todsünde [120].

Man könnte dieser Schau des Dramas menschlicher Existenz entgegenhalten, daß sie einer Mystifizierung der Sünde unterliege. In der Tat spricht Journet von dem " le plus terrible mystère du mal" [121]. Er meint damit das unbegreifliche Nein zur Liebe, also ein Nein gegen das Ja, das Gott zum Menschen spricht; ein Nein, das sich als Selbstverschließung dieser Liebe gegenüber konkretisiert. Ein solches Nein ist eigentlich absurd; es widerspricht dem Menschen und seiner Berufung von Gott her zutiefst. Doch Journet hat nicht nur die Unfaßbarkeit dieser Verweigerung im Auge, wenn er sie mit dem Terminus "mystère" belegt: Das Böse ist so eng an das Gute, an die göttliche Liebe gebunden, daß es von dessen Geheimnishaftigkeit gleichsam auch seine eigenen Ausmaße empfängt[35]. Dabei bleibt der Primat des Guten als der eigentlich die Geschichte fortführenden Kraft unangetastet. Es gibt daher auch keine reine, unentschiedene und für sich gleichbleibende humanitas; entweder vollzieht der Mensch diese Öffnung und wächst so mit der Hilfe Gottes über diese seine eigene humanitas hinaus oder aber er fällt von ihr ab und sinkt so ins Bodenlose des Unmenschlichen [vgl. 121]. Beide Grundentscheidungen setzen eine je eigene Dynamik in

---

[34] Vgl. H. URS VON BALTHASAR: "Aber der Sinn des Ganzen bleibt Liebe" (*Theologie der Geschichte. Ein Grundriß*, 4. Auflage, Einsiedeln 1959, 110)

[35] "Ainsi le mystère du mal des creatures ne prend ses dimensions que par rapport aux folies de l'Amour divin; et il faut dire aussi, que le mystère de l'Amour divin ne découvre ses dimensions que par rapport au malet au péché des hommes dont il vient les délivrer par son sang...", CH. JOURNET, *L'Eglise du Verbe Incarné. III. Essai de Théologie de L'Histoire du Salut*, Paris 1969, 175

Gang, die ins Unendliche hineinführt[36].

Dem menschlichen Leben eignet daher im Guten wie im Bösen eine (von Gott eingeräumte und garantierte) Größe und Würde [121]. So wird der Mensch zum geschichtlichen Subjekt und bestimmt sich selbst. Diese Selbstbestimmung geschieht aber nun nicht wie im Existentialismus gleichsam in den leeren Raum hinein, sondern hat antwortenden Charakter; sie vollzieht sich nicht im Kontext endloser und damit für den Menschen letztlich unabwägbarer Möglichkeiten, sondern einer liebenden, sinnschenkenden Vorherbestimmung.

So sehr nun aber der tiefe Respekt vor der Geschichte Journet zurückhaltend sein läßt gegenüber allen apokalyptischen Deutungen dieser Geschichte, gibt es doch - durchaus in Entsprechung zum linearen Geschichtsbild christlichen Denkens überhaupt - einige Grundgesetzlichkeiten des Kampfes zwischen Gut und Böse. Eine wurde bereits genannt, nämlich die ständige Intensivierung dieses Kampfes. Eine zweite ist dessen zunehmende Spiritualisierung. Journet verliert nie aus den Augen, daß Satan eine geistige, unsichtbare Macht ist; so erklärt sich, daß das Wirken des Bösen im Lauf der Geschichte Formen annehmen kann, die dem Seher von Patmos unvorstellbar gewesen wären, die er selbst nur mit den Mitteln handgreiflicher Gewalt darzustellen vermochte.

Und schließlich geben auch das Tier aus dem Westen und das Tier aus dem Osten Aufschluß über das Wirken des Bösen durch die ganze Geschichte hindurch. Beide Tiere stehen für Konkretisierungen und Realisierungen des Bösen: Das Tier aus dem Westen symbolisiert zuerst das Römische Reich, dann aber die politische Macht schlechthin; das Tier aus dem Osten - es geht aus Kleinasien, dem Hort der heidnischen Philosophien hervor - steht für die Häresien und letztlich für die Intelligenz schlechthin. Kann man deshalb von grundsätzlichen Vorbehalten Journets gegen die Intelligenz, den menschlichen Geist sprechen? Die Apokalypse erwähnt, daß das Tier aus dem Osten dem Tier aus dem Westen dient. Auch Journet mag dies vor Augen gehabt haben: Es geht um die Intelligenz, sofern sie sich einem ihr fremden Machtwillen - eben dem menschlichen Nein zum Willen Gottes - unterwirft. Dann verfehlt sie sich selbst und pervertiert zur bloß instrumentellen Vernunft.

So weisen die Inhalte der Interpretation Journets zurück auf die von ihm selbst gewählte Form einer mystisch-theologischen Betrachtung: Die Revolte des Menschen gegenüber Gott ist ein bösartiges Nein gegenüber seiner Liebe; dieses Nein zieht letztlich auch die Ratio in ihren Bann und macht sie zum Werkzeug ihres eigenen Verderbens. Wer aber echtes Verstehen sucht, die Vernunft zu ihrem Eigensten befreit sehen will, muß, wie dies auch die Kirchenväter wußten, in einer ganzheitlich-personalen Wendung sich der Liebe öffnen. Erst dann wird er entsprechend der Koinzidenz von bonum und verum

---

36   CH. JOURNET, ebd. 180: " Le mal est un mystère *en quelque sorte* infini."

auch offen für die Wahrheit. Diese Öffnung wird in Journets mystischer Theologie - auch wenn sie die exegetische Fachdiskussion nicht einholen kann - erreicht und für das Verständnis der Kirche und ihres Ganges durch die Zeit fruchtbar gemacht.

Literaturhinweise[1]

ADAM, KARL, *Zum Problem der Apokatastasis*, TheolQuart 131 (1951) 129-138,

ALBA, RAMON, *Del Anticristo*, Madrid 1982,

AHLBRECHT OSB, A., *Tod und Unsterblichkeit in der evangelischen Theologie der Gegenwart*, Paderborn 1964

ALES, A. D', *La question du Purgatoire au concile de Florence en 1438*, Greg 3 (1922) 9-50,

ALES, A. D', *Résurrection*, Dict. Apol. Foi Cath. IV (1928) 982-1004,

ALONSO CMF, J. M, *Estudio de theologia positiva entorno a la Vision Beata, El siglo XIII hasta Santo Tomas*, Verdad y Vida (1951) 257-297,

ANSELM VON CANTERBURY, *Proslogion 23-26*

ANSELM VON CANTERBURY, *De beatitudine caelestis patriae* (PL 159, 587-606

AREITIO SJ, RAMON, *La eschatologia media en Suárez*, Archivo Teologico Granadino, 40 (1977) 47-79,

ARMIGNAC, J., *Le mirage de l'eschatologie. Royauté, Règne et Royaume de Dieu ... sans eschatologie*, Paris 1979 [Rez.: A. ZÜRICH, Divus Thomas (P), 83 (1980) 180-181],

ATZBERGER, LEONHARD, *Geschichte der christlichen Eschatologie innerhalb der vornicänischen Zeit. Mit teilweiser Einbeziehung der Lehre vom christlichen Heile überhaupt*, Freiburg i. Br. 1896,

AUER, JOHANN, *"Siehe, ich mache alles neu". Der Glaube an die Vollendung der Welt*, Regensburg (Pustet) 1984, 175 S.,

AYEL, V., *Der Himmel*, in: Theologische Brennpunkte, Bd. 8/9, Christus vor uns - Studien zur christlichen Eschatologie, 2Frankfurt/M. 1966, 38-48

BALTHASAR, HANS URS VON, *Umrisse der Eschatologie*, in: Verbum caro. Skizzen zur Theologie I, Einsiedeln 1960, 276-300,

BARDY, G., *La théologie de l'Eglise de saint Clément de Rome à saint Iréné*, Roma 1945, Paris 1947

BARDY, G.; CARROUGES, M.; DORIVAL, B.; HERIS, C., SPICQ, C.; GUITTON, J., *L'Enfer*, Paris 1950,

BARTMANN, BERNHARD, *Das Fegfeuer. ein christliches Trostbuch*, Paderborn 1929, 1930

BAUER, K., *Zu Augustins Anschauung vom Fegfeuer und Teufel*, ZKirchGesch 43 (1924) 351-355,

BAUTZ, JOSEPH, *Die Lehre vom Auferstehungsleibe*, Paderborn 1877,

BAUTZ, JOSEPH, *Der Himmel*, Mainz 1881,

BAUTZ, JOSEPH, *Das Fegfeuer, im Anschluß an die Scholastik, mit Bezugnahme auf Mystik und Aszetik dargestellt*, Mainz 1883,

BAUTZ, JOSEPH, *Weltgericht und Weltende*, Mainz 1886,

BAUTZ, JOSEPH, *Die Hölle. Im Anschluß an die Scholastik dargestellt*, 2Mainz 1905,

---

[1] Zusammengestellt von J. *Stöhr*.
In den Anmerkungen finden sich weitere Hinweise

BECQUE, MAURICE U. LOUIS, *Die Auferstehung des Fleisches*, Aschaffenburg 1962 (Der Christ in der Welt, Bd. 10, V. Reihe),

BELLARMINUS SJ, ROBERTUS, *De ecclesia quae est in purgatorio*, in: Opera omnia, 2, Neapel 1877, 351-414

BELLINI, ENZO, *L'ecclesiologia di Origene*, La Scuola Cattolica, Supplemento bibliografico 100 (1972) 37-44,

BENGSCH, ALFRED, *Der Glaube an die Auferstehung*, ²Berlin 1962,

BENZ, E., *Schöpfungsglaube und Endzeiterwartung. Antwort auf Teilhard de Chardins Theologie der Evolution*, München 1965,

BERDJAJEW, N., *Essai de métaphysique eschatologique*, Paris 1946,

BERGMANN, JAKOB, *Läuterung hier oder im Jenseits. Wider die Verkümmerung des geistlichen Lebens*, Regensburg 1958,

BERNARD, P., *Purgatoire*: DAFC IV 496-528,

BESLER, KARL, *Die Hölle ist nicht leer, oder: Grenzen der Hoffnung*, Theologisches 17 (1987) Nr. 1 Sp. 33-36 17 (1987) Nr. 2 Sp. 30 ff.; Nr. 3 Sp. 42 ff.; Nr. 4 Sp. 46 ff.,

BETZ, O., *Purgatorium - Reifwerden für Gott*, in: Theologische Brennpunkte, Bd. 8/9, Christus vor uns - Studien zur christlichen Eschatologie, S. 119-130, ²Frankfurt/M. 1966,

BIFFI, GIACOMO KARD., *Die Frage, die wirklich zählt - Was kommt nach dem Tod?*, Styria-Verlag Graz 1993 [Rez.: J. STÖHR, Deutsche Tagespost, N. 130 (30. 10. 1993) S. 10]

BILLOT SJ, LUDOVICUS, *Quaestiones de novissimis*. Opera theologica, ³Romae 1908; ⁶Romae 1924; Romae 1946,

BILLOT SJ, LUDOVICUS, *La parousie*, Paris 1920,

BILLOT SJ, LUDOVICUS, *Der Leib der Auferstehenden derselbe wie früher*, Theologisches, Nr. 162 (1983) 5415-5417,

BIROU, A., *Histoire et Eschatologie*, Revue Thomiste 90 (1990) 409-435,

BONAVENTURA, *Breviloquium* VII c 7

BONSIRVEN, J., *L'Apocalypse de Saint Jean*, Verbum Salutis 16, Paris 1951,

BRAUN OP, F. M., *Où en est l'eschatologie du N. Testament*, Rev. Bibl., 49 (1940), 33-54,

BREID, F. (Hrsg.), *Die letzten Dinge*, Graz (Styria) 1992,

BREUNING, WILHELM, *Zur Lehre von der Apokatastasis*, Internationale Katholische Zeitschrift "Communio" 10 (1981) 19-31,

BREUNING, WILHELM, *Seele, Problembegriff christlicher Eschatologie*, Freiburg i. Br. 1986, 224 S. (Quaestiones disputatae, 106),

BRINKTRINE, JOHANNES, *Die Lehre von den letzten Dingen - Die Lehre von der Kirche*, Paderborn 1963,

BRIVA MIRABENT, ANTONIO, *La gloria y su relación con la gracia según las obras de San Buenaventura*. Seminario conciliar de Barcelona, Colectánea San Paciano, vol. II, Barcelona 1957,

BRUGGER SJ, WALTER, *Wiederverkörperung*, Stimmen der Zeit 73 (1948) 252-264,

BRUNNER SJ, A., *Gott schauen*, ZKathTh 75 (1951) 214-222,

BUZY, D., *Antéchrist*, Dict. de la Bible, Suppl. I (1926) 297-305,

CAMBIER SDB, J., *Les images de l'Ancien Testament dans l'Apocalypse de S. Jean*, NRTh 87 (1955) 113-122,

CAMILLERI SDB, N., *De natura actus visionis beatificae apud theologos posttridentinos*, Chieri 1944

CAMILLERI SDB, N., *I novissimi e la comunione dei santi*, Brescia 1961,

CANDAL SJ, E., *Processus discussionis de Novissimis in Concilio Florentino*, OrChristPer 19 (1953) 303-340

CARYL, J., *Linéaments d'une spiritualité eschatologique*, La Vie Spirituelle 29 (1947)

CEUPPENS OP, F., *Il problema escatológico nella esegesi*, in: Problemi e Orientamenti di Teol. dommatica, II, 975-1016, Milano 1957

CHAINE, I., *Parousie*, DThC XI (1932) 2043-2054

CHAUVIN, C., *Histoire de l'Antéchrist d'après la Bible et les Saints Pères*, Paris 1903

CHENU OP, MARIE-DOMINIQUE, *La fin des temps dans la spiritualité médiévale*, Lumière et Vie 11 (1953) 101-116

CHOLLET, A., *Corps glorieux*, DThC III (1907) 1879-1906

CIAPPI OP, L. M., *L'anima separata*, Doctor communis 11 (1958) 237-256

CIAPPI OP, L., *La risurrezione dei morti secondo la dottrina cattolica*, Greg 39 (1958) 203-221

CIPRIANI, S., *Insegna 1 Cor 3, 10-15 la dottrina dell Purgatorio?*, RivBibl 7 (1959) 25-43

COLUNGA OP, A., *La vida eterna en S. Juan segùn los commentarios de San Alberto Magno y Santo Tomás*, La Ciencia Tomista 65 (1943) 121-143

COMMISSIO THEOLOGICA INTERNATIONALIS, *De quibusdam quaestionibus actualibus circa eschatologiam*, Gregorianum 73 (1992) 395-435

CONGAR OP, YVES J.-M., *Le purgatoire: Le mystère de la mort et sa célébration*, Paris 1951, 279-336; (dt.): *Das Fegfeuer: Das Mysterium des Todes* (F 1955) 241-288

COURCELLE, PIERRE, *Les Pères de l'Eglise devant les enfers virgiliens*, ArchHistDoctrMA 22 (1955) 5-74

CRIADO SJ, R., *La creencia popular del Antiguo Testamento en el más allá, el se'ol*, Madrid 1955,

CULLMANN, O., *Le retour du Christ, espérance de l'Eglise selon le Nouveau Testament*, Neuchâtel-Paris 1947, ed. 2: 1945

CULLMANN, O., *Immortalité de l'âme et résurrection des morts*, Verbum Caro 10 (1956) 58-78

CULLMANN, O., *Unsterblichkeit der Seele und Auferstehung der Toten. Das Zeugnis des Neuen Testaments*, TheolZschr 12 (1956) 103-125, (Festgabe für K. Barth)

CUMONT, F., *Lux perpetua*, Paris 1949

DAFFARA OP, M., *De Sacramentis et de Novissimis*, Torino 1944

DANIELOU SJ, JEAN, *La Résurrection des corps chez Grégoire de Nysse*, Vigiliae Christianae 7 (1953) 154-171

DANIELOU SJ, JEAN, *Christologie et eschatologie*, in: Das Konzil von Chalkedon. Geschichte und Gegenwart, Bd. 3 (hrsg. von A. Grillmeier SJ und H. Bacht SJ), Würzburg 1954, 269-284

DEAK, ESTEBAN, *Apokatastasis. The problem of universal salvation in 20. century theology*, Toronto 1979

DELCOR, M., *L'immortalité de l'âme dans le livre de la Sagesse et dans les documents de Qumrân*, NRTh 77 (1955) 614-630

DEURINGER, KARL, *Die christliche Bewältigung des Todes nach dem Zeugnis des heiligen Cyprian*, Oberrheinisches Pastoralblatt 60 (1959) 289-296, Diekamp, Franz (hrsg. v. K. Jüssen), Katholische Dogmatik, 3 Bde, 2. ed. Bonn 1917, 1918, 1920; Bd. 3, Die Lehre von den Sakramenten ... von den letzten Dingen, Münster 1954

DLUGAI, NORBERT, *Auferstehung von den Toten und ewiges Leben - Utopie oder lebendige Wirklichkeit?*, Una Voce Korrespondenz 19 (1989) 123-142

DONDAINE, H. F., *L'objet et le "medium" de la vision béatifique chez les théologiens du 13e siècle* (Texte von Johannes Chrystostome, Magister Martin, Alexander von Hales, Anon. von Douai 434, Roland von Crémona, Hugo v. S. Cher, Guerricus von Saint-Quentin, Robert Grossetste, Eudes Rigaud, Jean Pagus), RechThéolAncMéd 19 (1952) 60-130

DORDETT, A., *Der Zeitpunkt der Wiederkunft Jesu* (Diss.), Wien 1947

DORN, KLAUS; WAGNER, HARALD, *Zum Thema »Eschatologie«: Tod, Gericht, Vollendung*, Paderborn 1992, 123 S.

DREXEL, ALBERT, *Geheimnis der Ewigkeit. Die vier letzten Dinge*, Zürich 1973

DRUET, P. PH., *Pour vivre sa mort*, Paris 1981

DUNBAR, DAVID GRANT, *The Eschatology of Hippolytus of Rome*, Drew University (New Jersey), Ph. D. 1979

DUQUOC OP, CHRISTIAN, *La descente du Christ aux enfers, problématique théologique*, Lumiére et Vie 17 (1968) 45-62

DURST, MICHAEL, *Die Eschatologie des Hilarius von Poitiers. Ein Beitrag zur Dogmengeschichte des vierten Jahrhunderts*, Bonn 1987 [Rez.: VICIANO, A., Scripta Theologica, 20 (1988) 839-843]

DURWELL CSSR, F.-X., *La résurrection des morts*, Evangéliser 11 (1955) 91-110

DUTOIT, E., *Augustin et le dialogue du "De beata vita"*, Museum Helveticum 6 (1949) 33-48

EDITORIALE, *Il «cielo» del paradiso e il «fuoco» dell'inferno. Simboli e realtà*, La Civilta Cattolica 143 (1992) 429-438

ELDERS SVD, LEON, *Vieillesse, mort et mort volotaire dans l'antiquite classique*, in: J. Ries, (Actes d'un colloque de) La mort selon la bible dans l'antiquité classique et selon le manichéisme, Louvain-La-Neuve 1983, 93-133,

EMMEN OFM, AQUILIN, *Die Eschatologie des Petrus Johannis Olivi*, WissWeih 24 (1961) 113-144; 25 (1962) 13-48

EMMERSON, RICHARD KENNETH, *Antichrist in the Middle Ages: A Study of Medieval Apocalypticism, Art and Literature*, Washington 1980 (Association of American University Presses)

ERNST, JOSEF, *Die Eschatologischen Gegenspieler in den Schriften des Neuen Testamentes*, Regensburg 1967

EVDOKIMOV, P., *Dimensions eschatalogique de l'unité*, Istina (1967) 263-273

FARNETANI OFM, B., *La visione beatifica di Dio secondo S. Bonaventura*, MiscFranc 54 (1954) 3-28

FASTENRATH, ELMAR, *In vitam aeternam: Grundzüge christlicher Eschatologie in der 1. Hälfte d. 20. Jh.*, Sankt Ottilien 1982

FERNANDEZ, AURELIO, *La Escatología en las Actas de los primeros mártires cristianos*, Scripta Theologica 9 (1977) 797-884

FEUILLET, A., *La synthèse eschatologieque de St. Matthieu*, RevBibl 56 (1949), 340-364; 57 (1950), 62-91; 180-211

FEUILLET, A., *La demeure céleste et la destinée des chrétiens*, RSR (1956) 161-192

FINE, H., *Die Terminologie der Jenseitsvorstellungen bei Tertullian*, Bonn 1958

FISCHER, J. A., *Studien zum Todesgedanken in der alten Kirche. Die Beurteilung des natürlichen Todes in der kirchlichen Literatur der ersten drei Jahrhunderte*, München 1954

FLEISCHHACK, E., FEGFEUER. *Die christlichen Vorstellungen vom Geschick der Verstorbenen in der Christenheit und in der sie umgebenden Welt geschichtlich dargestellt*, Tübingen 1969

FLOROWSKY, GEORGES, *Eschatology in the patristic age: an introduction*, Studia patristica II = TU SCIV (1957) 235-250

FORSTER, K., *Die Verteidung der Lehre des heiligen Thomas von der Gottesschau durch Johannes Capreolus*, München 1955

FORSTER, K., *Anschauung Gottes*, LThK 1 (1957) 587-591

FRANK-DUQUESNE, A., *Cosmos et gloire. Dans quelle mesure l'univers physique a-t-il part à la rédemption et à la gloire finale*, Paris 1947

FRANK-DUQUESNE, ALBERT, *Wenn deine Zeit zu Ende ist*. (Mit einer Einführung von Gustav Siewert) Regensburg 1964

FREUDENBERGER, TH., *Die Bologneser Konzilstheologen im Streit über 1 Kor 3, 11 ff. als Schriftzeugnis für die Fegfeuerlehre*, in: E. Iserloh (Hrsg), Reformata Reformanda I. Festschrift H. Jedin, Münster 1965, 577-609

FROITZHEIM, HEINZ, *Rehabilitierung der Seele. Ein Hinweis auf das Werk von Joseph Ratzinger zur Eschatologie*, Der Fels 9 (1978) 86-89

FRUSCIONE SJ, S., *Gli uoumini parlano dell'inferno*, CivCatt 4 (1952) 3-15

FRUSCIONE SJ, S., *L'inferno non distrugge l'amore*, CivCatt 105 (1954) 38-50

FRUSCIONE SJ, S., *Ortodossia e Bizzarrie sull'Inferno*, CivCatt 105 (1954) 151-166

FUENTERRABIA OFM CAP, FELIPE DE, *Doctrina del nuevo Testamento y del judaïsmo contemporaneo sobre la remisión de los pecados más allá de la muerte*, EstudFranc 85 (1957) 5-42

FÜSSINGER, A., *Eschatologie und Verkündigung*, TheolGl 57 (1967) 187-197

GÖTZMANN, WILHELM, *Die Unsterblichkeitsbeweise in der Väterzeit und Scholastik bis zum Ende des 13. Jahrhunderts. Eine philosophie- und dogmengeschichtliche Studie*, Karlsruhe 1927

GALOT SJ, JEAN, *La descente du Christ aux enfers*, NRTh 83 (1961) 471-491

GARDET, L., *Les fins dernières selon la théologie musulmane*, RevThom 56 (1956) 427-479

GAROFALO, S., *Sulla "escatólogia intermedia" in S. Paolo*, Greg 39 (1958) 235-352

GARRIGOU-LAGRANGE OP, REGINALD, *L'altra vita e la profondità dell'anima*, Brescia 1947

GAVIGNAU, J. J., *S. Augustini doctrina de purgatorio, praesertim in opere "De Civitate Dei"*, Ciudad de Dios 167 B (1956) 283-297

GIBLET, J., *De Parusia hominis iniquitatis iuxta 2 Thess 2, 3-4*, CollMechl 35 (1950) 446-453

GLEASON, R. W., *The world to come*, New York 1958,

GLORIEUX, P., *Saint Thomas et l'accroissement de la béatitude*, RechThéolAncMéd 17 (1950) 121-125

GNILKA, JOACHIM, *Ist 1 Kor 3, 10-15 ein Schriftzeugnis für das Fegfeuer? Eine exegetisch-historische Untersuchung*, Düsseldorf 1955

GOENAGA SJ, J. A., *El misterio de la Asunción y la escatologia cristiana*, Mar 42 (1980) 13-63

GOUNELLE, ANDRE; VOUGA, FRANCOIS, *Aprés la mort, qu'y a-t-il?: les discours chrétiens sur l'au-delà*, Paris 1990, 190 S.

GRABER, RUDOLF, *Die letzten Dinge des Menschen und der Welt. Christliche Rede*, Würzburg 1940

GRABINSKI, BRUNO, *Was wissen wir vom Jenseits?* Gröbenzell 1969, ³1976, 282 S.

GRANT, R. M., *The Resurrection of the Body*, Journ. of Relig. 28 (1948) 120-130; 188-208

GREINER, SEBASTIAN, *«Auferstehung im Tod». Überlegungen zu einer aktuellen Diskussion*, Internationale Katholische Zeitschrift "Communio" 19 (1990) 432-444

GRESHAKE, GISBERT, *Auferstehung der Toten*, Essen (Ludgerus) 1969

GRESHAKE, GISBERT, *Stärker als der Tod: Zukunft, Tod, Auferstehung, Himmel, Fegfeuer*, Mainz 1976

GRESHAKE, GISBERT, *Naherwartung, Auferstehung, Unsterblichkeit. Unters. zur christl. Eschatologie*, Freiburg/Brsg. 1982

GRESHAKE, GISBERT, *Der Glaube an die Auferstehung der Toten. Konsequenzen für das christliche Menschenverständis*, Freiburger Zeitschrift für Philosophie und Theologie 34 (1987) 491-511

GRESHAKE, GISBERT; KREMER, JAKOB, *Resurrectio mortuorum: zum theolog. Verständnis d. leibl. Auferstehung*, Darmstadt 1986, 399 S.

GRESHAKE, GISBERT; LOHFINK, GERHARD, *Naherwartung - Auferstehung - Unsterblichkeit. Untersuchungen zur christlichen Eschatologie*, Freiburg, Basel, Wien 1975, 1982 [Rez.: SCHENK OP, R., MThZ 34 (1983) 64-66]

GRILLMEIER SJ, ALOIS, *Der Gottessohn im Totenreich*, Zeitschrift für katholische Theologie 71 (1949) 1-53; 184-203

GRUBER, W., *Die letzten Dinge*, Theologisch-praktische Quartalschrift 116 (1968) 3-15

GUARDINI, ROMANO, *Die letzten Dinge. Die christliche Lehre vom Tode, der Läuterung nach dem Tode, Auferstehung, Gericht und Ewigkeit*, 1956, 102 S.

GUGGENBERGER, ALOIS, *Nimmt das Gute in der Welt zu? Zur Auseinandersetzung mit der Eschatologie und Ethik Teilhard de Chardins*, Zeitwende 36 (1965) 243-251

GUITTON, J., *Le purgatoire, profond mystère*, Paris 1957

GUY, H. A., *The New Testament Doctrine of the Last Things*, Oxford 1948

GÜNTHER OCD, BONIFATIUS, *Satan, der Widersacher Gottes*, Aschaffenburg 1972

GÜNTHER OCD, BONIFATIUS, *Maria Anna Josefa Lindmayr, Prophetin Gottes, Helferin der Armen Seelen*, Jestetten 1976

HALVER, R., *Der Mythos im letzten Buch der Bibel. Eine Untersuchung der Bildersprache der Johannes-Apocalypse*, Hamburg 1964,

HARDER, G., *Das eschatologische Geschichtsbild der sogenannten kleinen Apocalypse-Markus 13*, Theologia viatorum 4 (1952/53) 71-107

HATTRUP, D., *Eschatologie*, Paderborn 1992 [Rez: H. VORGRIMLER in: TheolRev 88 (1992) 408-412]

HAUBST, RUDOLF, *Eschatologie. "Der Wetterwinkel" - "Theologie der Hoffnung"*. TrThZ 77 (1968) 35-65

HAYES, ZACHARY, *Visions of a future: a study of Christian eschatology*, Wilmington, Del.: Glazier, 1989, 213 S., - (New theology series; 8) mit Literaturangaben

HEIDLER, FRITZ, *Die biblische Lehre von der Unsterblichkeit der Seele, Sterben, Tod, ewiges Leben im Aspekt lutherischer Antropologie*, Göttingen 1983, 203 S. [Rez.: ZIEGENAUS, A., Forum Katholische Theologie, 2 (1986) 245-246]

HEINZMANN, R., *Die Unsterblichkeit der Seele und die Auferstehung des Leibes. Eine problemgeschichtl. Untersuchung der frühscholastischen Sentenzen- und Summenliteratur von Anselm von Laon bis Wilhelm von Auxerre*, Münster i.W. 1965

(BeitrGPhThMA 40, 3), 252 S.

HELEWA, G., *"Riconciliazione" divina e "Speranza della gloria" secondo Rom 5, 1-11*, Teresianum 34 (1983) 275-306

HENGESBACH, THEODORE WARREN, *John Henry Newman's theology of death*, Univ. of Notre Dame, Diss. 1976

HENGSTENBERG, HANS-EDUARD, *Der Leib und die letzten Dinge*, Regensburg 1955

HENGSTENBERG, HANS-EDUARD, *Die menschliche Person und die Letzten Dinge. Zur Eschatologie der Materie*, Theologisches 17 (1987) Nr. 10 Sp. 7-16

HENQUINET OFM, F. M., *Les questions inédites d'Alexandre de Halès sur les fins dernières*, RechTheolAncMéd 10 (1938) 35-78; 153-172; 268-278

HENRY OP, A. M., *Le retour du Christ, Initiation théologique*, IV vol., Paris 1954, pp. 820-886

HERIS OP, CH. V., *Théologie des suffrages pour les morts*, Maison-Dieu 44 (1955) 58-67

HILL, N., *Eschatologie Gregors des Großen*, Freiburg 1941

HOERES, WALTER, *Angepaßte Eschatologie*, Theologisches 17 (1987) Nr. 2 Sp. 35-40

HOFMANN, E., *Unser jenseitiger Leib*, ²Leutesdorf 1988,

HOFFMANN, G., *Der Streit um die selige Schau Gottes 1331-1338*, Münster 1971

HOLBÖCK, F., *Die Theologin des Fegfeuers Catharina von Genua*, Stein am Rhein 1980, 150 S.

HOLBÖCK, FERDINAND, *Fegfeuer. Leiden, Freuden und Freunde der armen Seelen*, Salzburg 1977

HOLBÖCK, F., *Seele, Unsterblichkeit, Auferstehung*, in: H. Pfeil (Hrsg.), Unwandelbares im Wandel der Zeit, Bd. II, Aschaffenburg 1977, 15-49

HOLBÖCK, F., *Il purgatorio, sofferenze, gioie e amici delle Povere Anime*, Trento 1983

HOLWERDA, D., *The Holy Spirit and Eschatology in the gospels of John. A critique of Rudolf Bultmann's present Eschatology*, Kampen 1959

HUMBERT, P.; DUBARLE, D.; GELIN, A.; MARROU, H. I.; CHENU, M. D.; CARROUGES, M., *La fin du monde est-elle pour demain?*, Lumière et Vie 11 (1953) 1-181

Jankowski, A., *De indole eschatologica missionis Spiritus Paracliti (Jo 14-16)*, Anal. Cracoviensia 7 (1975) 537-562

JANSSENS, A., *La signification sotériologique de la parousie et du jugement dernier*, Divus Thomas (P) 36 (1933) 25-38,

JAY, P., *Le purgatoire das la prédication de saint Césaire d'Arles*, RechThéolAncMéd 24 (1957) 526-541

JELIF OP, R.P. J.-Y., *Affirmation rationelle de l'immortalité de l'ame chez Saint Thomas*, Lumière et Vie 1955, 59-78

JOURNET, C., *Die kath. Lehre über das Fegfeuer*, Jestetten 1990

JOURNET, CHARLES, *La peine temporelle du péché*, Revue Thomiste 32 (1927) 21-39, 89-103

JOURNET, CHARLES, *Vom Geheimnis des Übels*. Theologischer Essay, Essen 1963

JOURNET, CHARLES, *Das Nein zur Liebe*, in: Theologische Brennpunkte, Bd. 8/9, Christus vor uns - Studien zur christlichen Eschatologie, S. 72-83, ed. 2: Frankfurt/M 1966; ed. 6: Paris 1940

JOURNET, CHARLES, *Saint Augustin et l'exégese traditionelle du "corpus spirituale"*, in: Augustinus Magister (Congrès Intern. Aug. 1954); Communications 2, 879-890

JOURNET, CHARLES, *La Volonté salvifique sur les petits enfants*, «Textes et études théologiques», I vol. de 196 pp.., Paris-Bruges, Desclée De Brouwer, 1958

JOURNET, CHARLES, *Le mystère de l'enfer*, Nova et Vetera 34 (1959) 264-287

JOURNET, CHARLES, *L'espérance temporelle de l'humanité*, Nova et Vetera 50 (1975) 205-222

Jugie, M., *Le purgatoire et les moyens de l'éviter*, Paris 1941

KATHARINA VON GENUA, *Traktat über den Reinigungsort*, in: Theologisches, Beilage der "Offerten-Zeitung für die kath. Geistlichkeit Deutschlands", (1970) Sept. Nr. 5, S. 70-73; Okt. Nr. 6, Sp. 86-88,

KAUPT, J., *Die Tilgung der läßlichen Sünden im Fegfeuer nach Bonaventura*, Franz-Stud 21 (1934) 26-33

KEHL, MEDARD, *Eschatologie*, Würzburg 1986 [Rez.: HOERES, W., Theologisches, 17, 2 (1987) 35-40; SCHÄFER, PHILIPP, Forum Katholische Theologie, 4 (1988) 318]

KELLNER, CARL-.A., *La réincarnation - Théories, Raisonnements et appréciations*, Bern, Frankfurt, New York 1986

KERNS MSFS, V., *The Traditional Doctrine of Purgatory*, IrishEcclRecord 80 (1953) 426-442

KLOPPENBURG OFM, B., *O nexo entre pecado e morte. Una contribuição para a definibilidade da Mãe de Deus*, RevEcclBrasil 8 (1948) 259-289

KLOPPENBURG OFM, B., *De relatione inter peccatum et mortem*, Rom 1951

KNOCH, OTTO, *Eigenart und Bedeutung der Eschatologie im theologischen Aufriß des ersten Clemensbriefes. Eine auslegungsgeschichtliche Untersuchung*, Bonn 1964

KOHLER, W., *Der Zustand der Seele unmittelbar nach dem Tode*, Kath 2 (1902) 221-

KOLPING, A., *Verkündigung über das ewige Leben*, in: Theologische Brennpunkte, Bd. 8/9, Christus vor uns - Studien zur christlichen Eschatologie, S. 28-37

Kongregation für die Glaubenslehre, *Schreiben der Kongregation für die Glaubenslehre zu einigen Fragen der Eschatologie*. Verlautbarungen des Apostolischen Stuhls 11, 17. März 1979, Sekretariat der deutschen Bischofskonferenz, Bonn

KRALIK, RICHARD VON, *Gibt es ein Jenseits?*, München 1907 (Glaube und Wissen, Heft II)

KREBS, E., *Was kein Auge gesehen*, 14Freiburg 1940

KRECK, W., *Die Zukunft des Gekommenen. Grundprobleme d. Eschatologie*, München 1961

KRÜLL, FRIEDRICH HONORAT, *Die heilige Schrift über das Ende des Menschen. Ausführliche Sammlung biblischer Sprüche über Sterben und Tod* (Mit einem Anhange: Des christl. Dichters Prudentius "Hymnus bei der Begräbnisfeierlichkeit"), (Franz Kirchheim) Mainz 1873

KUNZ, E., *Protestantische Eschatologie. Von der Reformation bis zur Aufklärung*, HDG 4/7 c. T. 1 (Freiburg i. Br. 1980)

KYUNG-DON SUH, ALBERTUS, *La vita escatologica del popolo messianico nella «Lumen Gentium» II, 9*, Rom 1991 184 S.

KÜBEL, W., *Die Lehre von der Auferstehung der Toten nach Albertus Magnus*, in: Festschrift B. Geyer, Studia Albertina Münster 1952, 279-

LÖHRER OSB, MAGNUS, *Zur Problematik der katholischen Fegfeuerlehre- Überlegungen zur Kritik Gerhard Ebelings*, in: Haering OSB, Stephan: In Unum Congregati, Festgabe für Augustinus Kardinal Mayer OSB zur Vollendung des 80. Lebensjahres, Metten 1991, S. 297-316,

LABOURDETTE OP, M.-MICHEL, Pròblemes d'eschatologie, RevThom 54 (1954) 658-675

LANCZKOWSKI, G., Jenseitsvorstellungen in außerordentlichen Religionen, Theologisch-Praktische Quartalschrift 134 (1986) 107-117

LANDGRAF, ARTHUR MICHAEL, Die Linderung der Höllenstrafen nach der Frühscholastik, ZKathTh 60 (1936) 299-370

LANDGRAF, ARTHUR MICHAEL, Die Bestrafung läßlicher Sünden in der Hölle nach dem Urteil der Frühscholastik, Greg 22 (1942) 380-407

LANGEMEYER, G. B., Himmel, Hölle, Fegefeuer, in: GERHARDS, A. (Hrsg.), Die größere Hoffnung der Christen. Eschatologische Vorstellungen im Wandel (Quaestiones disputatae 127), Freiburg 1990

LAUTZ OSB, B., The Doctrine of the Communion of Saints in Anglican Theology, 1833-1963, Ottawa 1967, 200 S. [Rez.: I. Flórez, ATG 31 (1968) 458-59]

LAVALETTE SJ, H. DE, Autour de la question des enfants morts sans baptême, NRTh a. 92, t. 82 (1960) 56-69

LAVAUD OP, B., La résurrection de la chair, Vie Spir 53 (1937) 113-135

LEHAUT, A., L'éternité de l'enfer dans saint Augustin, Paris 1912

LEHMANN, KARL; SCHEFFCZYK, LEO; SCHNACKENBURG, RUDOLF; VOLK, HERMANN, Vollendung des Lebens - Hoffnung auf Herrlichkeit, Mainz 1979

LEMONNYER, A., Fin du monde, DictApolFoiCath 1 (1911) 1911-1928

LENNERZ SJ, H., De Novissimis, 4Romae 1940, 5Romae 1950

LEPICIER, ALESSIO MARIA, Dell'anima umana separata dal corpo. Suo stato, sua operazione, Roma 1901

LERCHER SJ, L., Institutiones theologiae dogmaticae, vol. IV/2, pars altera, 3Innsbruck, 1949

LEWALTER, E., Eschatologie und Weltgeschichte in der Gedankenwelt Augustins, ZKirchGesch 53 (1934) 1-52 [Rez: BullThAncMéd 2 (1933-36) 842 (Dämonologie)]

LEWIS, C. S., Streng dämokratisch zur Hölle, Basel/Gießen 1982

LEWIS, C. S., Zur Auferstehung des Leibes, Theologisches 162 (1983) 5422-5424

LIERE, FR. A. VAN, Armand of Belvézer OP on eschatology. An edition of his «Responsiones ad 19 articulos» (1333), Archivum Fratrum Praedicatorum 62 (1992) 7-134

LOCKER, ALFRED, Wirklichkeit und Einzigkeit des Leibes, Theologisches 162 (1983) 5418-5422

LODUCHOWSKI, HEINZ, Auferstehung - Mythos oder Vollendung des Lebens? (Zur Diskussion der Vorverständnisse v. Strauß, Bultmann u. Marxsen - Heilsbotschaft von der Lebensvollendung) (Der Christ in der Welt, eine Enzykloädie. V. Reihe - Die großen Wahrheiten - Bd. 13), Aschaffenburg 1970

LONA, HORACIO E., Über die Auferstehung des Fleisches. Studien zur frühchristlichen Eschatologie (Beihefte zur Zeitschrift für die neutestamentliche Wissenschaft, 66), Berlin, New York 1993

LORSON SJ, P., El misterioso futuro de las almas y del mundo, Madrid 1955

LOT BORODINE, M., La béatitude dans l'orient chrétien, Dieu Vivant 15 (1950) 75-132

LOUVET, PIETRO, Il Purgatorio secondo le rivelazioni dei Santi, 16Torino 1820

LÄPPLE, ALFRED, Der Glaube an das Jenseits, Aschaffenburg 1978

MAAS, WILHELM, Gott und die Hölle - Studien zum Descensus Christi, Einsiedeln 1979 [Rez.: ZIEGENAUS, A., MüThZ, 32 (1981) 70-73]

MAHLMANN, *Eschatologie*, in: HistWBPhilos. II, Stuttgart 1972, S. 740-743

MAINKA, R. M., *Zwischen Tod und Auferstehung*, Münchener Theologische Zeitschrift 12 (1961) 241-251

MALATESTA, VINCENT R., *The catholic doctrine and cosmology of Purgatory according to French preaching in the Post-Tridentine Age*. Auszug, Rom 1977 (Pontificia Universitas Gregoriana) (Fac. Theol.-Diss. 1977)

MANGENOT, E., *Fin du monde*, DictThéolCath 2 (1913) 2504-2552

MANSER, JOSEF, *Der Tod des Menschen: zur Deutung des Todes in der gegenwärtigen Philosophie und Theologie*, Frankfurt a.M. 1977 (Europäische Hochschulschriften: Reihe 23, Theologie Bd. 93)

MARGERIE SJ, BERTRAND DE, *La vie éternelle*, Les croisés du purgatoire 37 (1983) 11-14 (deutsch: J. STÖHR, in: Theologisches, Nr. 192, April 1986, Sp. 6979-6983)

MARROU, HENRI IRENEE, *Ambivalence du temps de l'histoire chez saint Augustin*, Paris 1950

MARROU, HENRI IRENEE, *La fin du monde n'est pas pour demain*, Lumière et Vie 11 (1953) 77-100

MARTELET SJ, GUSTAVE, *Les "fins dernières à la lumière de la résurrection*. Association "Lumen Gentium", Paris 1976

MARTIN-ACHARD, R., *De la mort à la Résurrection d'apres l'Ancien Testament*, Neuchatel-Paris 1956,

MATEO-SECO, LUCAS F., *"Purgatorio"*, GranEncRialp 19, 507-511

MATEO-SECO, LUCAS F., *Purgación y Purgatorio en San Juan de la Cruz*, Scripta Theologica 8 (1976) 233-278

MAYER, R., *Die biblische Vorstellung vom Weltenbrand*, Bonn 1956

MENDIZABAL SJ, L. M., *La vida espiritual como participación progresiva de la resurrección de Cristo*, Greg 39 (1958) 494-524

MEUNIER, A., *L'Eschatologie de l'Ancien Testament*, RevEcclLiège 41 (1954) 115-120; 180-186

MEUNIER, A., *L'eschatologie des Évangiles*, RevEcclLiège 41 (1954) 368-373

MICHEL, A., *Feu de l'enfer - Feu du jugement - Feu du purgatoire*: DThC V (1924) 2196-2261

MICHEL, A., *Les mystères de l'au-delà* (Coll. Présence du catholicisme, 9) [4]Paris 1953

MICHEL, A., *Les justes de l'Ancien Testament et les Limbes*, Ami du Clergé 64 (1954) 349-359

MICHEL, A.; JUGIE, M., Art. *Purgatoire*: DThC XIII (1936) col. 1163-1357

MIGNON, A., *Les origines de la scolastique et Hugues de Saint-Victor*, Paris 1895 I 339-373 (Engellehre bei Anselm v. C., Rupert v. D., Honorius v. Autum, Hugo v. St. Viktor)

MOIOLI, GIOVANNI, *Dal "De novissimis" all'escatologia*, La Scuola Catt. 101 (1976) 553-576

MORICONI, BRUNO, *Il Purgatorio soggiorno dell'amore*, Ephemerides Carmeliticae (Roma) 31 (1980) 539-578

MUßNER, FRANZ, *Was lehrt Jesus über das Ende der Welt?* Freiburg 1958

MUßNER, FRANZ, *Christus und das Ende der Welt*, in: Theologische Brennpunkte, Bd. 8/9, Christus vor uns - Studien zur christlichen Eschatologie, S. 8-18, [2]Frankfurt/M. 1966

MÜLLER, GERHARD LUDWIG, *"Fegfeuer"*. *Zur Hermeneutik eines umstrittenen Lehrstückes der Eschatologie*, ThQ 166 (1986) 25-39

MÜLLER, LOTHAR, *Tod und Auferstehung Jesu Christi und des Christen in ihrer Beziehung zueinander*, Paderborn 1963, 89 S.

MÜLLER, W. F., *Vom Leben zum Tod, durch Tod zum Leben! Beweise für die Fortdauer der Seele nach dem Tode begründet durch Zitate neuer und alter Klassiker*, (W. Wunderlich) Regensburg 1890

MÜLLER-GOLDKUHLE, PETER, *Die Eschatologie in der Dogmatik des 19. Jahrhunderts*. (Beiträge zur neueren Geschichte der katholischen Theologie, Bd. 10), Essen 1966

NEUMANN, BERNHARD, *Der Mensch und die himmlische Seligkeit nach der Lehre Gottfrieds von Fontaines*, Limburg 1958

NICOLAS OP, MARIE-JOSEPH, *Le corps humain et sa résurrection*, Revue Thomiste 79 (1979) 533-545

NICOLAS OP, MARIE-JOSEPH, *Théologie de la résurrection*, Paris 1982

NICOLAS SJ, A. DE, *La vida como purificación y responsabilidad. Hacia una interpretación "religiosa" del Purgatorio*, EstEccl 50 (1975) 155-177

NIEDERHUBER, J. E., *Die Eschatologie des heiligen Ambrosius*, Paderborn 1907

NIELEN, JOSEF MARIA (Hrsg.), *Ich glaube an die Auferstehung des Fleisches. Väterzeugnisse aus den ersten christlichen Jahrhunderten*, Freiburg/Br. 1941

NOLAN OSB, K., *The Immortality of the Soul and the Resurrection of the Body according to Giles of Rome* (Studia Ephemeridis "Augustinianum", 1, Studium Theologicum "Augustinianum"), Roma 1967, 146 S.; Aug 7 (1967) 64-96

NOSSENT SJ, G., *Mort, immortalité, résurrection*, NouvRevthéol 91 (1969) 614-630

NTEDIKA, JOSEPH, *L'Evolution de la Doctrine du Purgatoire chez Saint Augustin*, Paris 1966

O'CONNELL, J. P., *The Eschatology of Saint Jerome*, Mundelein 1948

ORBE SJ, ANTONIO, *El "Descensus ad inferos" y san Ireneo*, Gregorianum 68 (1987) 485-522

ORTEGA Y GASSET, JOSE, *Gott in Sicht*. (Dios a la vista, dt.) *Betrachtungen*. Stuttgart, dt. Verl.-Anst. (1964). 191 S. Inh.: Tod und Auferstehung. - Gott in Sicht. - Ideen und Glaubensgewißheiten. - Die Aufgabe unserer Zeit.

OTT, LUDWIG, *Die Trinitätslehre der Summa sententiarum als Quelle des Petrus Lombardus*, Divus Thomas (F) 21 (1943) 159-186

PALA, G., *La risurrezione dei corpi nella Teologia moderna*, Neapoli 1963,

PALMIERI SJ, DOMINICUS, *Tractatus Theologicus de Novissimis. Memorare novissima tua et in aeternum non peccabis, Eccli. 7, 40,* Prati 1908

PANNENBERG, WOLFHART, *Vom Nutzen der Eschatologie für die christliche Theologie*, Kerygma und Dogma 25 (1979) 88-106

PANNETON, G., *Le ciel ou l'enfer*: II: *L'enfer*, Paris 1956

PAQUIN, J., *La lumière de gloire selon Jean de Saint Thomas*, ScEccl 3 (1950) 5-66

PELIKAN, JAROSLAV, *The eschatology of Tertullian*, Church History 21 (1953) 108-122

PERONI, A., *Resurrezione. Sintesi*. A cura del Centro Studi Critici, 1953

PERRIN SJ, J., *A travers la mort l'Esprit nous recrée pour la vie sans fin*, NouvRevThéol 103 (1981) 58-75

PETER, CARL J., *Participated eternity in the vision of god. A study of the opinion of Thomas Aquinas and his commentators on the duration of the acts of glory*, Rom 1964 (Analgreg 142 = Ser. fac. theol. "sectio B, n. 45)

PETER, CARL J., *The Doctrine of Thomas Aquinas regarding Eternity in the Rational Soul and Separated Substances.* (Diss.) In facultate philosophiae univ. S. Thomae de Urbe. Rom 1964, 162 S.

PETIT AA, L. ; HOFMANN SJ, GEORGIO, *De purgatorio disputationes in concilio Florentino habitae. Concilium Florentinum documenta et scriptores,* series A, Vol. 8, Fasc. 2; Roma 1969

PETIT AA, L., *Documents relatifs au Concile de Florence. I. La question du purgatoire à Ferrare,* Paris 1920

PETRY, R., *Medieval Eschatology and St. Francis of Assisi,* Church History 9 (1940) 54-69,

PETRUS LOMBARDUS, *Sent.* IV d. 44 (PL 97, 945)

PHILBERT, B., *Christliche Prophetie und Nuklearenergie,* Zürich 1963

PIEPER, JOSEF, *Über das Ende der Zeit,* München 1950, ²München 1953

PIOLANTI, A., *De Novissimis,* ³Torino 1950

PIOLANTI, A., *Il purgatorio,* Rovigo 1957

PIOLANTI, A., *De novissimis et sanctorum comunione,* Roma 1960

PIOLANTI, A., *L'Aldilà,* Enz. mod. del christianesimo, ²Torino 1959,

PONTIFEX, M., *The Doctrine of Hell,* DownsideRev 71 (1953) 135-152

POZO SJ, CANDIDO, *La doctrina escatológia del "Prognosticon futuri saeculi" de S. Julián de Toledo,* Estudios Eclesiasticos 45 (1970) 173-201

PROLA SJ, JOSEPHUS MARIA, *Dies verae vitae consecratus praeparationi ad sanctam mortem opusculum,* Mainz 1727,

PRÜMM, K., *Zur Frage "altchristliche und kaiserzeitlich-heidnische Eschatologie",* Greg 34 (1953) 640-652

QUACQUARELLI, ANTONIO, *Antropologia ed escatologia secondo Tertulliano,* Rassegna Scienze filosofiche 2 (1949) 14-47

RAFFALT, REINHARD, *Der Antichrist,* Feldkirch 1990

RAHNER SJ, KARL, *Auferstehung des Fleisches,* in: Schriften zur Theologie Bd. 2 (1955) 211-225

RAHNER SJ, KARL, *Zur Theologie des Todes,* Freiburg/Br. 1961 (3. ed.) (Quaestiones Disputatae, 2)

RAMIREZ OP, J. M., *De hominis beatitudine,* Madrid 1943/1947

RATZINGER, JOSEPH, *Jenseits des Todes.* Int. kath. Zeitsch. (Communio) 1 (1972) 231-244; Theologisches Febr. 1973, Nr. 34, Sp. 721-731

RATZINGER, JOSEPH, *Eschatologie.* Tod und ewiges Leben (KKD IX), Regensburg 1977

RATZINGER, JOSEPH, *Eschatologie und Utopie,* Internationale Katholische Zeitschrift "Communio", 6 (1977) 97-111

RATZINGER, JOSEPH, *Eschatologie - Tod und ewiges Leben,* Regensburg 1977, ²1978, ⁶1990 [Rez.: RHEIN, RAPHAEL VON, Theologisches, 107 (1979) 3134-3138]

RAUH, HORST DIETER, *Das Bild des Antichrist im Mittelalter: Von Tyconius zum Deutschen Symbolismus,* in: Beiträge zur Geschichte der Philosophie und Theologie des Mittelalters. Hrsg. von Ludwig Hödl und Wolfgang Kluxen. Neue Folge, Bd. 9, erw. und verb. Auflage 1978,

REMBERGER CSSR, F. X., *Zum Problem des Höllenfeuers,* in: Theologische Brennpunkte, Bd. 8/), Christus vor uns - Studien zur christlichen Eschatologie, ²Frankfurt/M. 1966, 84-92

RHEIN, RAPHAEL VON, *Auferstehung im Tode?*, Theologisches 107 (1979) Sp. 3134-3138

RICH, A., *Die Bedeutung der Eschatologie für den christlichen Glauben*, Zürich 1954

RIEDMANN, A., *Die Wahrheit des Christentums, IV: Die Wahrheit über die vier letzten Dinge*, Freiburg i. Br. 1955

RIGAUX, B., *L'Antéchrist et l'opposition au royaume messianique dans l'Ancien et le Nouveau Testament*, Gembloux-Paris 1932

RIVIERE, J., *Jugement*, DictTheolCath VIII, 2 (1925) 1721-1728

ROGUET, A. M., *Das Mysterium des Todes*, Frankfurt/Main 1955 (Knecht)

RONDET SJ, H., *Fins de l'homme et fin du monde*, Paris 1966, 291 S. [Rez.: A. MATUTE, RET 28 (1968) 213-214]

RONDET, H., *Le problème de la vie future. Problèmes pour la réflexion chrétienne*, Paris 1945

RONDET, H., *Le purgatoire et les moyens de l'éviter ou le ciel tout de suite après la mort*, Paris 1941

ROUSSEAU OCSO, A., *L'éternité des peines de l'enfer et l'immortalité naturelle de l'âme selon saint Irénée*, Nouvelle Revue Theologique, 99 (1977) 834-865

ROUSSEAU, O., *La descente aux enfers, fondement ontologique du baptême chrétien*, Mélanges Lebreton II, Paris 1952, 273-297

ROY SJ, L., *Désir naturel de voir Dieu. Le R. P. de Lubac et saint Thomas*, SciEccl 1 (1948) 110-142

RUELLO, FRANCIS, *"La résurrection des corps sera l'oeuvre du Christ". Raison et Foi au Moyen-Age*, Les Quatre Fleuves 15/16 (1982) 93-114

RUINI, C., *Immortalità e Risurrezione*, Rassegna di Teologia 21 (1980) 102-115, 189-206;

RUIZ DE LA PENA, JUAN-LUIS, *El hombre y su muerte. Antropología teologica actual*, Burgos 1971 (Facultad de teología del Norte de España) (Publicaciones de la Facultad teológica del Norte de España 24)

RÄBER OSB, L., *Die Bestimmung des Menschen. Der philosophische Beweis seiner Unsterblichkeit im System von Thomas von Aquin und Othmar Spann. Ein Vergleich*, DivThom (F) 22 (1944) 51-74

SACHS SJ, JOHN R., *Current Eschatology: Universal Salvation and the Problem of Hell*, Theological Studies, 52 (1991) 227-254

Sacra Congregatio pro doctrina fidei, *Epistula ad Venerabiles Praesules Conferentiarum Episcopalium de quibusdam quaestionibus ad Eschatologiam spectantibus*, Acta Apostolicae Sedis 71 (1979) 939-943

SAGÜES SJ, J. F., *De Novissimis seu de Deo consummatore*, in: Patres SJ in Hispania prof., Sacrae Theologiae Summa, IV, Madrid 1951, 656-840; 4Madrid 1962, 825-1030

SALAS, A., *La Parusía en el Nuevo Testamento*, Ciudad de Dios (La) 180 (1967) 264-269

SALGADO OMI, JEAN-MARIE, *La Très Sainte Vierge Marie et les âmes du Purgatoire. Observations et suggestions*, Divinitas 33 (1989) 62 ff.

SAMPSON, A., *The Resurrection of the body*, Theology 37 (1938) 160-167

SANTO-TOMAS OP, J. J. DE, *Eschatologie* (Rezensionen moderner Literatur), RevThom 67 (1967) 494-515

SCAGLIA, P.S., *I "novissimi" nei monumenti primitivi della Chiesa*, 2Schio 1923

SCHÖNBORN OP, CHRISTOPH VON, *La vie éternelle: réincarnation, résurrection, divinisation*, Paris: Mame 1992

SCHAMONI, WILHELM, *Die Zahl der Auserwählten*, Paderborn 1965

SCHAMONI, WILHELM, *Auferweckungen vom Tode. Aus Heiligsprechungsakten übersetzt*, Paderborn 1968

SCHAMONI, WILHELM, *Gehen viele ewig verloren?*, Theologisches 94 (1978) Sp. 2642-2649

SCHAUF, HERIBERT, *Sterben, Gericht und Vollendung*, Theologisches 17 (1987) Sp. 36-42

SCHEEBEN, M. J., *Mysterien des Christentums*, Buch 9 (Köln 1865) hrsg. von J. Höfer, ²Freiburg 1951 (Gesammelte Schriften, Bd. 2)

SCHEFFCZYK, LEO, *Das Besondere Gericht im Lichte der gegenwärtigen Diskussion*, Scholastik 32 (1957) 526-541

SCHEFFCZYK, LEO, *Die Wiederkunft Christi in ihrer Heilsbedeutung für die Menschheit und den Kosmos*, Mainz 1965, 161-183 (Weltverständnis im Glauben)

SCHEFFCZYK, LEO, *Apokatastasis: Faszination und Aporie*, Internationale katholische Zeitschrift "Communio" 14 (1985) 35-47

Scheffczyk, Leo, *Endgültigkeit gegen Wiederholung. Zur christlichen Antwort auf die Reinkarnationslehre*, Theologisches 20 (1990) 539-548

SCHEFFCZYK, L., GRESHAKE, G., *Ungewisses Jenseits?*, Düsseldorf 1986

SCHEFFCZYK, L., *Auferstehung, Prinzip christlichen Glaubens*, Einsiedeln 1976,

SCHENK, R., *Die Gnade vollendeter Endlichkeit. Zur transzendentaltheologischen Auslegung der thomanischen Anthropologie*, Freiburg i. Br. 1989,

SCHIERSE, F. J., *Himmelssehnsucht und Reich-Gottes-Erwartung*, Geist u. Leben 26 (1953) 189-201

SCHIERSE, F. J., *Verheißung und Heilsvollendung*, München 1955

SCHILLING, O., *Der Jenseitsgedanke im Alten Testament*, Mainz 1951

SCHLIER, H., *Vom Antichrist. Zum 13. Kapitel der Offenbarung Johannis*, Die Zeit der Kirche (1956) 16-29

SCHMÖLE, KLAUS, *Läuterung nach dem Tode und pneumatische Auferstehung bei Klemens von Alexandrien*, (Münsterische Beiträge zur Theologie, Bd. 38) Münster 1974

Schmaus, Michael, Die *Eschatologie im Christentum*, Aus der Theologie der Zeit I (1948) 56-84

SCHMAUS, MICHAEL, *Von den letzten Dingen*, Regensburg-Münster 1948,

SCHMAUS, MICHAEL, *Il problema escatologico del cristianesimo,. Problemi e orientamenti di teologia dommatica*, Milano 1957, 925-974

SCHMID, FR., *Die Seelenläuterung im Jenseits*, 1907; Erwiderung durch J. STUFLER SJ: ZKTh 1908, 353 ff; 1917, 112 ff.

SCHMID, J., *Der Antichrist und die hemmende Macht (2 Thess. 2, 1-12)*, TheolQuart (1949) 323-

SCHMIDT, J., *Der Ewigkeitsbegriff im Alten Testament*, 1940

SCHOORS, A., *Koheleth: A Perspective of Life after Death?*, Ephemerides Theologicae Lovanienses 61 (1985) 295-303

SCHULER OFM, B., *Die Hölle - ist sie wirklich ein seelsorgliches Problem?*, ThGl 45 (1955) 348-357

SCHULTZ, E., *La résurrection des corps devant la raison*, NRTh 54 (1957) 273-284; 339-360

SCHUSTER, I. C., *La condizione dei defunti* nell'attesa della parusia, ScuolCatt 81 (1953) 51-58

SCHWARTLÄNDER, JOHANNES (Hrsg.), *Der Mensch und sein Tod*. Mit Beitr. von Alfons Auer ..., Göttingen 1976 (Vandenhoeck u. Ruprecht) 174 S.

SCHÄFER, PHILIPP, *Eschatologie. Trient und Gegenreformation*, Freiburg 1984 (Handbuch der Dogmengeschichte. Bd. 4: Sakramente, Eschatologie. Fasc. 7 c [T. 2])

SCHÜTZ OSB, CHRISTIAN, *Eschatologie*, Mysterium Salutis V, Freiburg 1976, 449-493; 553-890

SCHÜTZEICHEL, H., *Calvins Protest gegen das Fegfeuer*, Cath (M) 36 (1982) 179-190.

SCIACCA, MICH.FR., *Morte ed immortalità,* Mailand 1959

SCIATTELLA, MARCO, *Il sabato eterno come immagine escatologica in alcuni Padri e scrittori cristiani d'Occidente*, Divinitas 36 (1992) 231-258

SEGARRA, F., *De identitate corporis mortalis et corporis resurgentis*, Madrid 1929

SEGARRA, F., *Praecipuae D. N. Jesu Christi sententiae eschatologicae commentariis quibusdam expositae*, Madrid 1942

SEIFERT, JOSEF, *Gibt es ein Leben nach dem Tod?*, Forum Katholische Theologie 5 (1989) 241-254

SEMMELROTH SJ, OTTO, *Der Tod - wird er erlitten oder getan? Die Lehre von den letzten Dingen als christliche Interpretation des Todes*, hrsg. von KARL RAHNER/OTTO SEMMELROTH, in: Theologische Akademie, Bd. IX, Frankfurt a. M. 1972 (Knecht)

SESBOÜE SJ, BERNARD, *La résurrection et la vie: petite catéchese sur les choses de la fin*, Paris 1990, 167 S.

SEYBOLD, MICHAEL, «*Himmel*» *und* «*Hölle*». *Eine dogmatische Anmerkung*, in: J. Auer, F. Mußner (Hrsg.), Gottesherrschaft - Weltherrschaft, Festschrift Bischof Dr. Dr. h. c. Rudolf Graber, Regensburg 1980, 83-89

SIMONS, FRANS, *Ist das Ende der Welt nahe? Die Parusierede von Jesu,* Theologisches 21 (1991) 537-548

SONNEMANNS, HEINO, *Zur griechischen und christlichen Anthropologie und Eschatologie*, in: Bäumer, R./ Deissler, A./ Riedlinger, H. Seele - Unsterblichkeit - Auferstehung (Freiburger Theologische Studien, 128) Freiburg 1984 (407-470; 530-543) [Rez.: A. ZIEGENAUS, Forum Katholische Theologie, 2 (1986) 312-314]

SPINDELER, ALOIS, *Mysterium mortis, neue eschatologische Lehren im Lichte der katholischen Dogmen*, Theologie und Glaube (1966) H. 2, S. 144-159; Theologisches 54 (1974, Okt.), Sp. 1361-1371

SPÖRLEIN, B., *Die Leugnung der Auferstehung. Eine historisch-kritische Untersuchung zu 1 Kor. 15,* Regensburg 1971, [Rez.: J. STÖHR, Bamberger Pastoralblatt 26 (1972) 52],

STAUDINGER, J., *L'homme moderne devant le problème de l'audelà*, Mulhouse 1950

STAUDINGER, JOSEF, *Das Jenseits. Schicksalsfrage der Menschenseele*, Einsiedeln 1939; ed. 3: 1950

STAUDINGER, JOSEF, *Die letzte Zeit. Vom Sinn des Weltgeschehens nach seiner göttlichen Zielsetzung*, Innsbruck-Wien-München 1955

STAUDINGER, JOSEF, *Wann kommt die Endzeit?* ²Innsbruck-Wien-München 1961

STRABER, J., *Eschatologie und Geschichte bei Otto von Freising*. Gedenkgabe zu seinem 800. Todesjahr, Freising 1958

STUFLER SJ, JOHANN, *Die Heiligkeit Gottes und der ewige Tod. Eschatologische Untersuchungen mit besonderer Berücksichtigung der Lehre des Prof. Hermann Schell*, Innsbruck 1903

STUIBER, ALFRED, *Refrigerium Interim*, Bonn 1957 (Theophaneia, H. 11)

TAUBES, JACOB, *Abendländische Eschatologie*: mit einem Anhang, München 1991 230 S.

THEURER, WOLFDIETER, *Was heißt "Abgestiegen zur Hölle"?*, ThG 13 (1970) 68-80

THOMAS VON AQUIN, *S. c. gent.* III c. 1-63; *S. th.* I, II q 1-5; *S. th.* III *Suppl.* q 81-87 (und Kommentare)

THOMAS, LOUIS-VINCENT, *Réincarnation, immortalité, résurrection*, Bruxelles 1988, XIV, 261 S. (Publications des Facultés Universitaires Saint-Louis; 45: Théologie)

TITO DA OTTONE OMCAP, *Fede e pietà. Nel "Trattato del purgatorie" di santa Caterina da Genova*, Collectanea Franciscana 9 (1939) 153-163

TOINET, PAUL, *Théologie et eschatologie*, Revue Thomiste 87 (1979) 181-222

TORRANCE, T. F., *Les Réformateurs et la fin de temps*, Cahiers Théologiques 35, Neuchâtel 1955

TORRE SJ, J. VAN, *Saint Thomas et l'aptitude de l'esprit crée à la vision immediate de l'essence divine* (holländisch und französisch), Bijdragen Tijdschrift voor filosofie en theologie 19 (1958) 162-191

TREMEL, Y., *L'homme entre la mort et la résurrection d'après le Nouveau Testament*, in: L'immortalité de l'âme, Lumière et Vie 24 (1955) 729-754, *[Der Mensch zwischen Tod und Auferstehung nach dem Neuen Testament*, Theologisches (1973, März) Nr. 35, Sp. 758-769, April 1973, Nr. 36, Sp. 809-811]

TREVIJANO ECHEVARRIA, R. M., *La escatologia del Evangelio de San Mateo*, Burgense 9 (1968) 9-23

TROISFONTAINES SJ, ROGER, *Ich werde leben (... J'entre dans la vie*, dt.) Was erwartet uns nach dem Tode? Mit einem Vorwort von Ladislaus Boros, München 1966, 270 S.

UTZ OP, A. F., *Das Wesen der Glückseligkeit des Menschen*, FreibZPhilTheol 3 (1956) 320-323

VAEGA VALIÑA, A., *La doctrina escatológica de San Julian de Toledo*, 1940

VASILIEV, A., *Medieval Ideas of the End of the World: West and East*, Byzantion 16 (1942/43) 462-502

VERWEYEN, HANSJÜRGEN, ZUM GEGENWÄRTIGEN DISKUSSIONSSTAND DER *Eschatologie*, in: W. BREUNING (Hrsg.), *Seele. Problembegriff der Eschatologie*, (Quaest. Disp. 106) Freiburg i. Br. 1986, 15-30, besonders 28-29

VILLALMONTE OFMCAP, A. DE, *El dogma del infierno en la cura da almas*, Naturaleza y Gracia 11 (1964) 3-49

VINCENZI OFM, G. B., *Il purgatorio in s. Bernardo da Siena*, Roma 1965 (StudFranc 31)

VOLK, HERMANN, *Das christliche Verständnis des Todes*, Münster 1957

VORGRIMLER, HERBERT, *Hoffnung auf Vollendung. Aufriß der Eschatologie*, Freiburg, Basel, Wien 1980 [Rez.: SCHEFFCZYK, LEO, MüThZ, 33 (1982) 315-316]

VREGILLE SJ, B. DE, *L'attente des saints d'après saint Bernard*, NouvRevTheol 70 (1948) 225-244

WACHTEL, A., *Beiträge zur Geschichtstheologie des Aurelius Augustinus*, Bonn 1960,

WÖRTER, FRIEDRICH, *Die Unsterblichkeitslehre in den philosophischen Schriften des Aurelius Augustinus mit bes. Rücksicht auf den Platonismus*, Freiburg i. Br. 1880

WALTER, EUGEN, *Das Kommen des Herrn*, Freiburg 1947, Bd. II; ³Freiburg 1948, Bd. I

WALZ, JOHANN BAPTIST., *Das Leben in der anderen Welt*, Frensdorf über Bamberg 1964;

WALZ, JOHANN BAPTIST, *Die Fürbitte der Heiligen. Eine dogmatische Studie*, Freiburg i. Br. 1927

WEBER, HERMANN J., *Die Lehre von der Auferstehung der Toten in den Haupttraktaten der scholastischen Theologie*, (Freiburger Theologische Studien, Bd. 91) Freiburg i. Br. 1973

WEBERBERGER OSB, J., *Limbus Puerorum? Die Ansichten d. Frühscholastiker über das Schicksal der ungetauft sterbenden Kinder*, Diss. Paris Univ., Salzburg 1965

WEBERBERGER OSB, R., *Limbus puerorum. Zur Entstehung eines theologischen Begriffs*, RThAm 35 (1968) 241-259

WEIER, REINHOLD, *Christsein als "eschatologische Existenz"*, Trierer Theologische Zeitschrift 101 (1992) 161-171

WETTER, F., *Die Lehre Benedikts XII. von der intensiven Gottesschau*, Rom 1958

WICKI, N., *Die Lehre von der himmlischen Seligkeit in der mittelalterlichen Scholastik von Petrus Lombardus bis Thomas von Aquin*, (Studia Frib., N. F. 9) Freiburg 1954

WILDER-SMITH, ARTHUR E., *Allversöhnung: Ausweg oder Irrweg? Das Wesen einer christlichen Wiedergeburt*, Stuttgart 1985

WINKLHOFER, ALOIS., *Ziel und Vollendung*, Ettal 1951

WINKLHOFER, ALOIS, *Das Kommen seines Reiches*, Frankfurt/M. 1959

WINKLHOFER, ALOIS, *Zur Frage der Entscheidung im Tode,* TheolGl 57 (1967) 197-210

WRIGHT SJ, J. H., *The consummation of the universe in Christ*, Greg 39 (1958) 285-294

ZELLER, H., *"Corpora Sanctorum". Eine Studie zu Mt 27, 52-53*, ZkathTheol 71 (1949) 385-465

ZIEGENAUS, ANTON, *Auferstehung im Tod: Das geeignetere Denkmodell?*, Münchener Theologische Zeitschrift 28 (1977) 109-132

ZIEGENAUS, ANTON (Hrsg.), *Zukunft der Menschen. Was dürfen wir hoffen?* Mit Beiträgen von Karl Forster, Alois Halder, Leo Scheffczyk, Anton Ziegenaus (Theologie interdisziplinär, 4), Donauwörth 1979

ZIEGENAUS, ANTON, *Die Vernachlässigung der eschatologischen Fragen. Konsequenzen einer Schwerpunktverlagerung,* in: Breid, Franz, Die Letzten Dinge, Steyr 1992, 231-261,

ZUZEK SJ, R., *La Transfiguración escatológica del mundo visible en la Teología Rusa. Estudio de la doctrina corriente entre 1836 y 1917*, Roma 1980

Zu den Autoren

Prof. Dr. **Leo Elders** ist Professor an den Universitäten von Roelduc/Niederlande und Houston/USA und Fachmann für die Philosophie und Theologie des hl. Thomas von Aquin.

Prälat Dr. **Ferdinand Holböck** ist Prof. em. für dogmatische Theologie der Universität Salzburg und besonders bekannt durch zahlreiche hagiographische und hagiologische Veröffentlichungen.

Dr. **Lucas Mateo-Seco** ist ordentlicher Professor für Dogmatische Theologie und derzeit Dekan der theologischen Fakultät der Universidad de Navarra in Pamplona, Spanien. Er ist Mitherausgeber der "Scripta Theologica" und Veranstalter von internationalen theologischen Symposien zur Christologie und zu Gregor von Nyssa.

Lic. theol. **Richard Niedermeier** hat seine philosophischen und theologischen Studien an den Universitäten München und Augsburg abgeschlossen.

Dr. **Leo Scheffczyk** ist Prof. em. für dogmatische Theologie an der kath.-theol. Fakultät der Ludwig-Maximilians-Unversität München, Mitherausgeber des Marienlexikons und des Handbuches für Dogmengeschichte. Aufgrund seiner hervorragenden wissenschaftlichen Leistungen wurde ihm vor kurzem der theologische Ehrendoktor der Universidad de Navarra verliehen.

Dr. **Josef Schumacher** ist Professor für Fundamentaltheologie an der kath.-theol. Fakultät der Albert-Ludwigs-Universität Freiburg i. Br.

Dr. med. Dr. theol. **Alfred Sonnenfeld** leitet die Forschungsgruppe für Bioethik des Lindenthal-Instituts in Köln.

Dr. **Johannes Stöhr** ist Ordinarius am Lehrstuhl für Dogmatische Theologie der Universität Bamberg.